AF546124

Fußball-Taktik

MATTHIAS GREULICH • ELMAR NEVELING

Fußball-Taktik

Die Anatomie des modernen Spiels

COPRESS

Über die Autoren

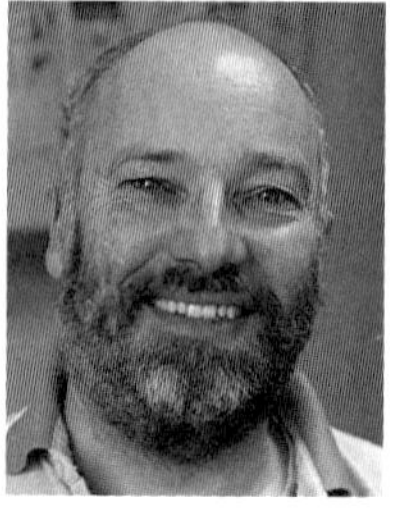
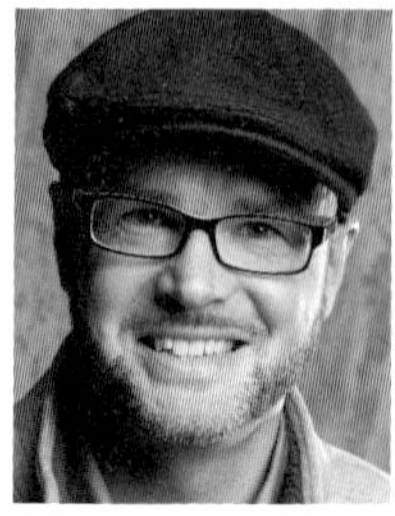

Matthias Greulich (Foto links) war geschäftsführender Redakteur des Fußballmagazins *Rund*. Der Jurist verantwortet seither den Online-Auftritt von *Rund* (*www.rund-magazin.de*), ist freier Autor und Redakteur beim *Elbe Wochenblatt*.

Elmar Neveling (rechts) ist freier Fußball- und Wirtschaftsautor. Der Diplom-Kaufmann schreibt unter anderem für die *Ruhr Nachrichten* und das Fußballportal *Rund*. Seine Jürgen-Klopp-Biografie wurde bisher in zehn Sprachen übersetzt.

Umschlaggestaltung: Stiebner Verlag
unter Verwendung einer Illustration von Anneli Nau, München

Illustrationen im Innenteil: Frank Wormuth (unter Verwendung der Software von sports-graphics.com), Stiebner Verlag nach Vorlagen der Autoren.

Fotos Innenteil: Sven Simon, imago images (www.imago-images.de), Henkel, privat

3., durchgesehene Neuauflage 2022

Die Deutsche Nationalbibliothek verzeichnet diese Publikation in der Deutschen Nationalbibliografie; detaillierte bibliografische Daten sind im Internet über http://dnb.dnb.de abrufbar.

Gesamtherstellung: Stiebner, Grünwald

Printed in the EU

ISBN 978-3-7679-1262-5

www.copress.de

»Auf eine Veränderung im Fußball gab es immer eine taktische Antwort. Und das wird auch bei jeder neuen Entwicklung so weitergehen.«

– *Manuel Baum*

»Und trotzdem spielen sie weiter nach vorne. Diese Wahnsinnigen!«

– *Erik Meijer*

»Wir können die Wahrscheinlichkeit erhöhen, ein Spiel zu gewinnen. Aber das Spielglück lässt sich nicht beeinflussen.«

– *Frank Wormuth*

Inhalt

Zu diesem Buch

Jürgen Klopp war der Türöffner. Seine anschaulichen Analysen im Fernsehstudio während der Fußball-Weltmeisterschaft 2006, dem deutschen »Sommermärchen«, eröffneten den Zuschauern einen völlig neuen Blick auf das Spiel: hintergründig und auch für den Taktik-Laien verständlich. Plötzlich wurden zuvor verborgene Zusammenhänge deutlich, weil Klopp nicht beschrieb, sondern erklärte, was auf dem Spielfeld passierte – unterstützt durch Analysetools, mit deren Hilfe die Spieler auf dem Studio-Bildschirm hin- und hergeschoben wurden.

Heute ist diese Form der medialen Spielaufbereitung gang und gäbe, die Zeit der klassischen Ergebnis-Berichterstattung längst passé. Mit der Spieltaganalyse auf *Sport1* etablierte sich eine wöchentliche taktische Aufbereitung der Bundesligaspiele für mehr als ein Jahrzehnt fest in der deutschen Fernsehlandschaft. Im Land der »80 Millionen Bundestrainer« möchte der Fußballfan nicht nur die Torschützen wissen, er will das Spiel verstehen. Weshalb hat die Mannschaft mit den besseren Einzelspielern verloren? Warum wirkt es trotz numerischer Gleichzahl so, als habe ein Team mehr Spieler auf dem Feld als sein Gegner? Was meint der Trainer, wenn er von »abkippenden Stürmern«, »dynamischer Dreierkette«, »Schnittstellen« und »flacher Vier« spricht? Und hätte er nicht ohnehin eine ganz andere Taktik wählen müssen? Das vorliegende Buch will auf Fragen dieser Art Antworten geben, ohne dabei ein Lehrbuch zu sein. Es richtet sich an jeden Fußballinteressierten, den die Strategien von Trainern interessieren und der ein Spiel besser »lesen« können möchte. »Fußball-Taktik – Die Anatomie des modernen Spiels« muss nicht stur in vorgegebener Reihenfolge von vorne nach hinten gelesen werden. Je nach Interessenschwerpunkt des Lesers ist jedes Kapitel für sich verständlich. Gegliedert ist das Buch nach Mannschaftsteilen: beginnend beim Torwart, über Abwehr und Mittelfeld, bis hin zum Angriff – mit unterbrochenen »Spielpausen« zu gesonderten Schwerpunktthemenund einer Einführung in taktische Überlegungen zu Beginn.

Das moderne Spiel, dessen Beginn hier mit der Jahrtausendwende definiert ist, ist nicht nur immer athletischer geworden, sondern auch raffinierter, analytischer und ausgeglichener. Die Trainer überbieten sich gegenseitig in ihrem eigenen Wettkampf: dem Austüfteln des besten Matchplans. Ähnlich wie nach der für Deutschland deprimierenden Europameisterschaft 2000 das Nachwuchskonzept grundlegend reformiert wurde, ist auch die Ausbildung der Trainer auf ein neues Level angehoben worden. Anreize aus anderen Ligen wurden dankbar aufgenommen, sei es durch Hospitanzen der Trainer oder den Austausch in Ausbildungsfragen. In den letzten Jahren bereicherten international angesehene Coaches die Bundesliga, Könner ihres Fachs wie Pep Guardiola, Lucien Favre, Thomas Tuchel oder eben Jürgen Klopp. Jeder von ihnen hat dem deutschen Fußball während der letzten Jahre neue Impulse verliehen.

Auf den folgenden Seiten geht es nicht um einen historischen Abriss der Entwicklung von Fußball-Taktik; diese Arbeit haben andere Werke bereits in hervorragender Form geleistet. Vielmehr wird ein Blick geworfen auf den taktischen Status quo, der sich im stetigen Wandel befindet. Herausgekommen ist ein Gesprächsbuch, das seine Entstehung der Mitwirkung vieler bekannter Experten verdankt. So hat Frank Wormuth, früherer Leiter der Fußballlehrer-Ausbildung beim DFB, den Autoren mit leidenschaftlichem Vortrag an der Taktiktafel ein erweitertes Verständnis von Fußball vermittelt. Thomas Helmer gewährte Einblick in Trockenübungen à la Giovanni Trapattoni ohne Ball und Gegner, bei denen die Bayern zunächst selbst nicht wussten, wie ihnen geschah.

Der frühere Nationaltorwart Jens Lehmann berichtete von intensiven Erfahrungen sowohl aus seiner Profizeit in England als auch von seiner Trainerausbildung in Wales. Hockey-Bundestrainer Markus Weise, dem das Kunststück gelang, zwei Olympische Goldmedaillen mit dem Herren- sowie eine mit dem Damenteam zu gewinnen, lieferte einen wertvollen Ausblick über den Tellerrand des Fußballs hinaus. Arno Michels verriet anschaulich und detailliert, wie er zu seiner Mainzer Co-Trainerzeit zusammen mit Thomas Tuchel die übermächtigen Bayern zu »knacken« versuchte. Und Erik Meijer bewies, dass seine Leidenschaft für den Fußball nicht nur bei seinen Analysen im TV-Studio lodert. Um nur einige der Gesprächspartner zu nennen. Zum Teil wurden sie bewusst mit denselben Fragen konfrontiert, da sich aus ihren unterschiedlichen Antworten interessante Erkenntnisse gewinnen ließen – und die verdeutlichen: Die eine Wahrheit im Fußball gibt es nicht.

Sicher entscheiden neben der Taktik und dem gewählten Spielsystem auch Faktoren wie Tagesform, Technik- und Zweikampfstärke, Raffinesse, Kondition oder Mentalität über Sieg und Niederlage – und nicht zuletzt auch der pure Zufall, wie Sportwissenschaftler Professor Lames methodisch belegen kann. Doch gerade zwischen zwei ähnlich starken Teams kann die richtige Taktik den fehlenden Baustein zum Erfolg liefern. Wie wichtig ein ausgeklügelter Plan und seine konsequente Umsetzung sein können, zeigte der schon jetzt legendäre 7:1-Erfolg des DFB-Teams im Weltmeisterschafts-Halbfinale 2014 gegen Brasilien, als sich taktische Entschlossenheit gegen überschwängliches Pathos unerwartet deutlich durchsetzte.

Wie also funktioniert das »moderne Spiel«, wie »ticken« seine Trainer und Spieler? Der Leser ist eingeladen zu einer spannenden Entdeckungsreise ins moderne Fußball-Taktik-Land, ermöglicht durch offene und zuweilen auch überraschende Einblicke ihrer Protagonisten.

Die Autoren im Frühjahr 2020

dabei gewählten Spielsysteme auf sehr detaillierte Weise. Erstaunlich war der Wandel seit der Weltmeisterschaft 2010 in Südafrika bis zur WM 2014 in Brasilien: Die Vielfalt der Grundordnungen ist beinahe explodiert. »2010 wurde fast ausschließlich das 4-2-3-1 praktiziert, von nahezu allen Teams«, erinnert sich Wormuth. »Ganz anders war es vier Jahre später: Das 4-2-3-1 war zwar immer noch eine Art Standard, doch in Brasilien haben wir eine große Bandbreite der Systeme gesehen – ob Dreierkette, Viererkette oder die Raute, es war alles wieder vorhanden. Wobei es die Raute lediglich ein einziges Mal gab. Auch die zwischenzeitlich fast ausgestorbene Dreierkette, die defensiv zur Fünferkette wird, war wieder zu beobachten. Taktische Flexibilität war die allgegenwärtige Maxime der Weltmeisterschaft 2014.«

Gerade setzen wir an zu einer ausführlichen Frage, die zeigen soll, dass wir nicht gänzlich ahnungslos sind in taktischen Fragen, schwadronieren von Grundordnungen und Spielsystemen, als sich Wormuths eben noch heller Gesichtsausdruck leicht verdunkelt. Uns gegenüber sitzt ein Perfektionist, wie jeder Spielzug muss auch jedes Wort stimmen. Und wir haben uns soeben als begriffliche Laien verraten. »Meine Herren, an der Hennes-Weisweiler-Akademie behandeln wir die Begriffe Grundordnung und Spielsystem nicht synonym. Die Positionen ohne Bewegungen, also die starre Anfangsformation sowohl in der Offensive nach Ballgewinn als auch in der Defensive nach Ballverlust, das sind Grundordnungen. Doch dabei bleibt es ja nicht, die Spieler bewegen sich – so ist zumindest zu hoffen …« Ein Lächeln in Wormuths Gesicht sorgt wieder für entspannte Gesichtszüge. »Und sobald sich die Spieler bewegen, …« – Wormuth zeichnet Pfeile an die Tafel, die Laufrichtungen symbolisieren – »… verlassen sie die starre Ordnung und befolgen ein Spielsystem. Teams mit gleichen Grundordnungen können unterschiedliche Systeme spielen, weil sie die einzelnen Spielpositionen unterschiedlich interpretieren.« Erst das Spielsystem macht die Grundordnung also lebendig, indem es den Spielern konkrete Aufgaben zuordnet? Ein zufriedenes Nicken. Für den Moment sind wir aus dem Schneider.

Die ständige Zahlenspielerei und öffentliche Systemdiskussion hält der Chefausbilder allerdings für übertrieben. Seinen Auszubildenden veranschaulichte er einst, weshalb: »Während einer Videoanalyse habe ich sie mal gebeten, die Augen zu schließen. Dann habe ich die Aufnahme gestoppt und gesagt: ›Jetzt öffnet die Augen wieder und schaut, was dort für ein System gespielt wird.‹ Ihre einstimmige Antwort: 4-2-3-1. Keine zehn Sekunden später habe ich wieder gestoppt. Jetzt war die Antwort: 4-1-4-1. Das wechselt ständig hin und her. Allein diese beiden Systeme vermischen sich während eines Spiels binnen Sekunden.«

Nicht alle Übergänge sind so fließend, zwischen Dreier- und Viererkette lassen sich klare Unterschiede ausmachen. Die Dreierkette ergibt immer dann Sinn, wenn, was inzwischen nur noch selten vorkommt (dazu mehr im Schlusskapitel und den Erläuterungen von Erik Meijer, Seite 220f.), der Gegner mit zwei Spitzen agiert – vor 25 Jahren noch war dies die bevorzugte Angriffsformation. Nützlich bei der Dreierkette ist, dass sich Überzahl nicht nur defensiv schaffen lässt, sondern auch bei der Spieleröffnung. Eine Sonderform ist die dynamische Dreierkette. Sie meint das »Fallenlassen« des Sechsers, des zentraldefensiven Mittelfeldspielers, zwischen die beiden Innenverteidiger einer Viererkette – und zwar optimal in der Form, dass die beiden Innenverteidiger auf einer Höhe mit den beiden Angreifern agieren und mit dem Sechser ein Dreieck bilden. Ein Pass vom Sechser auf einen der beiden Innenverteidiger würde dann die erste Abwehrreihe* sofort überspielen. Die beiden Außenverteidiger sollten an den Linien hoch stehen und für potentielle Überzahl im Mittelfeld sorgen.

---

* Der Begriff »erste Abwehrreihe« (statt »erste Angriffsreihe«) mag an dieser Stelle zunächst verwundern, bezieht er sich doch auf Stürmer. Er macht aber aufgrund folgender Überlegung Sinn: Innerhalb des Spiels gibt es zwei Phasen, bei eigenem Ballbesitz spricht man von Angriffsverhalten, bei Ballbesitz des Gegners von Abwehrverhalten. Demnach ist die erste Reihe, die den Ball zurückerobern kann, die erste Abwehrreihe – auch wenn es sich dabei um Stürmer handelt. Voraussetzung ist, dass die abwehrende Mannschaft komplett hinter dem Ball steht, auf die Aktion des Gegners wartet oder aktiv versucht, den Ball zu erobern.

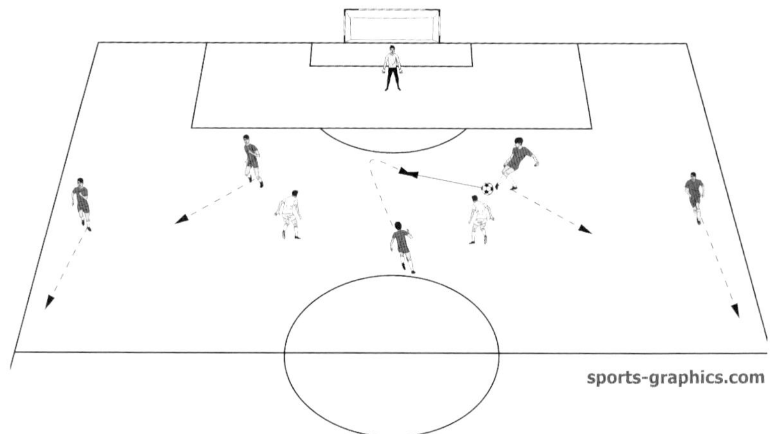

Abb. 1: Dynamische Dreierkette: Der defensive Mittelfeldspieler lässt sich zwischen die beiden Innenverteidiger fallen.

Die Dreierkette verändert auch etwas in der Ausrichtung nach vorne und zieht bei einem 3-5-2 ein System mit zwei Spitzen nach sich. Wenn auch seltener praktiziert, wird es mit drei Angreifern zu einem 3-4-3, wobei hier die Abgrenzung bereits wieder schwammiger wird. Denn das 3-4-3 wird zur »gependelten Viererkette«, wenn sich einer der Mittelfeldspieler nach hinten fallen lässt. »Verstehen Sie jetzt, warum ich sage, dass man sich nicht zu sehr auf eine bestimmte Ordnung oder auf ein bestimmtes System versteifen sollte?« Wir nicken. Fließende Übergänge eben.

Bevor der falsche Eindruck entsteht, jegliche Systemdiskussion sei beliebig, folgt schnell etwas Handfestes, Eindeutiges. Das Rautenspiel im 4-4-2. Vier Mann im Mittelfeld, je einer auf den Seiten, einer hinter den Spitzen und einer vor der Abwehr (im Gegensatz zum 4-4-2 als »flacher Vier«, in dem der offensive Mittelfeldspieler neben den anderen defensiven als zweiter Sechser zurückgezogen wird). Bei der WM 2010 agierte Argentinien unter Trainer Diego Armando Maradona im Viertelfinale gegen Deutschland mit einer Raute. Herausragend war damals Ángel Di Maria als Linksaußen, der sich nicht zu schade war, in der Defensive mitzuarbeiten. Doch warum gingen die Südamerikaner mit 0:4 gegen das DFB-Team unter? Als sie chancenlos waren und bei Weitem noch nicht der ebenbürtige Gegner wie im WM-Finale vier Jahre später. »Die Deutschen haben damals hervorragend gekontert, was ihnen auch dadurch ermöglicht wurde, dass die Argentinier so breit standen, weshalb es fast schon keine Raute mehr war«, erinnert sich Wormuth. »Von der Grundformation war es eine Raute, in der allerdings die Abstände zwischen den Spielern zu groß waren und somit den schnellen Deutschen zu viele Löcher zum Durchstoßen bot.«

Unter Trainer Thomas Schaaf setzte der SV Werder Bremen jahrelang erfolgreich auf die Raute. Zwar war Werder immer mehr für Offensivspektakel denn für Abwehrkunst bekannt, doch die Mittelfeldspieler standen meist eng zusammen, sodass dem Gegner ein Durchkommen zumindest durch die Mitte erschwert wurde. Die Taktik ging so weit, dass Werder den Gegner nach innen lockte, weil eben dort die Überzahl vorhanden und eine Balleroberung sehr wahrscheinlich war. Notwendigerweise erlahmte auf diese Weise das Bremer Spiel über die Außenbahnen, denn das Eine bedingt das Andere.

Maßgeblich bei der Suche nach dem richtigen System sind zwei Punkte: Raum und Überzahl. Die Gedanken des Trainers gehen in Richtungen wie: Wo ist der freie Raum zu finden, den ich besetzen muss, offensiv wie defensiv, und den ich bespielen kann? Wie gelingt es mir, Überzahl zu schaffen? Spielt mein Team im 3-5-2, verfüge ich auf der Außenbahn jeweils über einen Spieler, der Gegner im 4-4-2 besitzt dort zwei Spieler. Wenn ich defensiv gut verschiebe, entsteht kein Problem. Falls doch, muss mir klar sein, dass der Gegner auf den Außenpositionen Überzahl besitzt. Wormuth: »Sie können aufhören, nach dem einen, dem idealen System zu suchen. Jedes von ihnen kann in einem bestimmten Spiel, in einer bestimmten Situation, Sinn ergeben. Ich muss mir allerdings über die jeweiligen Vor- und Nachteile im Klaren sein, auch unter Berücksichtigung des gegnerischen Spielsystems.«

Hat sich der Trainer für ein System entschieden, so zieht dies weitere Überlegungen nach sich. Wird mit zwei Spitzen ohne Zehner agiert, also im 4-4-2 mit Linie statt Raute, dann befindet sich im

Rücken der Stürmer immer ein Loch, in das der gegnerische Sechser hereinkommen, den Ball annehmen und sich drehen kann. Um das zu verhindern, hilft der Einsatz von abkippenden Stürmern. »Abkippend« deshalb, weil sie sich bei gegnerischem Ballbesitz ins Mittelfeld zurückfallen lassen und so die systembedingte Lücke schließen. Der Nachteil: Abkippende Stürmer haben mit fortschreitender Spieldauer nicht mehr ausreichend Kraft, um sich auch noch wirkungsvoll nach vorne zu entfalten. »Deshalb muss man sich entscheiden, worauf der Fokus liegt«, rät Wormuth. »Ganz eng zu stehen, darin könnte ein Ansatz liegen. Aber die Abstände und Lücken werden umso größer, wenn die Mannschaft im Laufe des Spiels konditionell abbaut und die notwendigen Laufwege nicht mehr macht. Dann muss ich als Trainer erkennen: ›Wir bekommen im Mittelfeld keinen Zugriff mehr, der Gegner kann den Ball unbedrängt annehmen.‹ Spätestens dann muss es bei mir klingeln: ›Achtung, der Gegner spielt mit einer Sechs und wir ohne Zehn, diese Position könnte irgendwann für ihn Vorteile haben.‹ Allerdings passiert das recht selten, weil die konditionellen Voraussetzungen der Profimannschaften durchweg klasse sind. Aber wenn es doch so ist, muss mir klar sein, dass dort die Ursache des Problems liegt.«

Wichtiger noch als die defensive Grundordnung ist das ballorientierte Verschieben, durch das die Mannschaft eine kompakte Einheit bildet, die defensiv die Räume für den Gegner verdichtet. Dem ballorientierten Verschieben ist die gewählte Grundordnung gänzlich egal, müssen sich doch ohnehin alle Feldspieler daran beteiligen – so zumindest verlangte es Trainer Wormuth von seiner U20. Zum Verschieben erfahren wir noch reichlich beim »Großen Ganzen«.

Das große Ganze

Spieleröffnung und Spielgestaltung

Die Spielgestaltungszentrale wandert nach hinten. In den 1970er und 1980er Jahren, zu Zeiten eines Diego Maradona, Michel Platini, Wolfgang Overath oder Johan Cruyff, war es der geniale, oft charismatische Zehner, ein Einzelkünstler, der den Ball verteilte, der seinem Team Esprit verlieh. Eine Quelle schier unbegrenzten Einfallsreichtums. Doch der klassische Zehner gehört zu einer aussterbenden Spezies. Böse Jäger in Form von Innenverteidigern, Sechsern und anderen Defensivstrategen haben den Spielertypus zunehmend unter Druck gesetzt, ihm durch teils mehrfache Manndeckung die Lust am Spielen genommen, bis er entnervt als zweite Spitze eingesetzt wurde und seiner Stärken beraubt war.

Somit übernahmen die zwei oder der eine Sechser selbst die Aufgabe des Zehners (welch Ironie – oder ein bewusster Putsch zur eigenen Machtübernahme?) und gestalten seither das Spiel, so wie einst Bastian Schweinsteiger oder Xabi Alonso beim FC Bayern. Bei Borussia Dortmund wird bereits Innenverteidiger Mats Hummels eine gestalterische Aufgabe zuteil – wobei Wormuth die Entwicklung noch längst nicht als abgeschlossen ansieht: »Hummels spielt die Eröffnung von hinten heraus. Ich sehe es noch einen Schritt weiter, dass sich der Innenverteidiger den Ball nimmt, ins Mittelfeld reingeht und dann dort kombiniert, während ein Sechser in die Innenverteidigung zurückgeht. So entsteht ein Wechselspiel, bei dem immer wieder ein Verteidiger von hinten vorrückt und ein zentral-defensiver Mittelfeldspieler sich zur Absicherung fallen lässt.« Geht die Entwicklung so weiter, werden die zentralen Abwehrspieler in naher Zukunft die ersten Spielgestalter sein.

Bei der Spieleröffnung wird oft von »unzähligen Möglichkeiten« gesprochen, in der medialen Berichterstattung, aber auch von dem einen oder anderen Coach. »Nur die Trainer, die hier in der Ausbildung sind, dürfen das nicht mehr sagen«, sagt Wormuth. Denn in der Spieleröffnung eines Innenverteidigers bestehen laut Wormuth genau vierzehn Möglichkeiten, mehr seien zumindest nicht bekannt. Diesen möglichen Varianten werden Namen zugeteilt wie zum Beispiel: »Zwei Drittel«, »Bayern«, »Schweini-Position«, »Schneck« oder »Diametrale Doppelsechs«. »Das ist schon eine ganze Menge. Das können schon mal zu viele Möglichkeiten sein, sodass der Spieler den Wald vor lauter Bäumen nicht mehr sieht. Für eine erfolgreiche Umsetzung benötigt er auf jeden Fall Mitspieler, die mitarbeiten, sich freilaufen und anbieten.«

Ideen zur Spieleröffnung sammelte der Fußballlehrer vor allem während der EURO 2012 in Polen und der Ukraine, »wo ich es grandios fand, wie die Außenbahnspieler dort plötzlich nach innen gegangen sind«. Wormuth wollte sich jedoch nicht nur begeistern lassen, sondern die Ideen auch festhalten, planen und bei der U20 umsetzen. Er ermittelte, wie viele Möglichkeiten zur Spieleröffnung bestehen und kam auf ebenjene vierzehn. Seine DFB-Junioren schauten zunächst sparsam, als Wormuth begann, Übungen zur Spieleröffnung mit ins Training einfließen zu lassen: »Spielen wir denn jetzt Schach?« Wormuth nickte und lächelte zufrieden, als seine Spieler bemerkten, wie sie plötzlich mit einfachen Passfolgen von hinten heraus durch das Mittelfeld nach vorne kamen.

Passqualität

Ein wesentlicher Punkt im Angriffsverhalten ist die Passqualität, ebenso wie »Spielen und Gehen« oder »Freilaufen und Anbieten«. Elemente, die schon in der frühen Jugend vermittelt werden. Doch Perfektionist Wormuth sieht bei Passqualität und Ballkontrolle noch Steigerungspotenzial. Nach dem Motto: Was nützt ein schneller, scharf gespielter Pass, wenn dem Annehmenden der Ball verspringt?

Kurz vor unserem Gespräch hatten die angehenden Fußballlehrer gerade den neunten Spieltag der ersten Bundesliga analysiert und etwa 200 Video-Schnitte gemacht. Über 50 von ihnen enthielten eindeutige »unforced errors«, wie sie im Tennis genannt werden, also unerzwungene Fehler, Fehler ohne Druck. Bei größerer Auslegung konnten noch 50 weitere hinzugezählt werden. »Wir entdeckten Pässe, die in den Rücken gespielt wurden, obwohl die Passwege völlig frei waren, bei denen noch nicht einmal die Bodenverhältnisse schuld waren. Ballkontrollfehler, die trotz Ballsicherheit der Bundesligaspieler zu unnötigen Ballverlusten führten, und eigene gute Torgelegenheiten im Keim erstickten. Das sollte eigentlich nicht passieren. Natürlich sind wir alle Menschen und es passiert, doch unsere Aufgabe als Trainer ist es, auf diese Fehler hinzuweisen. Immer wieder das Bewusstsein dafür zu schärfen, dass ein einziger Fehlpass bereits zum Gegentor führen kann oder eine Chance vernichtet.«

Oder ein anderer klassischer Fall: Eine Mannschaft fährt einen Konter, der Stürmer läuft frei auf den Torwart zu, plötzlich kommt noch ein Verteidiger angesprintet, der Stürmer braucht nur noch nach rechts zu seinem Teamkollegen herüber zu spielen, er spielt zwar, doch er spielt zu weit, bis zur Eckfahne. Die Chance ist vertan. Und wie viele Chancen werden bereits im Ansatz, durch einen Pass im Mittelfeld, der nicht ankommt, zunichte gemacht. Oder durch eine Ballannahme, die nach hinten und nicht nach vorne mitgenommen wird. »Das bemerkt vielleicht kaum jemand von draußen, aber wir Trainer sehen es. Wenn der Spieler den Ball nach vorne mitnimmt, ›dreh auf‹ als Signalwort, dann wäre er vielleicht schon in einer glänzenden Situation gewesen, um eine Torchance zu kreieren. Doch da er den Ball nach hinten mitnimmt, ist die Gelegenheit dahin. Und an solchen Spielszenen arbeiten wir, Tag und Nacht. Die beste Taktik hilft nicht, wenn Passqualität und Ballkontrolle nicht stimmen. Sauberes Passen und die entsprechende Ballkontrolle sind ganz wesentliche Grundlagen im Fußball«, betont Wormuth. Die Anforderung: Ein guter Pass kommt präzise und schnell, lässt dem Gegner somit wenig Zeit zum Reagieren.

Auch bei der U20 setzte Wormuth auf eine offensive Ballmitnahme seiner Spieler. »Doch bei Widerständen wie unter Stress oder Druck fallen sie oft in alte Muster zurück, die sie in früherer Jugend gelernt haben. Da vom DFB auch die Trainer der Nachwuchsleistungszentren ausgebildet werden, bin ich aber zuversichtlich, dass sich neue Automatismen entwickeln werden.«

Die Passqualität auf höchstem Niveau ist inzwischen so groß geworden, dass es bereits auffällt, wenn ein Spieler mal nur 80 Prozent seines Leistungsvermögens abruft. Die Bayern unter Pep Guardiola waren Meister der Ballzirkulation. Wie sie mit der Kugel umgingen, sie auf engstem Raum behaupteten, ständig in Bewegung waren, um sich anzubieten, hat Maßstäbe gesetzt. »Es ist ja nicht nur das Ball annehmen und mitnehmen, sondern auch die Kombination aus: Wo steht mein Mitspieler, wie läuft er sich frei und wie verhält sich der Gegenspieler? Oft fragt man sich als Zuschauer, was mit der Abwehr los ist, weil der Angreifer so frei steht. Aber der hat sich gerade mit einem kurzen Antritt geschickt freigelaufen. Deshalb rede ich gerne vom elementaren Angriffsverhalten und zu dem gehört die Bewegung unbedingt dazu – denn es heißt ja nicht ›spielen und stehen‹.«

Je mehr Fußballer zusammenkommen, die ein hohes technisches Niveau haben, desto besser wird auch die Mannschaft insgesamt. Das ist keine überraschende Erkenntnis, ist aber ein Aspekt für die Dominanz der spanischen Nationalmannschaft sowie von Bayern München während der vergangenen Jahre. Die iberischen Ballvirtuosen haben ihre enormen Fertigkeiten durch ständig wiederholte Übungen auf sehr kleinem Feld erlangt: »Fünf gegen Zwei« oder »Fünf gegen Drei«, bei denen der Ball ständig in Bewegung ist. Diese »rondos«, bei denen derjenige in die Mitte muss, der den Ball verliert, werden in Spanien schon seit der frühesten Jugend gespielt – permanent auf engstem Raum, immer nur mit einem oder zwei Kontakten. Eine intensive Schulung technischer Fertigkeiten, die sich mit der Zeit auszahlt.

Wormuth berichtet von einem Gespräch mit seinem Trainerkollegen Christian Wück, damals zuständig für die deutsche U17-Juniorenauswahl: »Er erzählte von einem Spiel gegen Spaniens Junioren und meinte, es sei ein Klassenunterschied gewesen. Seine Mannschaft habe zwar mit bekannter deutscher Mentalität gespielt, mit Einsatz und Wille, aber bei den Spaniern sei jede Position auch technisch hervorragend besetzt gewesen. ›Sensationell‹ sei das gewesen, sagte Wück, ›wie die Fußball spielen konnten – und zwar alle auf gleichem Niveau.‹ Aber bei uns kommt das jetzt auch immer mehr, denn die Technik wird in der Ausbildung immer wichtiger.«

Noch dominiert in der deutschen Ausbildung die niederländische Schule, die auf Passformen unter sowohl taktischen als auch nichttaktischen Gesichtspunkten abstellt, vorzugsweise zur Spieleröffnung. »Doch stelle ich bei diesen Passübungen nur einen Gegner hinzu, gibt es schon Schwierigkeiten. Und das ist eine Frage der Ballfertigkeit«, gibt Wormuth zu bedenken. Manch ein Trainer fühlt sich ob dieser Anregungen auf den Schlips getreten, doch Wormuth geht es nicht darum, zu kritisieren, sondern zu analysieren und optimieren: »Natürlich jammern wir auf hohem Niveau. Wir reden hier von den letzten zehn Prozent. Doch gut zu sein, heißt ja nicht, dass wir aufhören müssen, uns weiter zu verbessern.«

Das Erfolgsrezept der Spanier, direktes Spielen auf kleinem Feld, setzte der DFB bereits nach dem deutschen Debakel bei der EM 2000 um – noch lange bevor Xavi, Iniesta und Co. die Fußballwelt mit ihrem Ballzauber berauschten. Seit damals wurden verschiedene Maßnahmen zur Förderung des Fußballnachwuchses ergriffen. Eine davon war, deutschlandweit mehr als tausend Minispielfelder zu errichten, kleine und wetterunabhängig bespielbare Kunstrasenplätze. Um die Freude am Fußball zu wecken, aber auch, um auf kleinem Feld an der Technik zu feilen. Kinder und Jugendliche, die regelmäßig auf diesen Plätzen spielen, entwickeln ihr Können am Ball.

Die Kunst liegt im Detail

Nicht nur die Bayern können mit der Kugel umgehen, viele ihrer Bundesligakonkurrenten ebenfalls. Zu selten aber gelingt es, die Passqualität in ähnlicher Form und konstant auf den Platz zu bringen – obwohl die Spieler im Training erstaunliche Ballkünste offenbaren. Wormuths Ansatz: »Dann muss ich am Selbstvertrauen arbeiten und zum Spieler sagen: ›Mach' dir keine Gedanken, du darfst auch im Spiel Fehler machen, denn die gehören dazu.‹ Vielleicht liegt es auch an der Passqualität, dass die Pässe nicht so scharf sind wie die der Bayern. Oder die Bayern spielen den Mitspieler auf dem Fuß an, der vom Gegner entfernt ist. Allein das reicht bereits aus, um mehr Zeit zu haben. Und bei einer anderen Mannschaft wird der Ball einfach bloß hingespielt. Oder vielleicht werden die Bayern auch nicht so unter Druck gesetzt, weil der Respekt sehr hoch ist.«

Wie wichtig die Passgenauigkeit ist, beweist auch eine Anekdote, von der Wormuth berichtet: »Ich habe einen Bekannten, der mit Xavi vom FC Barcelona mal aus Spaß an der Freude Fußball gespielt hat. Vier gegen Vier. Das Erste, was Xavi ihn fragte, war: ›Welcher ist dein starker Fuß?‹ Er antwortete: ›Ich bin Linksfuß.‹ Daraufhin hat er ihn nur auf dem linken Fuß angespielt, die ganze Spieldauer über immer nur auf dem linken Fuß. Diese Präzision zu besitzen, ist eine sehr hohe Qualität. Das sind die letzten Prozentpunkte, die den Unterschied zwischen guten und sehr guten Spielern ausmachen. Einem Amateurspieler, der gerade anfängt, würde ich natürlich nicht raten, ›spiel' deinen Mitspieler immer auf dem Fuß an, der gerade gegnerentfernt ist‹. Aber im Spitzenfußball ist das eine mögliche Steigerung.«

Uli Stielike ließ als Co-Trainer der Nationalmannschaft die Spieler mit dem Ball am Fuß jonglieren. Das war Ende der 1990er-Jahre, in einer Phase, in der der deutsche Fußball nicht gerade als Nabel der Welt galt. Die Spieler reagierten naserümpfend bis lustlos. Darüber kann Wormuth sich noch heute echauffieren: »Aber Entschuldigung, das ist die Basis! Wenn ich mit dem Ball jonglieren kann, mit ihm umgehen kann, dann ist das eine der wesentlichsten Fähigkeiten in unserem Sport. Und wenn ich im hohen Tempo den Ball annehme, dann bekomme ich ein Gefühl für ihn, weil ich sein Verhalten kennenlerne. Ich bin aber überzeugt, dass der weit überwiegende Teil der Spieler lernen will. Sicher wird es immer einige geben, die lamentieren, ›warum machen wir das?‹. Aber die bilden die Ausnahme. Fußball ist eben auch eine Sache des permanenten Übens.«

Taktische Flexibilität

Bis vor etwa fünfzehn, zwanzig Jahren orientierten sich Trainer bei der taktischen Ausrichtung ihrer Spieler fast nur an der eigenen Mannschaft. Überspitzt gesagt, interessierte der Gegner zunächst einmal nicht. Inzwischen ist eine Entwicklung zu beobachten, die dazu führt, dass Trainer ihre Vorgaben nicht nur vor einer Partie nach den Stärken und Schwächen des Gegners ausrichten, sondern auch während des Spiels ihre Formation verändern, wenn sie auf Umstellungen ihres Gegenübers reagieren. Thomas Tuchel machte bei Mainz 05 aus einer Mittelfeldlinie plötzlich eine Raute, weil er merkte, dass die Mitte geschlossen werden muss, da der Gegner dort eine Lücke gefunden hatte. Dies wiederum provozierte eine Gegenantwort, denn auch sein Trainer-Pendant musste nun reagieren, sofern er seine Mannschaft taktisch flexibel geschult hatte. Denn durch die gegnerische Umstellung auf eine Raute wurden nun die Außenbahnen freier. Es empfahl sich also, den Angriffsschwerpunkt von der Mitte nach Außen zu verschieben. Das müssen Trainer und das können auch erfahrene Spieler erkennen. Das ist der Anspruch. Es darf also nicht zu Verwunderung führen, wenn das Spiel durch die Mitte nach einer Rautenumstellung des Gegners nicht mehr funktioniert. Eine mögliche Antwort liegt darin, die eigene Mannschaft breiter zu stellen und in 4-4-2-Linien spielen zu lassen.

Die Linien. Oder aus Sicht des Gegners gesprochen, um dort Lücken zu finden: Das Spiel zwischen den Linien. Ein Thema für sich. Bei einer Linie ordnet ein Trainer seine Verteidiger wie in einer Kette an. Der Kerngedanke dieser defensiven Anordnung ist, einen Raum bestmöglich abzudecken und die Laufarbeit der Spieler zu verringern. Wird in Abwehr und Mittelfeld jeweils mit Viererkette gespielt, in einer 4-4-2-Linie, liegt es in der Natur dieser Linien, dass zwischen ihnen Freiräume entstehen, in die der Gegner hineinzustoßen versucht. Schnittstellen lassen sich nie ganz vermeiden, gerade durch ruckartige Bewegungen des Stürmers, denen ein Verteidiger folgen muss. So öffnet sich kurzfristig eine Schnittstelle und dort ist das berühmte Fenster zu finden, in das sich der vielzitierte öffnende

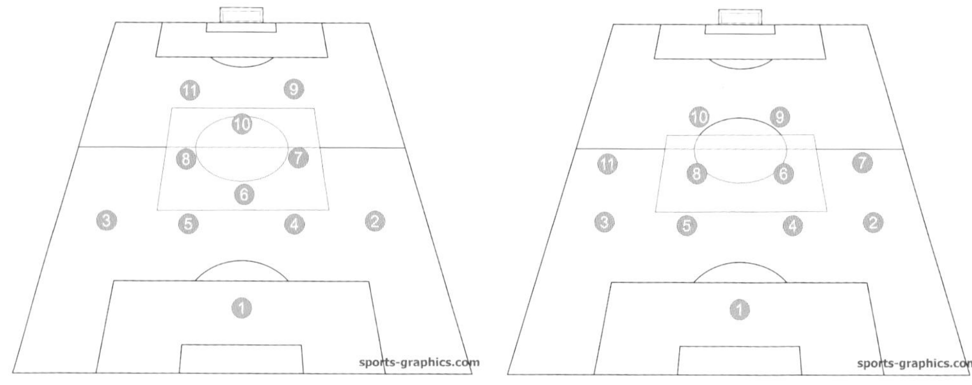

Abb. 2: 4-4-2-Raute mit geschlossener Mitte

Abb. 3: 4-4-2-Linie mit Stärkung der Außen

Pass hineinspielen lässt. Diese Schnittstelle ist grundsätzlich zwar auch dann zu finden, wenn sich die Verteidiger alle gleichzeitig bewegen und nicht ein einzelner ausschert. Borussia Mönchengladbach gelang dies in der Bundesliga-Hinrunde 2014/15 hervorragend. Aber es fällt dann deutlich schwerer, dort hineinzuspielen, als wenn sich das Fenster kurz öffnet und dieser Moment genutzt wird.

Wormuth ist ganz in seinem Element, gestikuliert, verschiebt die Magnetpunkte an der Tafel, unsere Köpfe rauchen. »Ist doch ganz einfach, oder?« Wir nicken halbherzig. Doch Wormuth ist geduldig, muss er wohl auch sein in diesem Job, erklärt noch mal anders, wenn er merkt, dass der Stoff noch nicht sitzt. Und er wird noch sitzen, daran lässt er keinen Zweifel. »Solche taktischen Spielereien passieren heute öfter. Pep Guardiola ist dafür prädestiniert. Er verändert die Formation seiner Mannschaft während des Spiels binnen kürzester Zeit, immer wieder. Auf diese Weise war der FC Bayern kaum auszurechnen. Guardiola brauchte zwar eine Weile, den Spielern diese vollkommene Flexibilität, bei der sie ständig neue Positionen einnehmen, klarzumachen, aber letztlich funktionierte es. Von außen nimmt man die Veränderungen nicht immer wahr, denn manchmal sind sie nur sehr klein – können aber entscheidend sein, wenn durch die Umstellung von Dreier- auf Viererkette plötzlich in der Spieleröffnung ein Mann mehr als Anspielstation im Mittelfeld zur Verfügung steht und die Mannschaft besser in ihren Spielfluss kommt. Denn wenn beide Außenverteidiger hoch stehen, hat die Dreierkette sieben Spieler vor sich und die Viererkette acht.«

Flexibilität à la Pep Guardiola

Pep Guardiola erwartet nicht nur von sich das Maximum, er verlangt auch seinen Spielern alles ab. Das Fachmagazin *kicker* stellte nach 21 Bayern-Pflichtspielen der Saison 2014/15, in denen Guardiola elf verschiedene Systeme spielen ließ, die Frage: »Wirrwarr oder Wunderwerk?« Es ist müßig zu diskutieren, ob der FC Bayern weniger erfolgreich gewesen wäre, hätte er nahezu konstant auf ein System gesetzt – wie zum Beispiel dem 4-2-3-1 unter Louis van Gaal oder später auch unter Jupp Heynckes. Immerhin eine Variante, mit der Heynckes die Bayern 2013 zum historischen Triple aus Meisterschaft, DFB-Pokal und Champions League führte. Guardiola will Nachhaltigkeit, kontinuierlichen Erfolg. Und dafür darf seine Mannschaft nicht ausrechenbar, nicht greifbar sein. Doch jedes System wird mit der Zeit entschlüsselt. Da ist es in der Tat nützlich, variabel zu sein, nach Belieben auf verschiedene Konzepte zurückgreifen zu können. Und genau daran arbeitete Guardiola auch in München tagtäglich. Vorbei waren die Zeiten, als der Gegner »nur« Franck Ribéry und Arjen Robben aus dem Spiel nehmen musste und der FC Bayern entzaubert war. Guardiola wusste sicher einen Plan B. Oder C. Oder D. Oder …

Wormuth verneint, dass taktische Flexibilität nur auf allerhöchstem Niveau erreichbar ist. »Sie müssen nur die Möglichkeit haben, sie mit ihrer Mannschaft konsequent zu erarbeiten. Ich habe das schon vor 25 Jahren in der Verbandsliga von meiner Mannschaft praktizieren lassen und gesagt: Wir brauchen ein Grundsystem, ein Grundverhalten, und davon gibt es eine offensive und eine defensive Version, je nach Spielstand. Wenn wir führen und der Gegner Druck macht, wir also tiefer stehen, spielen wir einen sogenannten ›Tannenbaum‹ in der Grundordnung 4-3-2-1 (Anmerkung: läuft nach oben hin immer spitzer zu, daher der Name, vgl. Abb. 4), dann haben wir die Mitte zu und der Gegner muss über außen kommen, was für ihn schwieriger wird. Wenn wir hingegen in den letzten zehn Minuten ein Tor erzielen müssen, dann spielen wir »Harakiri«, mit drei Spitzen im Zentrum und zwei dahinter. Dann bilden wir im defensiven Mittelfeld keine Doppel-Sechs, sondern spielen mit einer Sechs und zwei Zehnern, damit bei den ›zweiten Bällen‹ die zwei Zehner die Kugel aufnehmen können. Das sind alles Spitzfindigkeiten, die aber wichtig werden können.«

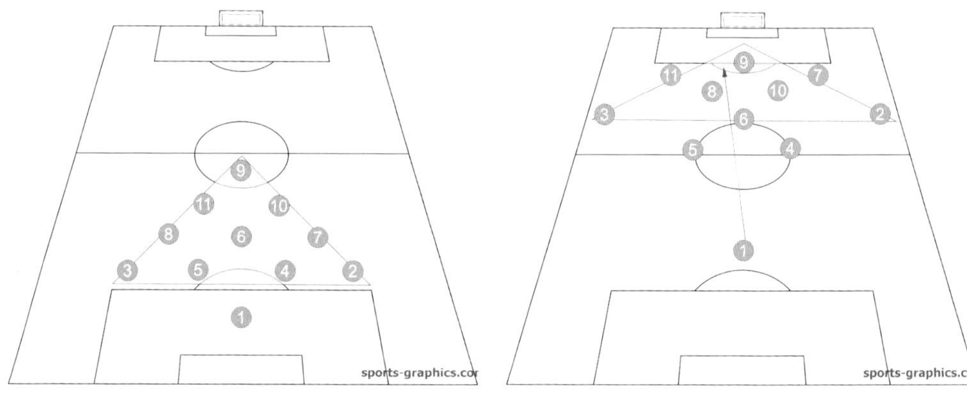

Abb. 4: Tannenbaum-System

Abb. 5: »Harakiri-System«, um die Chance auf den zweiten Ball zu erhöhen

Die Spitzfindigkeiten werden einstudiert und den Spielern immer wieder bewusst gemacht. Damit eine Umstellung während der Hektik des Spiels reibungslos klappt, sucht sich der Trainer drei, vier Spieler als Adressaten seiner Anweisungen aus, die zentral agieren und die die taktische Flexibilität verinnerlicht haben. Eine Umstellung wird von der Bank mit Signalworten eingeleitet. Ralf Rangnick, unter anderem Trainer beim SSV Ulm, VfB Stuttgart, Hannover 96, Schalke 04 und 1899 Hoffenheim, gab mit den Fingern Zeichen wie »Du spielst die Sechs«. Wormuth macht anschaulich deutlich, warum es wichtig ist, leicht verständliche Anweisungen zu erarbeiten: »Andernfalls müssten Sie einem eingewechselten Spieler sagen: ›Pass auf, du spielst jetzt auf der linken Seite, nicht ganz weit draußen, nein, komm' ein bisschen mehr nach innen, stopp, ja, so könnte es gehen …‹ Das geht eben nicht. Vielmehr müssen Sie ihm sagen können, ›Du spielst die Elf‹ und er weiß sofort, wo genau auf dem Platz die Position Elf wie zu spielen hat. Das müssen Sie im Training üben und es sollten auch alle Spieler mal auf der Elf gespielt haben. Und diese Zeit zum Üben steht innerhalb einer Trainingswoche auch genügend zur Verfügung.« Ein geradezu fließender Übergang zu einem weiteren Thema, das Wormuth sehr am Herzen liegt:

»Manchmal höre ich bei taktischen Übungen ein Aufstöhnen: ›Och, wir haben doch Englische Woche, muss das jetzt sein?‹ Ja, muss es. Ich kann doch Montag und Dienstag zweimal trainieren, dann habe ich bereits vier Einheiten absolviert. Dann kann ich auf dem Platz noch Gehübungen für ein besseres taktisches Verständnis machen, oder an der Taktiktafel arbeiten, Videoszenen zeigen. Ich kann mit den Spielern doch acht Stunden am Tag arbeiten! Da besteht auch keine Gefahr, dass Spieler übertrainiert werden. Die Profiklubs arbeiten mit professionellen Fitnesscoaches, die berücksichtigen, dass der eine etwas mehr und ein anderer etwas weniger Belastung benötigt. Das ist alles eine Frage der Steuerung. Diese Scheu vor dem Acht-Stunden-Tag finde ich kurios.« So wird es Wormuth nachträglich mit Genugtuung erfüllt haben, als die abstiegsgefährdeten Klubs Hamburger SV und VfB Stuttgart ankündigten, ebenjenen Acht-Stunden-Tag zur Rückrunde der Saison 2014/15 einzuführen.

Eigeninitiative und taktisches Verständnis der Spieler

Fußballer der Neuzeit sind taktisch so gut geschult, dass sie Fehlentwicklungen auf dem Platz selbst erkennen und eigenmächtig gegensteuern, sofern ihnen der Trainer diesen Entscheidungsspielraum zugebilligt hat. »Schon in der Oberliga gibt es Spieler, die sagen, ›jetzt ziehen wir mal das Tempo an‹, um nur ein Beispiel zu nennen. Das liegt an der Persönlichkeit eines Spielers. Die Zeiten von Turnvater Jahn, als Trainer sagten, »so und nicht anders macht ihr es«, sind vorbei. Das ist eine nur logische Entwicklung, auch weil die Lehrmethodik der Trainer sich verändert hat, sie ist heute immer mehr induktiv (Anmerkung: vom Einzelnen zum Allgemeinen führend). Man geht viel mehr auf den Spieler ein und fragt: ›Was meinst du in dieser Situation?‹ Denn wenn die Erkenntnis von ihm selbst kommt, geht es eher in seinen Kopf, als wenn ich ihn nur mit meinen Vorgaben fülle, fülle und nochmals fülle, er den Inhalt aber vielleicht gar nicht richtig verstanden hat. In Deutschland wird zwar in der Ausbildung immer noch Frontalunterricht praktiziert, aber nicht mehr in dem Maße wie früher, im Fußball nur noch selten. »Heute Nachmittag werde ich eine halbe Stunde lang einen Vortrag über das Spiel im letzten Drittel halten, aber dann wird es die ganze Woche über praktisch angewendet auf dem Platz. Das machen zunächst noch die Trainer, aber eines Tages werden auch die Spieler selbst mal eine Einheit halten, um ihre Perspektive zu verändern.«

Zu seiner Trainerzeit beim SC Freiburg gab Robin Dutt einigen seiner Spieler den Auftrag, das zuletzt absolvierte Spiel zu analysieren und dem Rest der Mannschaft vorzutragen. Nach einer Trainingseinheit gingen sie zum Videoanalysten, schnitten mit ihm einige Spielszenen zusammen und präsentierten sie anschließend den Mitspielern. Mit Szenen, die gelungen waren, aber auch mit Szenen, die noch ausbaufähig waren. »Einmalig ist das sicher in Ordnung, ein gelungenes Experiment. Man darf es aber nicht übertreiben. Nicht dass die Spieler eines Tages den Trainingsplan vorgeben. Der Spieler macht sich vielleicht für die neunzig Minuten Training seine Gedanken, doch der Trainer besitzt den großen Überblick und macht sich auch noch für den Rest des Tages und der Woche Gedanken über Trainingsinhalte. Aber grundsätzlich finde ich den induktiven Ansatz förderlich und gut.«

Wormuth gibt dafür ein weiteres Beispiel: »Als wir mit der Hennes-Weisweiler-Akademie noch in der Sporthochschule Köln ansässig waren, hatten wir dienstags immer eine U14 des 1. FC Köln als Demonstrationsmannschaft zu Gast und wenn wir mit ihr induktiv gearbeitet haben, dann haben sie Spielsituationen auf den Punkt genau analysiert. Wir waren beeindruckt und haben gesagt, ›diesen 14-Jährigen müssten wir eigentlich die C-Trainerlizenz geben‹. Aber im Spiel, beim praktischen Übertrag, hat man dann den Mangel an Erfahrung gemerkt. Sie wussten es nur theoretisch. Aber der Trainer hatte gut mit ihnen gearbeitet, und das ist die Voraussetzung. Doch sie brauchen natürlich ihre Zeit, um das Gelernte auch zu verinnerlichen, bis die Automatismen sitzen. Und die Automatismen funktionieren auch nur dann, wenn der Gegner genau so agiert, wie wir es wollen. Das ist ja die Krux, dass auch der beste Automatismus nichts nutzt, wenn der Gegner mit seinem Verhalten von meiner Erwartung abweicht. Dann benötige ich taktische Flexibilität, und an ihr arbeiten die Trainer, sodass die Spieler Entscheidungen freier treffen können. Natürlich gibt es trotzdem ein paar Grundsätze, die einzuhalten sind. Was mich sehr freut, ist, dass wir in der heutigen Generation viele junge Trainer haben, die ihre Teams taktisch sehr variabel agieren lassen und auf Veränderungen in einer Partie zeitnah mit geeigneten Umstellungen reagieren können.«

Trockenübungen

Unter Arrigo Sacchi als Trainer des AC Mailand wurden sie Ende der 1980er Jahre populär: Trockenübungen ohne Ball und Gegner, die in diesem Buch noch einige Male Erwähnung finden werden. Weil sie, richtig ausgeführt und ohne die Spieler durch Eintönigkeit zu ermüden, Mannschaften auf ein taktisch höheres Level führen, indem sie das Bewusstsein für ein mannschaftlich geschlossenes Verhalten schärfen. Als der bis dahin vergleichsweise unbekannte Sacchi 1987 von Milan-Eigner Silvio Berlusconi zu den Lombarden geholt wurde, hatte er noch kein Erstliga-Team trainiert, wohl aber mit Zweitliga-Aufsteiger AC Parma den AC Milan aus dem italienischen Pokal geworfen. Fortan prägte er bis 1991 eine Ära der Rossoneri, die zu einer der erfolgreichsten ihrer Klubgeschichte wurde – ohne

Zweifel auch dank überragender Einzelkönner wie Franco Baresi, Paolo Maldini, Frank Rijkaard, Ruud Gullit oder Marco van Basten.

Sacchis Kunst bestand darin, aus diesem Sammelsurium an Individualisten eine Einheit zu formen, die sowohl ein für die italienische Serie A ungewohntes Offensivspektakel bot, als auch, dass er die Abwehr derart stabilisierte und verdichtete, dass sie fast unüberwindbar wurde. So dominierte der AC Mailand vor allem in Europa und fügte seinem Trophäenschrank Pokal um Pokal hinzu. Ein wesentlicher Baustein zur Überlegenheit war Sacchis intensives Taktiktraining, bei dem er die Spieler auf dem Feld »trocken« hin und her verschob: Er selbst stand vor ihnen, die Position des Balles simulierend, die Spieler folgten seinen Bewegungen, bis alle Abläufe verinnerlicht waren. So entstanden abgestimmte Bewegungen sowie penibel eingehaltene Abstände zwischen den Spielern, ähnlich den Reihen eines Tischfußballspiels.

Wie Pep Guardiola heute, verlangte schon Sacchi von seinen Spielern die schnelle Balleroberung, um selbst die Spielkontrolle übernehmen zu können. In Italien damals ein revolutionärer Ansatz. Im Interview mit dem Fußballmagazin *11 Freunde* erklärte Sacchi 2013 seine Philosophie: »Wir trainierten, um die Bewegungen aller elf Spieler zu synchronisieren. Der Grundgedanke war, ein Bewusstsein für die Zusammenhänge dieses Spiels zu schaffen. Alle elf Spieler sollten immer in einer aktiven Position sein, mit oder ohne Ball. Dieser Gedanke hat den Fußball verändert.«

Sacchis Arbeit wirkte auch nach seinem Wechsel auf den Posten des italienischen Nationaltrainers 1991 nach. In der Folgesaison unter Fabio Capello gelang Milan der Gewinn der Meisterschaft ohne eine einzige Niederlage. Erst 1993, nach 58 ungeschlagenen Spielen, fand mit dem AC Parma ein Gegner wieder ein Mittel gegen die schier Übermächtigen. Der junge Thomas Tuchel, dessen Trainerstern viele Jahre später in Mainz aufging, war derart fasziniert von der Spielweise des AC Mailand und Innovator Sacchi, dass er sich stundenlang Videos anschaute und sich fragte, wie die Spieler es schafften, überall auf dem Feld immer wieder Überzahlsituationen herzustellen – als wären sie mit einem oder zwei Mann in der Überzahl.

Als Sacchis Landsmann Giovanni Trapattoni 1994 erstmals auf die Trainerbank von Bayern München wechselte, versuchte er Trockenübungen auch deutschen Spielern schmackhaft zu machen. Wie groß deren anfängliche Begeisterung ausfiel, hat Thomas Helmer den Autoren in einem späteren Kapitel dieses Buches verraten (siehe Seiten 94ff.).

Trockenübungen sind nicht aus der Mode gekommen und werden zumindest in der Vorbereitungszeit vielfach noch praktiziert, wie Wormuth erzählt: »Bruno Labbadia hat sie bei seinen Klubs Bayer Leverkusen, Hamburger SV und VfB Stuttgart akribisch durchgeführt, bis zu zwei Stunden am Stück auf dem Platz. Das verlangt eine große Konzentrationsleistung. Das finde ich gut und das soll auch so sein. Sicher ist manch ein Spieler nicht begeistert von der Übungsform, weil der Ball fehlt. Aber die meisten sehen ein, dass ihnen die Trockenübungen weiterhelfen.« (Siehe Seite 205) Gerade in der Nationalmannschaft, wenn die Akteure von verschiedenen Vereinen kommen und ihre Laufwege innerhalb kürzester Zeit aufeinander abgestimmt werden müssen, sind Trockenübungen eine gute Hilfestellung.

Sicher, mit der Akribie die sie verlangen, hätten Trockenübungen auch zum »kleinen Ganzen« gezählt werden können. Doch sie haben stets einen übergeordneten Zusammenhang im Blick: Die Harmonie der gesamten Mannschaft. Und damit Großes entstehen kann, muss zunächst immer am Kleinen gefeilt werden:

Das kleine Ganze

Leverkusen widerlegt die Lehre

Es gibt elementare Dinge im Fußball, die befolgt werden müssen, um den Gegner unter Druck zu setzen. Das richtige Anlaufverhalten oder eine konsequente Zweikampfführung gehören dazu. In der Hennes-

Weisweiler-Akademie spricht die Lehre vom Akronym ASTLB, bestehend aus Anlaufen, Stellen, Tempo aufnehmen, Lenken und Balleroberung. Das sind die fünf Phasen, die sich herausarbeiten lassen, wenn ein Spieler verteidigt. Doch es gibt auch Teams, die von der reinen Lehre abweichen, wie Bayer Leverkusen in der Hinrunde der Saison 2014/15. Die Leverkusener scherten sich nicht um die fünf Phasen, stattdessen gingen sie bei Ballbesitz des Gegners gleich »voll drauf«. Das sorgt beim Gegner für ein Bewusstsein, »Oh, die riskieren heute alles«. Denn die Sicherheit ist für denjenigen, der derart offensiv attackiert, zunächst hinten angestellt. Es ist gut möglich, dass die Balleroberung scheitert und dem Gegner Räume geboten werden. Aber die Leverkusener hatten mit ihrer überfallartigen Methode meist Erfolg und eroberten den Ball, weil sie einen geschulten Blick für die Situation entwickelt hatten.

Doch Achtung, Wormuth fährt per Grätsche dazwischen: »Da sage ich als Ausbilder dann natürlich: ›Halt, stopp, Ball zurückgeben, das ist falsch! Das entspricht nicht der Lehre!‹« Pause. Der Satz wirkt nach. Dann ein schallendes Lachen. »Ach, Quatsch! Gelingt es damit, den Ball zu erobern, habe ich natürlich gar keine Einwände. Es gibt zwar Grundsätze im Fußball, aber die werden eben auch mal widerlegt.« Okay, reingefallen. Aber wann ist er, der richtige Zeitpunkt, um »voll drauf« zu gehen?

Richtiges Timing beim Zweikampf

»Ich gebe Ihnen ein typisches Beispiel: Wenn der Stürmer mit einem Tempodribbling auf Sie zuläuft, und Sie nehmen das Tempo auf und laufen mit, wann sollten Sie als Verteidiger zustechen, wie wir sagen, und wann besser nicht?« Gegenfrage: »Können wir nicht versuchen, den Stürmer abzudrängen, auf die Unterstützung durch einen Mitspieler warten und ihn dann doppeln?« »Falls Sie schnell genug sind und die Spielsituation es zulässt, schon möglich. Aber vielleicht sind Sie gezwungen zu handeln, weil sonst ein Gegentor droht und keine Zeit zum Doppeln bleibt. In diesem Fall ist der beste Moment für die Attacke dann, wenn der ballführende Spieler den Ball mit seinem

Führbein antippt und es dann absetzt. Sticht man in dieser Zehntelsekunde zu, dann kann der Stürmer nicht mehr reagieren, weil sein Führbein auf dem Boden steht. Wenn man den Dreh raus hat, das zu erkennen, dazu den Rhythmus des Spielers, der auf einen zuläuft, lesen kann, und man nicht vorher schon den eigenen Schritt gemacht hat, dann besteht jetzt eine gute Chance, den Ball zu erobern.«

Es gibt allerdings Spieler, gegen die nutzt selbst dieses Wissen kaum. Barcelonas Lionel Messi ist so einer. Messi hat den Ball fast ständig am Fuß, mit einer ganz engen Ballführung. So findet sich kaum eine Zeitspanne, bei der sich ein geeigneter Moment zur Balleroberung identifizieren ließe. »Bei Messi dauern diese Phasen nur Millisekunden. Außerdem liegt sein Körperschwerpunkt ganz tief, das macht es zusätzlich schwierig. Ein großgewachsener Spieler wie Per Mertesacker mit seinen langen Schritten bekäme sicher seine Probleme, denn logischerweise fallen seine Übersetzung und die Bodenkontaktzeit länger aus. Wenn Messi erkennt, dass sein Gegner attackieren will, dann tritt er in diesem Moment selbst an. Das sind Kleinigkeiten, die zwar nicht immer über Sieg oder Niederlage entscheiden. Aber sie sind ein Mosaikstein dazu.«

Hat der Verteidiger seinen Gegenspieler mit dessen Rücken zu sich, so verlangt dies ein gänzlich anderes Abwehrverhalten, als wenn der Stürmer mit Tempo auf ihn zuläuft. Üblicherweise wird der aus dem Basketball bekannte Abstand von einer Armlänge eingehalten. Solange der Verteidiger verhindert, dass der Angreifer sich dreht, hält er ihn in Schach. Doch sobald er sich dank einer Körpertäuschung oder einer anderen Finte dreht, muss der Abwehrspieler mit Tempo aufnehmen und sich in die Defensive zurückfallen lassen – oder mit vollem Risiko »anstechen«. Die Gefahr: Schlägt der Angreifer dann einen Haken, ist er sofort durch. Die letzte Reihe darf also nicht derart riskant agieren, andernfalls läuft der Stürmer frei auf den Torwart zu. Es ist eine Frage der Abstimmung, die von den Spielern verlangt, dass sie die Situation in Sekundenbruchteilen richtig erkennen. Bei der Fußballlehrer-Ausbildung wird in solchen Fällen immer von »Mustern« und nicht von »Situationen« gesprochen. Wem an der Zustimmung des Chefausbilders gelegen ist, sollte diese Unterscheidung beherzigen.

Zuordnung bei Standards

Immer wieder taucht sie auf, die Frage nach Mann- oder Raumdeckung bei Standards. Ebenso wie diejenige, ob bei gegnerischen Ecken einer, beide oder keiner der Torpfosten mit Verteidigern besetzt werden sollte. Doch wie so oft gibt es im Fußball nicht die eine Wahrheit. Fangen wir bei der Pfostenbesetzung an. Manche Trainer stellen ihre kleinen Spieler an den Pfosten, die großgewachsenen sind ohnehin für die Kopfballduelle im Strafraum vorgesehen. Doch dann geht der Ball in den oberen Torwinkel und die Maßnahme verpufft. Was grundsätzlich dagegen spricht, Spieler bei Eckbällen an den Pfosten zu stellen? Dass dann ein Mann weniger zur Verfügung steht, der Mann oder Raum deckt. Auch die Meinung der Torhüter spielt eine entscheidende Rolle: Die einen wollen den langen Pfosten (den vom Ball weiter entfernten Pfosten) abgedeckt haben, während andere den kurzen Pfosten bevorzugen, weil sie sich selbst auf den langen konzentrieren.

»Oder was machen Sie, wenn Sie sechs kleine Spieler haben und der Gegner fünf große?«, fragt Wormuth und liefert gleich eine Option mit: »Dann stellen sie vielleicht vier kleine Spieler an die Mittellinie und schauen, ob einige große Spieler des Gegners mitgehen.« Die Entscheidung, ob und welche Pfosten besetzt werden, muss also zur Mannschaft passen, in Kombination mit den Vorlieben des Torhüters. »Mit dem tauschen Sie sich natürlich aus. Beim SSV Reutlingen hatte ich Goran Ćurko im Kasten, der war eine solche Granate, da habe ich die Pfosten frei gelassen, denn ich wusste, der geht da hin und holt die Bälle raus. Beim VfR Ahlen hatte ich zwar einen auf der Linie starken, aber sehr schmächtigen Torwart. Daher habe ich bei Ecken noch zwei Spieler hingestellt, weil ich wusste, dass er diesen oder jenen Ball nicht bekommen würde.«

Bei gegnerischen Standardsituationen auf Raumdeckung zu setzen, ist seit Jahren üblich, die ausschließliche und klassische Mann-zu-

Mann-Zuordnung nach dem Motto, »unsere Nummer vier deckt deren Nummer neun«, ist überholt. Die Gefahr bei der Raumdeckung ist, dass die Spieler das »Stehen im Raum« zu wörtlich nehmen, also auf ihrer Position stehen bleiben und sich dann wundern, dass ein Gegentor fällt. So wie bei Spaniens 1:0-Sieg gegen Deutschland im Halbfinale der WM 2010, als Verteidiger Carles Puyol nach einer Ecke wuchtig dem Ball entgegenging und das entscheidende Tor köpfte. Nicht zuletzt deshalb, weil die deutschen Verteidiger es versäumten, mitzugehen. »Auch als Raumdecker müssen Sie aus der Bewegung heraus agieren, sonst ist der andere im Vorteil.« So entstehen Tore, wie auch bei der WM 2014 durch Mats Hummels bei seinem Kopfballtreffer gegen Portugal. Portugals Spieler standen im

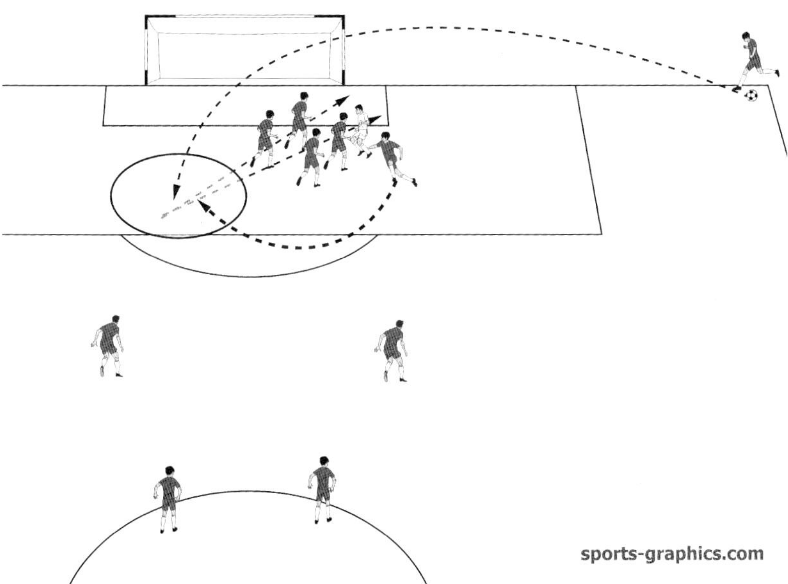

Abb. 6: Blocken bei der Ecke: Vier Spieler laufen von hinten zum ersten Pfosten – der Fünfte lässt sich »fallen« und geht hinten herum zum freien Raum, wohin der Ball kommen soll. Sein Gegenspieler kann nicht folgen, wird von der Masse an Spielern blockiert. Die Folge: Tor durch Thomas Müller, das 1:0 für Deutschland gegen Brasilien im WM-Halbfinale 2014. Hinweis: Gegenspieler sind in der Abbildung aus Gründen der Übersichtlichkeit nicht dargestellt.

Raum, Hummels stieg hoch und traf. »Wenn Sie die Raumdeckung bei Standards richtig spielen, ist das interessant, aber wenn die Spieler dabei nur stehen, haben sie keine Abwehrchance.« Deswegen bevorzugt Wormuth bei Eckstößen eine Kombination aus Mann- und Raumdeckung, in der einige Spieler im Raum und andere direkt gegen die stärksten Kopfballspieler des Gegners verteidigen.

Der frühere Nationalspieler Christian Ziege, einst U19- bzw. U18-Trainer beim DFB, vertrat anlässlich einer U-Trainer-Tagung eine ähnliche Meinung zum Thema: »Wenn ich überragende Kopfballspieler habe, lasse ich sie im Raum stehen. Falls nicht, sollen sie Mann gegen Mann spielen, damit wenigstens der gegnerische Anlauf behindert wird.« Das geeignete Mittel hängt immer auch von den Spielertypen ab, die zur Verfügung stehen.

In puncto Ausführung von Ecken bot die Weltmeisterschaft 2014 nicht allzu viele Variationen. Ein beliebtes Szenario: Kurz ausgeführt, ein Mitspieler lässt die Kugel zurückprallen, ehe sie aus dem Halbraum vor das Tor geflankt wird. Für Wormuth wird der effektivste Eckball immer noch direkt zum Tor getreten, scharf hereingebracht. »So fälscht der Gegner schnell mal den Ball ab, oder ein eigener Stürmer bekommt den Fuß dazwischengespitzt, und die Kugel landet im Netz. Wenn Sie merken, dass der Gegner im Raum deckt und der Rückraum frei ist, dann können Sie bei der Ecke auch mit dem anderen Fuß weiter zurück auf den Sechzehner spielen. Der Mitspieler nimmt die Kugel volley und schießt sie direkt aufs Tor. Das ist allerdings einer der schwierigsten Bälle überhaupt.« Bayern Münchens Flügelspieler Arjen Robben hat mit seinem Kunstschuss im Old Trafford von Manchester United im Frühjahr 2010 bereits bewiesen, dass dies möglich ist.

Wormuth ist überzeugt, dass Standardsituationen zukünftig einen noch größeren Wert im Fußball erfahren, die Trainer verstärkt ihre Kreativität spielen lassen werden. Schließlich lässt sich auch zu einer Standardsituation ein Plan erstellen. Der Ball liegt, der Gegner muss sich nach der ausführenden Mannschaft richten. So lassen sich Laufwege einstudieren, bei denen der Gegner mitgezogen wird, um eigene

Räume zu schaffen – und genau dort muss der Ball dann reingespielt werden. »Bei der U20 trainieren wir das ganz konkret. Torsten Frings, Lehrgangsteilnehmer bei uns und später Co-Trainer bei Werder Bremen, war mal mit dabei. Genau diesen einen Trick, den er bei uns aufgeschnappt hatte, ließ er dann bei Werders U23 üben, und die haben dann im nächsten Spiel ein Tor daraus gemacht. Das war eine lustige Geschichte, weil wir in der U20 noch keinen Erfolg mit diesem Trick hatten.«

Vier-Felder-Spiel

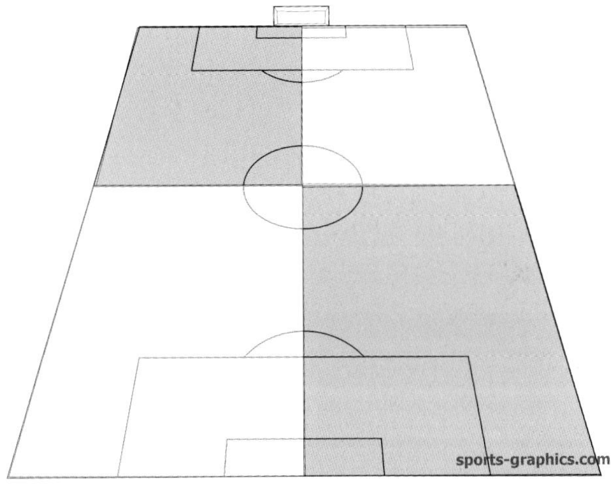

Abb. 7: Vier-Felder-Spiel

Nicht nur Juristen, Wissenschaftler und Mediziner haben ihre eigene Sprache. Auch bei Fußballern stößt man immer wieder auf neue Begrifflichkeiten. So lernen wir, dass Bayer Leverkusen ein »Vier-Felder-Spiel« praktizierte (immer wieder Leverkusen: Die Jungs von Trainer Roger Schmidt hatten die Fachwelt im zweiten Halbjahr 2014 wirklich fasziniert). Was hat es mit den vier Feldern auf sich? »Das Prinzip ist recht simpel«, beginnt Wormuth. »Vier-Felder-Spiel ist ein Begriff, den wir zur Verdeutlichung eines extremen Pressings in der Ausbildung eingeführt haben. Er bedeutet, dass das Spielfeld in vier Felder aufgeteilt wird: defensiv rechts und links sowie offensiv rechts und links. Nun versuchen alle, in das Feld hineinzukommen, in dem sich gerade der Ball befindet.« Das Ziel dabei: Auf engem Raum Druck auf den Gegner auszuüben (zu »pressen«) und möglichst rasch den Ball zu erobern – das ist der Ansatz ohne Ballbesitz. Bei Ballbesitz entstehen in Ballnähe viele Anspielstationen, die Möglichkeiten zum Kombinieren bieten, auch in der gegnerischen Hälfte. Man kann sich den Gegner »zurechtlegen«, bis sich eine Lücke zum Tor findet.

Das Risiko beim Vier-Felder-Spiel: Spieler verlassen ihre Positionen und bieten dem Gegner bei Kontern Freiräume an, durch die er Torgefahr entwickeln kann. »Da kann ich Ihnen Beispiele zeigen, die ich rausgeschnitten habe, die das ganz deutlich veranschaulichen.« Wormuth erinnert sich an ein Bundesliga-Spiel, in dem sich Leverkusens Außenverteidiger Sebastian Boenisch nicht auf seiner linken, sondern auf der rechten Abwehrseite befindet und »sein« Gegenspieler, der völlig frei steht, das Tor erzielt. »Aber das ist das Risiko, das Roger Schmidt bewusst einging, und er hatte eine Zeit lang Erfolg damit. Das lässt sich nicht mit jeder Mannschaft umsetzen. Aber die Leverkusener verfügten über Spieler, die extrem spielstark waren. Manchmal benötigt man dann gar nicht allzu viele Taktikvorgaben, da sie so viele Fähigkeiten am Ball haben und so gut aufeinander abgestimmt sind. Aber auf hohem Niveau, mit einer Mannschaft, die diese Lücken erkennt, kann man gegen diese offensive Ausrichtung schon etwas machen.«

Eine Spielklasse tiefer betrachtet Wormuth das Vier-Felder-Spiel beinahe als Patentrezept: »In der zweiten Liga würde ich nur so spielen lassen, denn, das soll nicht despektierlich klingen, dort ist die Technik nicht immer auf allerhöchstem Niveau. Ein Kollege hat einmal gesagt: ›Zweite Liga? Ausschließlich mit Pressing spielen!‹ Die Wahrscheinlichkeit der Balleroberung ist dann recht hoch.« Fazit: Die taktische Ausrichtung richtet sich immer auch nach der technischen Klasse der Spieler.

Das Risiko des kompakten Stehens

Eng beieinander zu stehen und die Abstände zwischen den Spielern nicht zu groß werden zu lassen, das ist der Kerngedanke des kompakten Auftretens einer Mannschaft. Viel wurde darüber berichtet, wie beeindruckend kompakt Deutschland bei der WM in Brasilien agierte und damit defensiv wie offensiv ein Vorreiter war. Die DFB-Elf hatte in Ballnähe immer sehr viele Spieler, auch in der Offensive. Nur so konnte sie ihren Ballbesitzfußball ausüben, weil dafür immer ausreichend Spieler als Anspielstationen verfügbar sein müssen. Viele andere WM-Mannschaften hatten bis zu acht Mann hinter dem Ball, doch zwei blieben oft vorne. Bei Argentinien waren es Gonzalo Higuaín und Lionel Messi, bei den Niederlanden Arjen Robben und Robin van Persie. Ob das ein Grund war, warum diese Mannschaften die WM nicht gewannen, sei dahingestellt. Doch es zeigt, wie

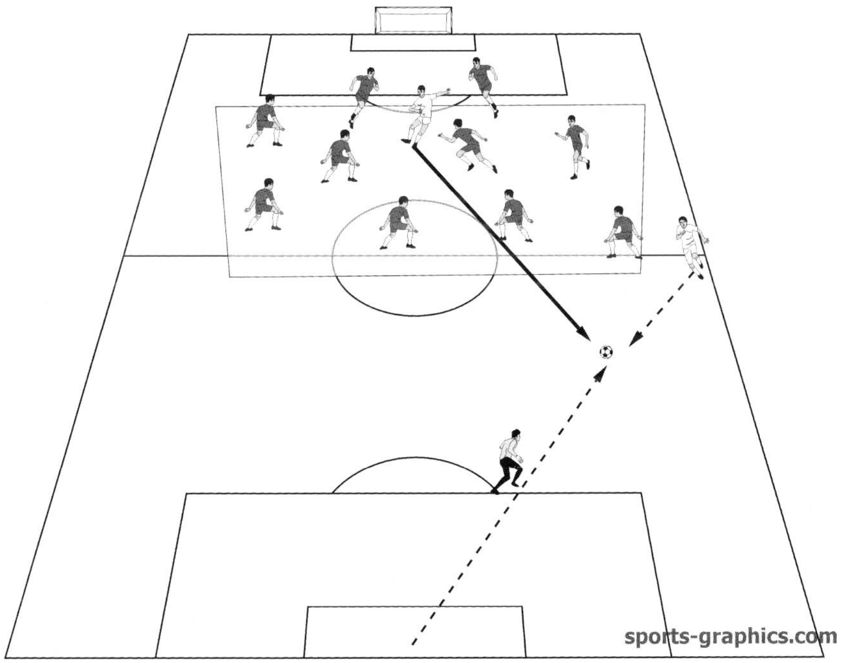

Abb. 8: Anfälligkeit für Konter:
Kompaktheit nach vorne bietet Räume dahinter.

geschlossen die Deutschen auftraten, da bei ihnen jede Offensivkraft auch in Defensivarbeit eingebunden war.

Angesichts dieser Lobhudelei verwundert es zunächst, wie viele Chancen die deutsche Abwehr in der Vorrunde gegen Ghana (2:2) oder im Achtelfinale gegen Algerien (2:1 nach Verlängerung) zuließ. Gerade die Partie gegen Algerien ist noch präsent, bot sie doch das spektakulärste Torhüterspiel des Turniers: Manuel Neuer interpretierte seine Position völlig neu und wurde zum Libero, zum elften Feldspieler, der seinen Strafraum immer wieder im Vollsprint verließ, um einen algerischen Pass abzufangen und vor dem heranstürmenden Angreifer zu retten.

Dass Neuer so oft eingreifen musste, hatte auch etwas mit dem kompakten Stehen seiner Teamkollegen zu tun. Das ist kein Widerspruch. Denn wenn die Deutschen in der Offensive kompakt nachrückten, hieß das auch, dass hinter der Viererkette viel Platz entstand. So war Neuer gezwungen, mitzuspielen – eine Anforderung, die ihm angesichts seiner fußballerischen Fähigkeiten nicht zu viel abverlangte. »Die Algerier haben sich hinten reingestellt und auf Konter gesetzt. Um solche Gegenangriffe zu vermeiden, muss gut zugeordnet werden, aber dennoch ist der Raum vorhanden. Das müssen Sie in Kauf nehmen, anders geht es nicht, wenn Sie Ihr Team kompakt nach vorne rücken lassen wollen, um dort mehr Anspielstationen zu haben und den Gegner unter Druck zu setzen«, klärt uns Wormuth auf.

Der Spielverlauf dieser Partie war also kein Zufall. Die Art, wie Neuer die Szenen auflöste, war für die Zuschauer berauschend. Mit einem weniger großzügigen Schiedsrichter allerdings hätte der Keeper in einer brenzligen Situation auch die Rote Karte bekommen können und der schöne Plan wäre hinfällig gewesen – so wie beinahe auch im WM-Endspiel gegen Argentiniens Higuaín, als Neuer allzu rustikal in den Zweikampf ging. Diese Art der Spielinterpretation ist daher riskant angelegt.

In der Diskussion um die Vielzahl der Chancen, die Deutschland in diesem Spiel zuließ, rät Wormuth ohnehin zu einer anderen Sichtweise, nämlich zu einer größeren Wertschätzung für die Qualität

Algeriens: »Sie haben ihre Konter mit One-Touch-Fußball glänzend herausgespielt, das darf man nicht vergessen. Das ging ruckzuck, dann waren sie schon heraus aus ihrer eigenen Hälfte. Da können Sie auch als beste Mannschaft der Welt nichts machen, sondern nur feststellen: ›Wir bekommen keinen Zugriff, also fallen lassen, defensiv sicher stehen.‹ Andererseits haben wir ja ganz bewusst kompakt gespielt und haben schon in ihrer Hälfte attackiert, um Druck auszuüben. Und dann mussten wir plötzlich feststellen, dass die Algerier einen richtig feinen, guten Fußball spielen. Sie sind alle hervorragend ausgebildet. Schauen Sie sich an, bei welch guten Klubs sie spielen. Heutzutage darf man keinen Gegner mehr unterschätzen. Algerien, Tunesien, Marokko, die können alle sehr gut kicken.«

Druck für Jugendtrainer führt zu Mangel an Außenverteidigern

Bis zum Sommer 2014 hieß es, »den Philipp Lahm müsste man klonen«, wenn es um die Besetzung der zweiten Außenverteidigerposition im Nationalteam. Nach dem WM-Triumph folgte die Ernüchterung: Nun stand auch das Original nicht mehr zur Verfügung, da der Kapitän nach dem Turnier aus der Nationalmannschaft zurückgetreten war. Guter Rat war gefragt. Viele Namen wurden gehandelt, doch Bundestrainer Löw tut sich noch immer schwer bei der Suche nach einem adäquaten Nachfolger. Woher auch nehmen? Selbst während der WM in Brasilien vertraute Löw mit Jérôme Boateng (rechts) und Benedikt Höwedes (links) zunächst auf gelernte Innenverteidiger auf den Außenpositionen, da Lahm im zentral-defensiven Mittelfeld noch dringender benötigt wurde, Löw zudem auf Kopfballstärke im Abwehrverbund setzte. Auch der vielversprechendste Nachfolge-Kandidat Joshua Kimmich wurde aufgrund seiner strategischen Fähigkeiten mit der Zeit ins Mittelfeld versetzt. Doch woher kommt der Mangel an qualifiziertem Außenverteidiger-Nachwuchs, warum rücken so wenige potenzielle Lahm-Nachfolger nach?

Wormuth legt die Stirn in Falten, ein sensibles Thema. Er hat aber einen sehr interessanten Erklärungsansatz, der in der öffentlichen

Diskussion bisher kaum Berücksichtigung fand: »Es ist schon bemerkenswert, wenn ein Rechtsfuß in der Nationalmannschaft links spielen muss. Wie Benedikt Höwedes oder Erik Durm. Dann kann etwas nicht stimmen. Natürlich machen wir uns in der Ausbildung Gedanken darüber und reden mit den Trainern. Wir glauben, dass ein Grund darin zu finden ist, dass die Vereine ihre Trainer durch unsere leistungsorientierte Struktur schon im U15-Bereich zu stark unter Erfolgsdruck setzen – durch die C-Jugend-Regionalliga, die fast schon eine Junioren-Bundesliga ist. Denn was passiert? Die Trainer stellen ihre besten Spieler in die Mitte, weil sich dort das Spiel entscheidet. Da geht es dann nicht mehr um den ursprünglichen Gedanken der Ausbildung, sondern rein ums Gewinnen.

Wenn schon in der B-Jugend U17-Trainer beurlaubt werden, da sie nach zehn Spieltagen nicht ausreichend Siege eingefahren haben, dann werden diese Trainer natürlich erfolgsorientiert aufstellen. Und nicht so verfahren, wie es Robin Dutt mal beschrieben hat: ›Wenn wir einen Linksfuß haben, der nicht überragend kickt, aber ein potenzieller Kandidat für die deutschen Auswahlteams ist, dann muss der linker Verteidiger spielen.‹ Dann entgegnet der U15-Trainer: ›Hört sich ja prima an. Aber dann verliere ich über diese Seite und bin anschließend meinen Posten los.‹ Plakativ gesagt: Der Jugendtrainer stellt nicht mehr aus Ausbildungs- oder Nationalmannschaftssicht auf, sondern für sich selbst. Das ist ein Grund für den Mangel an sehr guten Außenverteidigern.«

Vor der Strukturreform war der Druck geringer, denn die einstigen Spielklassen waren regionaler geprägt, die Gegner schwächer. Da gewann man mal mit 8:2 und mal mit 10:0. Das ist inzwischen Vergangenheit und soll auch nicht mehr so sein, denn Partien mit Klassenunterschied zwischen den Teams sind nicht leistungsfördernd.

Die Bestandsanalyse klingt überzeugend, doch wie kann die Lösung aussehen? Zum einen, die Erwartungshaltung zu reduzieren. Klingt simpel, doch eine neue Denkweise in den Köpfen zu verankern, nimmt reichlich Zeit in Anspruch. Variante zwei klingt da schon vielversprechender: »Je mehr gute Spieler wir finden, desto größer ist die Wahrscheinlichkeit, dass die auch außen eingesetzt werden«, sagt Wormuth. Dass das Thema »Außenverteidiger« kein ganz einfaches ist, weiß er aus eigener familiärer Erfahrung: »Mein Sohn spielt derzeit bei den D1-Junioren linker Verteidiger in der Viererkette und ist sauer, weil er nicht im Mittelfeld spielen darf, da er sich dort wohler fühlt. Klar, da ist er mehr am Ball. Wenn er im Mittelfeld spielt, mit mehr Ballbesitz als auf den Außen, dann entwickelt er sich auch besser, logisch.«

Bis eben lief das Gespräch so gut, in so angenehmer Atmosphäre. Bis, ja bis wir zwei falsche Themen ansprachen, und die auch noch kurz hintereinander. Das erste: »Herr Wormuth, das mit der falschen Neun, ist das …« Weiter kamen wir nicht.

Der Ärger über die »falsche Neun«

»Ach, immer dieser Unfug mit der falschen Neun. Sie war nur eine kurze Phase, die sich mit der WM in Brasilien praktisch schon wieder erledigt hat. Im Übrigen war die Phase auch nie richtig da. Spaniens Nationaltrainer Vicente del Bosque hatte während der EM 2012 davon gesprochen und schon da habe ich gefragt, was genau das eigentlich heißt, falsche Neun? Dann habe ich in diversen Gazetten versucht, die sogenannte »falsche Neun« von der »variablen Neun« zu unterscheiden. Nándor Hidegkuti, legendärer Spieler aus Ungarns WM-Finalmannschaft 1954, oder Johan Cruyff waren vielleicht beide falsche Neuner, selbst der als klassischer Mittelstürmer wahrgenommene Klaus Fischer gehörte dazu, weil er sich immer wieder ins Mittelfeld zurückzog und dann wieder in den Sturm vorrückte. Inzwischen ist es aber so, dass die Neunerposition von unterschiedlichen Spielern besetzt wurde. Es spielten ein Thomas Müller, ein Mario Götze, ein Mario Gomez oder ein Marco Reus im Angriff der Nationalmannschaft, alle völlig unterschiedliche Spielertypen. Und durch diese variable Besetzung der Neun handelt es sich nicht um eine falsche Neun, sondern um eine variable Neun. Freiburgs Trainer Christian Streich sagt dazu ›schwimmende Neun‹.«

Was Wormuth moniert, ist die missverständliche Deutung des Begriffs, die alleinige Vorstellung von einem Spielertypen á la Mario Götze, der klein, quirlig, technisch sehr stark und viel in Bewegung ist. Mario Gomez als hochgewachsener, körperlich robuster Stürmer ist auf dem Spielfeld ebenfalls viel unterwegs – wie ist er dann einzuordnen? Richtige Neun? Falsche Neun? Gar keine Neun? Bayerns Stoßstürmer Robert Lewandowski ist zwar ein klassischer Neuner, taucht aber plötzlich links auf, dann wieder rechts. Er wäre demnach eigentlich auch eine falsche Neun.

Vor zwanzig, dreißig Jahren standen die Mittelstürmer im Sturmzentrum, sie standen fast wortwörtlich und warteten auf verwertbare Vorlagen. Diese Spielweise ist heute überholt, denn aufgrund der Ketten in Abwehr und Mittelfeld müssen sich auch die Angreifer bewegen, sonst finden sie keine Bindung zum Spiel, gelangen nicht in die Lücken. Also müssen sie sich mehr zwischen den Ketten bewegen und in die freien Räume stoßen.

Die öffentliche Reduzierung der falschen Neun auf die oben genannten Eigenschaften ist zu kurz gedacht – zumindest dann, wenn groß, kräftig, weniger technisch stark, aber ebenfalls viel in Bewegung, keine falsche Neun sein soll. Wormuth erinnert sich an seinen vergeblichen Kampf um die korrekte Bezeichnung in den Medien: »Anfangs habe ich noch gesagt, ›Hört doch mit diesem Begriff auf, der ist schlicht falsch‹. Dann habe ich versucht zu klassifizieren in ›falsch‹ und ›variabel‹, doch dann war es eh schon durch und der Begriff öffentlich bereits fest verankert.«

Bei der WM 2014 besaß Argentinien mit Gonzalo Higuaín eine echte Spitze, bei den Niederlanden spielte Robin van Persie die Neun, auch mal Arjen Robben, Karim Benzema spielte sie bei Frankreich – viele Teams traten mit großem, kräftigem Neuner an. Deutschland hatte mit dem WM-Rekordtorschützen Miroslav Klose ebenfalls seine Neun, aber auch der war nahezu überall auf dem Platz zu finden. Die sogenannte falsche Neun, sie wird in der taktischen Entwicklung des Fußballs wohl nur eine kurze Episode bleiben.

In einem verbalen Fehlpass lag dann das sensible Thema Nummer zwei versteckt. »Herr Wormuth, als taktisches Mittel gegen eine tief stehende Verteidigung, gegen die es kein Durchkommen gibt, haben Sie den bewussten Fehlpass …« »Stopp. Nicht ganz. Den geplanten Fehlpass habe ich empfohlen, den geplanten. Auch wenn ich dafür hin und wieder kritisiert werde, so stehe ich doch zu der Idee, die dahinter steckt.«

Der geplante Fehlpass

»Den geplanten Fehlpass erwähnte ich schon 2010 in der Ausbildung. Dann hat Stefan Effenberg mal im Fernsehen gesagt: ›Ja, den haben wir in der Ausbildung auch gemacht. So ein Schmarrn, ich gebe doch den Ball nicht her!‹ Da habe ich gemerkt, dass die Idee zu Missverständnissen führt, oder Stefan den Sinn dahinter nicht verstanden hat. Worum geht es also? Der geplante Fehlpass ist ein Ball, der zum Angriff führt. Wenn wir nicht durch die gegnerische Abwehr durchkommen und keine Möglichkeit zum Torabschluss finden, dann spiele ich den Ball bewusst, also geplant, in den Rücken der Abwehr hinein, und zwar in den Halbraum, damit der Torwart nicht rankommt. Denn was passiert? Der Gegner dreht sich um und holt sich die Kugel. Und in dem Moment, in dem das geschieht – Gegner mit Rücken und Ball zu uns an der Außenlinie – ist das ein Auslöser für uns: pressen!

Ich habe gehört, dass man in Dortmund sogar mal trainiert hat, den Ball in den Rücken der Abwehr zu spielen und dann hinterherzugehen. Auch Pep Guardiola hat in einem Interview mal gesagt: ›Eigentlich müssten wir dem Gegner den Ball in dessen Hälfte geben und dann Gegenpressing (Anmerkung: Pressing nach Ballverlust) machen.‹ So ganz falsch kann die Idee also nicht sein. Ziel dieses geplanten Fehlpasses ist es, den Gegner in dessen Hälfte an den Ball zu lassen, um ihn ihm dann durch Gegenpressing wieder abzunehmen – dann in einer Zone, die dem gegnerischen Tor näher ist und in einer Situation, in der der Gegner sich öffnet, weil er zum Spielaufbau ansetzt.«

Ob der geplante Fehlpass in der Bundesliga bereits praktiziert wird? Eine Aussage von Arno Michels (siehe Seite 182), in Mainz, Dortmund und bei Paris St. Germain Co-Trainer von Thomas Tuchel, liefert zumindest *einen* Beleg. Lange Bälle werden häufiger geschlagen, doch wie viele davon sind ein geplanter Fehlpass? Beim VfL Wolfsburg unter Felix Magath gehörten lange Bälle zum guten Ton, wie Verteidiger Robin Knoche seinem Trainer Wormuth bei der U20-Nationalmannschaft berichtete: »Magath meint, wir seien in der Abwehr spielerisch nicht so stark und könnten daher beim Spielaufbau den Ball verlieren. Um nicht unnötig Fehler zu produzieren, hauen wir die Kugel nach vorne.«

Eine auch heute noch gängige Praxis in der Bundesliga: Der Ball wird hoch auf den Mittelstürmer gespielt, der kann ihn zwar von dort kaum herunternehmen, verlängert ihn aber stattdessen. Es wird also auf den zweiten Ball spekuliert – einen zunächst von der Verteidigung abgewehrten Ball, der die Möglichkeit zum Nachsetzen oder zur neuen Torchance lässt. Den Ball durch lange Pässe schnell in des Gegners Hälfte zu bringen, ist ein probates taktisches Mittel, um Fehler im Spielaufbau zu vermeiden. Das eigene Tor ist zunächst ungefährdet und bei einem Ballverlust in weiterer Entfernung vom eigenen Tor bleibt Zeit, sich defensiv zu sortieren.

Der FC Bayern mit seiner Spielkultur der letzten Jahre würde nur notfalls mit langen Bällen agieren, vielleicht in der Schlussphase eines Spiels, wenn angesichts eines Rückstands die »Brechstange« notwendig wird. Doch die Münchener wollen im wörtlichen Sinne Fußball *spielen*. Lange Bälle widersprächen ihrer Spielphilosophie, die Ballkontrolle vorsieht. Bei weiten Bällen ist die Gefahr größer, den Ball zu verlieren, weil sich der Gegner in seiner Hälfte meist in Überzahl befindet. Womöglich könnten die Bayern den Ball auch gar nicht in die Lücken hineinspielen, weil der Gegner zu tief steht. Mit ihrer Sicherheit am Ball sind sie auf ein Stilmittel wie den geplanten Fehlpass nicht angewiesen: Sie finden in aller Regel auch gegen eng stehende Abwehrreihen eine spielerische Lösung. Gedacht ist er für Mannschaften, die mit ihren Kombinationsversuchen an Grenzen stoßen und die das Mittelfeldpressing ihres Gegners nicht durchstoßen können. Diese Teams spielen der gegnerischen Abwehr den Ball in den Rücken, setzen nach und schauen, ob der Gegner die Situation lösen kann. Wormuth: »Der geplante Fehlpass muss grundsätzlich so kommen, dass der Gegner ihn annimmt, aber so, dass er mit dem Rücken zu uns steht – also flach in den Rücken der Abwehr.«

Und das Gegenmittel? Wie lässt sich auf den geplanten Fehlpass reagieren? Spielerisch starke Mannschaften sagen schlicht »danke für den Ball« und spielen von hinten heraus ihren Angriff. Sie geben den Ball so schnell nicht her und der Plan des Gegners geht nicht auf. Es sei denn, dass das Gegenpressing so gut ist, dass eine Balleroberung auch gegen diese spielstarken Mannschaften funktioniert. »Falls aber auch sie selbst in der Spieleröffnung Schwächen haben, werden sie den Ball einfach zurückschlagen«, beschreibt Wormuth ein Szenario zur Rückkehr des guten alten ›Kick and Rush‹ (den Ball nach vorne schießen und hinterrennen). »Oder, wie ich es gerne sage, des ›Hit and Hope‹, also ›nach vorne schlagen und hoffen‹. Das kennen wir von der zweiten Liga schon seit jeher, nichts Ungewöhnliches also.«

Nach zwei Themen, die bei Frank Wormuth aufgrund der Art der öffentlichen Diskussion keine rechte Freude mehr wecken, wird es Zeit für etwas Schönes, Harmonisches, ein fußballerisches Meisterwerk. Drei Worte genügen: Sieben zu eins.

Sieben zu eins – das historische Spiel

Es gab viele Erklärungsversuche, was an jenem sportlich denkwürdigen Abend des 8. Juli 2014 im WM-Halbfinale zwischen Brasilien und Deutschland passierte. So richtig verstanden hat es aber wohl kaum jemand, wie das 1:7 in Belo Horizonte zustande kommen konnte – das höchste Ergebnis in einem Fußball-WM-Halbfinale überhaupt. Zumindest ein Erklärungsansatz ließ sich jedoch schon vor Spielbeginn im Estádio Governador Magalhães Pinto, kurz Mineirão, finden – ausgerechnet auf der Homepage des Deutschen Fußball-Bundes. Dort erklärte Ralf Peter, in Brasilien Mitglied der WM-Beobachtungsgruppe des DFB, wie die Seleção zu packen sein könnte. »Wir müssen uns zwischen den Ketten gut anbieten«, sah Peter als ein Erfolgsrezept, »denn dort habe ich viele Räume gesehen. Dann werden wir zu unseren Chancen kommen.« Und so kam es. So manches weitere Tor schien eine Wiederholung des vorherigen zu sein, so sehr ähnelten sich ihre Entstehungen: herausgespielt in Form schneller Kombinationen durch die Mitte, bei denen Brasilien der Zugriff fehlte.

»Das soll bitte nicht arrogant klingen, aber man hat schon im Vorfeld der Partie gewusst, was sich ereignen würde – natürlich nicht vom Ergebnis her. Dass es solche Ausmaße annimmt, das konnte keiner ahnen. Aber der Spielverlauf kam angesichts der vorherigen Spiele nicht gänzlich unerwartet. Dass wir dieses Spiel gewinnen würden, davon war ich fest überzeugt«, sagt Wormuth und schiebt die Begründung gleich hinterher: »Die Brasilianer ließen in der Verteidigung viel zu große Räume und gingen nicht richtig in die Zweikämpfe. Sie hatten defensiv große Probleme im Eins gegen Eins, arbeiteten auch nicht gleichzeitig. Ihr Fokus lag auf der Offensive. Als dann eine Mannschaft kam, die Fußball im besten Wortsinn *spielte*, die den Ball laufen ließ, dann offenbarten sich die Lücken, durch die Brasilien ganz schnell auszuspielen war. Und genau das ist gegen Deutschland passiert.« Der Unterschied zu einem konsequenten Abwehrverhalten wurde im Vergleich mit dem Finalgegner deutlich: Argentinien stand kompakt, spielte stark ballorientiert und schaltete schnell um.

»Ich kann Ihnen Spielszenen der deutschen Nationalmannschaft aus dem Trainingslager vor der WM in Südtirol zeigen, wie immer wieder das Anlaufen aus dem Mittelfeld geübt wurde. Und die gleiche Spielszene zeige ich bei meinen Vorträgen aus der Partie gegen Brasilien: Die Entstehung des vierten Tores, bei dem Toni Kroos seinem Gegenspieler den Ball wegnimmt, dann zu Sami Khedira quer herüberspielt, die beiden noch mal hin- und herpassen und Kroos den Ball dann reinschiebt – das haben sie vorher immer wieder geübt.« Mit diesem Druck, den Ball nicht in Ruhe annehmen und verwerten zu können, konnten die Brasilianer nicht umgehen. Es stand ihnen immer schon ein Gegenspieler auf den Füßen. Und wenn die Deutschen den Ball erobert hatten, waren sie vom Tor nicht mehr weit entfernt, so früh, wie sie attackierten. Und dann schalteten sie blitzschnell um, erwischten Brasilien ungeordnet, kombinierten in einstudierten Spielzügen und schlugen zu.

Dabei lag die Kunst auch im Detail, so beim ersten Tor von Thomas Müller (vgl. Abbildung 6 auf Seite 41). Bei der vorangegangenen Ecke wurde Müllers Gegenspieler von Miroslav Klose geblockt, denn die Deutschen hatten vor der Partie festgestellt, dass die Brasilianer dem Ball bei Ecken entgegengingen und demzufolge der Rückraum frei blieb. In diese Lücke musste ein deutscher Spieler stoßen. Doch da der vermutlich gedeckt werden würde, musste sein Gegenspieler wie beim Basketball blockiert werden. So passierte es und deshalb war Müller völlig frei, als ihm der Ball vor dem 1:0 förmlich vor die Füße fiel.

Wir fragen uns, ob der brasilianische Trainer Luiz Felipe Scolari nicht frühzeitig hätte reagieren können, ja müssen? Hätte er nach dem zweiten Gegentor nicht umstellen können, seine Mannschaft mit einer Umstellung auf Defensive in die Halbzeit retten und neu sortieren können? »Ja, sofern dieser Fall vorher durchgespielt worden ist: ›Was machen wir, wenn wir keinen Zugriff bekommen und der Gegner plötzlich 2:0 führt? Wie sollen wir uns dann konsolidieren? Lasst uns erst einmal kompakt und tief stehen, damit wir wieder ins Spiel reinkommen.‹ Aber was passiert häufig, wenn eine Mannschaft in Rückstand gerät? Die meisten Teams öffnen dann noch mehr, wollen möglichst schnell den Ausgleich erzielen. So hat auch Brasilien nach dem Rückstand genauso weitergespielt wie zuvor, ist nicht von der ursprünglichen Überlegung abgewichen. Denn Scolari war von seinem Stil überzeugt, was im Prinzip völlig in Ordnung ist. Zumindest dann, wenn man so stark spielt, dass man keinen Plan B braucht.

Diese Einstellung erinnert mich an Volker Finke*, der bei meinem Praktikum 1997 in Freiburg voller Überzeugung sagte: ›Wir werden

---

* Volker Finke war von 1991 bis 2007 Trainer des SC Freiburg und von 2013 bis 2015 Nationalcoach von Kamerun. Mit knapp 16 Trainerjahren hintereinander bei einem Verein hält er den Rekord für die längste Amtsperiode im deutschen Profifußball.

unser Kurzpassspiel bis zum Spielende durchziehen, auch wenn wir zurückliegen. Wir werden nicht anfangen, lange Bälle zu schlagen. Das entspricht nicht unserer Philosophie.‹ Da fragte ich ihn, ob nicht wenigstens in Ausnahmefällen? ›Nein, wir ziehen das durch, auch wenn wir dadurch mal ein Spiel verlieren.‹«

Der FC Barcelona sammelte allein mit Plan A, dem Ballbesitz- und Kurzpassspiel Tiki-Taka, jeden Titel, den es zu gewinnen gab. Doch irgendwann, bei den Katalanen ohnehin nach bemerkenswert langer Zeit, ging der Plan nicht mehr auf wie zuvor. Dann würde ein Plan B, eine Alternative, helfen. Aber Veränderungen fallen schwer, wenn der alte Plan jahrelang überaus erfolgreich war. Brasilien sah sich spätestens nach dem gewonnenen Confederations Cup 2013 auch für die WM im eigenen Land in der eindeutigen Favoritenrolle. »Sie waren so überzeugt von sich. Ähnlich dem Bild, wenn eine Katze ins Bild guckt und einen Löwen sieht. Das können Sie kaum mehr beeinflussen. Und falls sich die Brasilianer nur auf ihre Spielweise fokussiert haben sollten, vielleicht versäumten, auf andere Spielverläufe als die erwarteten zu reagieren, dann kann es bei der Qualität der WM-Gegner schwierig werden. Schon im WM-Achtelfinale gegen das sehr starke Chile hätte Brasilien aus dem Turnier ausscheiden können.«

Themen gibt's noch reichlich

Kann sich ein Trainer Fußballspiele überhaupt noch entspannt anschauen, sie einfach nur genießen? Oder bedeutet jedes Tor gleich auch wieder ein Ärgernis über die Fehler im Abwehrverhalten? »Im Fernsehen kann ich mir ein Spiel durchaus vollkommen entspannt angucken, denn dort habe ich nicht den Gesamtblick. Bei diesen Ausschnitten gucke ich mir nur das Elementare an, wie sich ein Spieler verhält, beispielsweise ob er offen annimmt oder nicht. Gerade heute Morgen habe ich mir Matti Steinmann vom Hamburger SV angeschaut. Ihn möchte ich zur U20 einladen, daher habe ich seine Spielweise beobachtet. Man sieht den Schulterblick, den macht er sofort, er schlägt die Bälle beidfüßig aus dem Stand heraus, und er nimmt den Ball nach vorne an und guckt zuvor, wo er steht. Das sind Zeichen, an denen ich erkennen kann: Ja, der ist gut geschult. Sobald aber das Spiel groß wird wie im Stadion oder beim Betrachten über Scouting-Feed (Anmerkung: Die Videodaten der Liga-Partien werden in Form eines online verfügbaren Archivs zum Download für Vereine und Verbände bereitgestellt, dem sogenannten Scouting-Feed.), bei dem ich über eine Großaufnahme verfüge, dann schaue ich auf das gesamte Mannschaftsverhalten: Rücken die Spieler schnell nach, schieben sie gut herüber auf die Seite, wie eröffnen sie das Spiel von hinten heraus, wie verhält sich der Siebener? Dann wird es eher analytisch als entspannend.«

Wobei wir wirklich ganz entspannt, nur aus reiner Lust am Fußballspiel, meinten, ohne jeden analytischen oder taktischen Hintergedanken ... Wormuth legt die Stirn in Falten. »Nein, das können Sie vergessen. Wobei ich das ja trotzdem genieße. Es ist ja nicht so, dass mir das Analysieren und Beobachten keinen großen Spaß machte. Aber ich erzähle Ihnen mal eine Geschichte ...« Und so erfuhren wir zum Abschluss unserer höchst unterhaltsamen Lehrstunde in Sachen Fußball-Taktik von einem Erkenntnisgewinn unseres Dozenten, zu dem ihn ein befreundeter Laie führte. Mehr dazu im folgenden Schlussabschnitt, in dem wir Wormuth (teils unvollendete) Thesen und Fragen an die Hand gaben, zu denen er uns mit unvermindertem Elan seine spontanen Einschätzungen gab:

Der offene Schlagabtausch ist für Trainer ...

»Manchmal gibt es Phasen im Spiel, in denen es wild hin und her geht. Durch das ständige Gegenpressing, das heutzutage stattfindet, sehen wir nur noch selten schönen Ballbesitzfußball mit langen Ballstafetten, wie ihn die Bayern oder die Spanier praktizieren. Es fehlt dafür schlicht die Zeit, wenn der Gegner nach eigenem Ballverlust sofort wieder attackiert. Ein offener Schlagabtausch ist auch eine Form von Taktik. Bayer Leverkusen zum Beispiel ging in der Saison 2014/15 ständig drauf, setzte nach. Bei ihnen ging es ständig hin und her, sie waren prädestiniert für den Schlagabtausch. Ich kann Ihnen Szenen zeigen, bei denen die Zuschauer begeistert waren, weil es ein Spektakel gab, aber die meisten Trainer aufstöhnen, weil die Ordnung fehlte. Aber der Trainer in Leverkusen kannte ja die Nachteile des Systems, das er bewusst und aus gutem Grund spielen ließ: zur schnellen Balleroberung. Und so lange seine Mannschaft erfolgreich ist, hat der Trainer Recht.

Auch im WM-Gruppenspiel 2014 zwischen Deutschland und Ghana ging es in der Schlussphase rauf und runter. Ein typisches Beispiel, beide Teams spielten auf Sieg. Aber es stimmt schon, den offenen Schlagabtausch wollen wir Trainer eigentlich nicht haben, weil er unkalkulierbar ist. Doch er ergibt sich aus der Situation heraus, manchmal läuft das Spiel eben aus dem Ruder.«

Und da kommt sie schon, die Geschichte: »Einen Spielverlauf, bei dem es rauf und runter geht, bewerten Zuschauer und Trainer ganz anders. Ein Bekannter von mir ist Zahnarzt und mit ihm habe ich mal ein Spiel des SC Freiburg angeschaut. Für mich als Trainer war das ein grausames Spiel, immer dieses Hin und Her. Doch er als Zuschauer ohne taktische Hintergedanken fand das toll. Ein paar Tage später waren wir dann in Frankreich, in Sochaux, und haben uns ein Spiel gegen AS Monaco angeschaut. Ich war begeistert, während mein Bekannter gelangweilt gähnte angesichts von nur einer Torchance in gesamten Spiel. ›Hast du gesehen, wie die sich bewegt haben, wie die sich verschoben haben, wie sie den Ball erobert haben, lange Kombinationen hatten …‹, habe ich ihm vorgeschwärmt. Und er meinte bloß: ›So ein langsames Spiel kann mir gar nicht gefallen.‹ In diesem Moment ist mir klar geworden, dass der Zuschauer im Stadion Spektakel haben möchte, während der Trainer Spektakel nur auf einer Seite sehen will, nämlich auf der des Gegners.«

Erkenntnisse und taktische Neuerungen der WM 2014

»Die Mittel- und Südamerikaner haben bei der WM in Brasilien ein unheimliches Tempo gehabt. Auch bei diesen heißen Temperaturen sind sie ständig abgegangen, sofort nach vorne, mit hohem Risiko, haben nicht lange gefackelt, nicht kombiniert, sondern sofort den Abschluss gesucht. Das hat man vor allem in der Vorrunde beobachten können: Jeder Ball wurde sofort in den Sechzehner hineingespielt, sofort.

Wirkliche Neuerungen gibt es im Fußball wahrscheinlich kaum noch, wohl aber kleine Verschiebungen. Und wenn etwas neu ist, dann ist es vermutlich etwas Altes im neuen Gewand. Der Engländer Herbert Chapman, einer der revolutionärsten und renommiertesten Trainer des Fußballs, hat schon 1920 den Konterfußball eingeführt – und der wird auch heute noch praktiziert, wenn auch intensiver und aus einer anderen Formation heraus, zum Teil bereits vorne mit schnellem Umschalten und nicht erst hinten, wartend auf den Ball. Das Rad wird im Fußball nicht neu erfunden. Es gibt aber immer wieder unterschiedliche Gedankengänge und meistens einen Trend sowie einen Gegentrend.«

Die deutschen Weltmeister waren nach der WM 2014 überbelastet.

»Im Gegensatz zur Scheu vor dem Acht-Stunden-Tag im Vereinsalltag konnte ich die Diskussion um eine Überbelastung nach dem WM-Gewinn gut nachvollziehen, denn hier ging es vorwiegend um eine mentale Geschichte. Wenn Sie inklusive Vorbereitung acht Wochen lang so fokussiert sind auf ein bestimmtes Ziel, immer angespannt sind, dann ist ein Konzentrationsabfall danach völlig nachvollziehbar. Denn je näher die Spieler dem Finale kamen, desto angespannter wurden sie, das hat man im Finale auch gesehen. Da waren die Deutschen nicht mehr ganz so befreit, nachvollziehbar, so kurz vor der Haustür: ›Da ist die Tür, kriege ich sie auf?‹ Und dann schaffen sie es und erreichen wirklich das ganz große Ziel. Dann fallen die Spieler automatisch in ein Loch, zumindest in ein Konzentrationsloch.

Im Grunde hätte man den deutschen Spielern nach der Weltmeisterschaft sagen müssen: ›Jetzt macht ihr erst einmal vier Wochen Pause. Wir sehen uns erst am dritten Bundesliga-Spieltag und dann bauen wir euch bis zum zehnten Spieltag langsam wieder auf.‹ Ich übertreibe, um es zu verdeutlichen. Aber dann wären die Spieler zumindest im Oktober wieder topfit gewesen. So quälen sich die WM-Spieler bis Weihnachten durch, haben dann nur zwei Wochen Pause, und quälen sich dann in der Rückrunde weiter. Dabei müsste man sie eigentlich für eine Zeit lang aus dem Wettkampf rausnehmen. Aber da gibt es natürlich Mannschaften, die von der Qualität ihrer Nationalspieler leben und der Trainer sagt: ›Was passiert denn, wenn die zwei Nationalspieler nicht auflaufen? Wie sehe ich dann aus, wenn die Mannschaft verliert?‹ Da haben wir das Thema ›Druck‹ wieder, wie schon vorhin im Jugendbereich. Dann gehören vielleicht auch noch internationale WM-Teilnehmer zum Kader, die ähnliche Belastungen hatten. Das ist nicht einfach zu handhaben. Zu lange sollte eine Spielpause aber möglichst nicht dauern, es braucht schließlich auch Zeit, wieder in den alten Rhythmus zurückzufinden.«

Deutschland ist eine Turniermannschaft, weil …

»Bei Turnieren besitzt Deutschland die notwendige Mentalität, um erfolgreich zu sein. Dieser Turniercharakter entwickelt sich im Laufe des Wettbewerbs. 2014 hätten wir schon im Achtelfinale gegen Algerien rausfliegen können, und trotzdem wurden wir Weltmeister. Die deutschen Nationalteams haben fast immer den Glauben an den Erfolg, bleiben diszipliniert in ihrer Verhaltensweise, können bei Bedarf noch etwas drauflegen und halten sich meist auch bei Rückstand an den Plan, um einen offenen und unkalkulierbaren Schlagabtausch zu vermeiden. Ausnahmen wie 2014 gegen Ghana bestätigen die Regel.«

Wie gelang es Borussia Mönchengladbach in der Hinrunde der Saison 2014/15 als einer der ganz wenigen Mannschaften, dem FC Bayern ernsthaft Paroli zu bieten?

»Gladbachs damaliger Trainer Lucien Favre arbeitet gerade im Abwehrbereich sehr gut mit seinen Mannschaften, macht Extra-Stunden mit den Spielern: wie sie gut stehen, die Passwege zustellen. Das sind zwar alte Weisheiten, aber wie ernsthaft und konsequent Favre das betreibt, ist schon enorm. Die Gladbacher standen nicht nur sehr gut, sie reagierten auch sehr schnell. Das ist die hohe Kunst des Abwehrverhaltens: Wenn man in der Kette steht, also im Raum und nicht gegen den Mann spielt, dass man dann, wenn ein Gegenspieler in den Raum hineinkommt, Zugriff hat. Favre gelingt es, dass die Abwehrkette oder sogar alle Feldspieler parallel wandern, gleichzeitig reagieren. Dadurch sind die Schnittstellen, die der Gegner durch sein Passspiel öffnen möchte, immer noch eng.«

Wie schwierig ist das Coachen während einer Begegnung schon aus akustischen Gründen?

»Wenn es aufgrund einer hohen Geräuschkulisse schwierig ist, Anweisungen an die Spieler mündlich weiterzugeben, können Sie auch nonverbal arbeiten. Bei der Kommunikation zwischen Trainer und Spielern während der Partie geht es darum, was vorab besprochen wurde. Anweisungen im Spiel sind immer nur ein zusätzlicher Hinweis. Ein klassisches Beispiel: Wenn ein Spieler den Ball direkt spielt, obwohl ich ihm gesagt habe: ›Wenn du mit dem Rücken zum Gegner stehst, nimm ihn an, damit die Mitspieler nachrücken können‹, dann zeige ich ihm zwei Finger, die bedeuten: zwei Kontakte. Er versteht mich akustisch nicht, aber er sieht zwei Kontakte. Dann kommt oft ein ›Ja, ich weiß‹ zurück. Der eine oder andere Spieler denkt dann vermutlich: ›Trainer, warum zeigst du mir das, ich weiß es doch!‹ Doch ich werde immer wieder darauf hinweisen, bis der Spieler es beherzigt. Wenn er es nicht macht und dadurch unser Spiel kaputtgeht, setze ich einen anderen Spieler ein. Mit den Zeichen helfe ich und gebe Tipps. So ist der Spieler auch nicht überrascht, wenn er ausgewechselt wird, weil er es nach dem dritten Hinweis immer noch nicht umgesetzt hat. Diese Kommunikation ist wichtig.«

Die Grenzen für Trainer liegen …

»Trotz aller taktischer Überlegungen: Das Ergebnis können wir Trainer letztlich alle nicht wirklich beeinflussen. Wir planen, machen, tun, aber es sind eben diese ›blöden Kleinigkeiten‹ (Wormuth lacht), die entscheiden, ob der Ball verspringt oder ins Tor geht. Oder der Gegner hat nur eine Standardsituation und die verwandelt er, weil einer von uns geschlafen hat – oder weil die Qualität des Stürmers so hoch war, dass er schlicht besser war beim Kopfball. Dann haben Sie zwar wunderbar gearbeitet, alle waren zufrieden, haben ›richtig tollen Fußball‹ gezeigt, verlieren jedoch mit 0:1. Das sind dann die Grenzen der Taktik. Andererseits ist das auch das Schöne am Fußball, sonst wäre er nicht interessant. Wenn im Basketball vier der fünf gegnerischen Teamspieler richtig gut sind, kann man das Spiel eigentlich gar nicht gewinnen. Im Fußball ist der Ausgang offener. Ich sage immer: ›Wir können nur die Wahrscheinlichkeit erhöhen, ein Spiel zu gewinnen.‹ Das ist positiv formuliert und gefällt mir besser als ›Wir versuchen, den Zufall zu minimieren‹. Dennoch: Ich kann Ihnen spontan fünfzehn oder sechzehn Faktoren nennen, die ein Spielergebnis beeinflussen; das Spielglück aber lässt sich nicht beeinflussen. Doch das gehört eben auch mit dazu. Trainer können die Leistung einer Mannschaft beeinflussen, nicht aber den Erfolg. Den können sie nur wahrscheinlicher machen.«

Zur Person

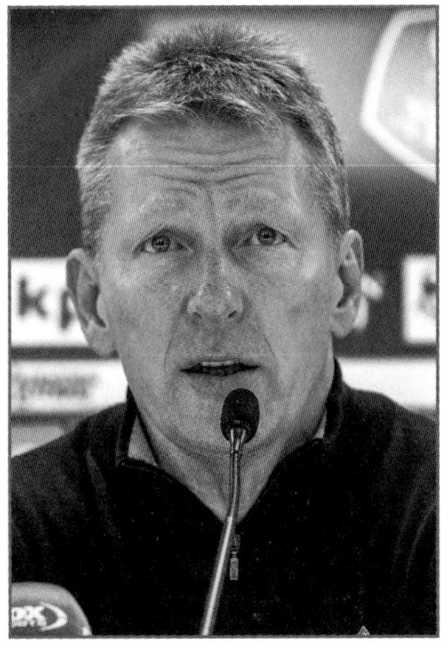

Frank Wormuth, Jahrgang 1960, spielte während seiner aktiven Profilaufbahn für den SC Freiburg und Hertha BSC Berlin in der zweiten Bundesliga. Die Trainerkarriere begann der einstige Verteidiger in der Tiefe des Amateurfußballs beim FC Nimburg und FC Teningen. Seine Karriere im Leistungsbereich startete er als Co-Trainer bei Fenerbahce Istanbul in der Türkei, wo er gemeinsam mit seinem früheren Freiburger Mitspieler und heutigem Bundestrainer Joachim Löw für eine Saison tätig war. Als Cheftrainer folgten Stationen beim SC Pfullendorf, SSV Reutlingen 05, Union Berlin und VfR Aalen. 2008 übernahm Wormuth den Posten des Leiters und Hauptdozenten der DFB-Fußballlehrer-Ausbildung an der Hennes-Weisweiler-Akademie, zunächst mit Sitz in Köln und seit 2011 in der Sportschule Hennef. Von 2010 bis 2016 trainierte er in Personalunion auch noch die deutsche U20-Nationalmannschaft. Dazu analysiert der gebürtige Berliner bei verschiedenen Medien das aktuelle Fußballgeschehen. Wormuth wird als kritischer Taktikexperte geschätzt, der klare Ansichten zu Entwicklungen im Fußball vertritt, die zuweilen auch der herrschenden Meinung widersprechen. Nach zehn Jahren beim DFB nahm Wormuth 2018 eine neue Herausforderung an und wurde Cheftrainer beim niederländischen Ehrendivisionär Heracles Almelo.

Ein spezielles Vorbild als Trainer hatte Wormuth nie, auch nicht aus seiner Spielerzeit. »Ich habe von allen Trainern das mitgenommen, was ich für mich als richtig empfand. Heute lerne ich am meisten von meinen Schülern, weil sie mich permanent fordern und ich mich dadurch immer hinterfragen muss.« Für Wormuth ist es ein Rätsel, weshalb er nie einem Vorbild nacheiferte: »Bis heute habe ich darauf keine Antwort gefunden. Ich sauge eher Impulse von anderen auf und übertrage sie auf meine Arbeit. Ich habe mich immer schon als Projektarbeiter gesehen, sodass ich jedes Projekt – und in der Trainerbranche hat man hauptsächlich kurzfristige Projekte – mit voller Begeisterung angegangen bin. So war es auch, als ich für einen Amateurverein das Marketing entwickelte oder abseits des Fußballs als Diplom-Betriebswirt für Speditionen tätig war. Meine Maxime ist: ›Wenn du etwas machst, dann mache es zu einhundert Prozent.‹ Das hat das Projekt verdient und du kannst morgens in den Spiegel schauen.«

Die sanfte Revolution: Daniel Niedzkowski und die neue Fußballlehrer-Ausbildung

Der Modernisierer

Im Loft in Berlin trägt Frank Wormuths Nachfolger einen dunklen Pullover und helle Turnschuhe. Der Deutsche Fußball-Bund veranstaltet im November 2019 in der Hauptstadt einen Medienworkshop am Salzufer, wo sich einige Start-up-Unternehmen angesiedelt haben. Das Thema: »Der neue DFB & seine Akademie«. Daniel Niedzkowski hat alles an einem Laptop vorbereitet, bevor er Journalisten erklärt, wie sich die Fußballlehrer-Ausbildung seit dem Frühjahr 2018 verändert hat. Es war der Zeitpunkt, als sich Wormuth nach zehn Jahren als DFB-Chefausbilder entschloss, ein Angebot des niederländischen Erstligisten Heracles Almelo anzunehmen, um wieder täglich mit einer Profimannschaft arbeiten zu können. Niedzkowski und Wormuth hatten lange zusammengearbeitet, sodass die von der *Frankfurter Rundschau* 2019 als »sanfte Revolution« betitelte Reform der Fußballlehrer-Ausbildung keinen kompletten Bruch mit bislang gültigen Prinzipien an der Hennes-Weisweiler-Akademie bedeutet.

Die Schüler der Klasse von 2020 können Teile ihrer Ausbildung nun bei der Mannschaft absolvieren, die sie trainieren. Zu aufwändig war das Pendeln von Hennef für viele Trainer aus dem Profibereich im Lehrgang geworden, die Doppelbelastung aus anspruchsvollem Unterricht und Beruf kaum noch miteinander zu vereinbaren. Die Präsenzzeiten in der Akademie wurden deshalb zurückgefahren, stattdessen gibt es einen Online-Campus, der durchaus revolutionäre Elemente enthält. Denn das bislang als Sakrileg empfundene Filmen des Cheftrainers bei der Kabinenansprache wird künftig dazugehören. »Da haben wir jetzt unsere ersten Erfahrungen gemacht und es wird sicherlich zukünftig ein entscheidender Bestandteil werden«, sagt Niedzkowski. Verdeutlicht aber auch: »Was in der Kabine passiert, können nur wir sehen. Es ist also nicht öffentlich.« Bislang gingen die Lehrgangsteilnehmer mit dem Wissen aus der Ausbildung, wie man die Ansprache theoretisch machen müsste. »Aber wir hätten nie gesehen, wie sie es in der Praxis umsetzen. Aber Spielcoaching ist die Königsdisziplin. Deshalb ist uns schon wichtig, sie auch mal in der Situation konkret zu sehen.«

»Einfacher werden«

Niedzkowski will technische Hilfsmittel im Fußball nicht überbewerten. Dass Spiele am Laptop vorbereitet werden, ist für jüngere Trainer alltäglicher Bestandteil ihres Jobs. »Ich glaube, dass sie alle jetzt schon ein sehr gutes Wissen haben, was Spielanalyse, Spielstrategie und Matchplan betrifft. Diese Themen werden in Deutschland stark betont. Oft hakt es ein bisschen daran, dem Menschen das Wissen näher zu bringen. Wie kann ich das über die Woche mit der Mannschaft vorbereiten? Und wie kann ich den Plan mit individueller Freiheit verbinden? Gerade wenn man mit Topspielern arbeitet. Ich bin mir sicher, dass die Wissensvermittlung in der Praxis durch die Reform verbessert wird. Dadurch, dass wir sehen, wie die Trainer ihr Wissen tatsächlich an ihre Mannschaft bringen.« Es stehe also oft gar nicht im Mittelpunkt, noch komplexere Möglichkeiten kennen zu lernen, sondern gehe manchmal eher darum, einfacher zu werden. Einfacher in der Kommunikation und effektiver, wie man es dem Spieler entgegenbringt.

Breakdance mit Stani

Über den Jahrgangsbesten des Fußballlehrer-Jahrgangs von 2009 gibt es eine schöne Anekdote. Wie Holger Stanislawski in der Ausbildung Jugendliche mit einer Breakdance-Einlage verblüffte, hat seinerzeit den anderen Lehrgangsteilnehmern Lachtränen in die Augen getrieben.

»Das ist lange her. Ich habe mein Praktikum selber bei *Stani* gemacht. Wenn er vor der Mannschaft stand, hat der die unglaublich gepackt gekriegt. Er hat aus dem Stehgreif eine Ansprache gehalten, wo ich dachte, die Spieler hängen an seinen Lippen. Das war auch emotional immer so passend.« Stanislawski habe aus seinem Gefühl heraus den richtigen Winkel gefunden, wie er die Spieler jetzt ansprechen muss. »Das fand ich sehr beeindruckend«, erinnert sich Daniel Niedzkowski, der den legendären Breakdance von Hennef allerdings nicht bestätigen kann. »Aber ausschließen kann ich es auch nicht.« Der Leiter der Hennes-Weisweiler-Akademie glaubt, dass es ein absolutes Unterschiedsmerkmal ist, »eine Mannschaft gepackt zu kriegen«. Stanislawski wendet ungewöhnliche Formen der Mitarbeitermotivation inzwischen als Leiter mehrerer Supermärkte in Hamburg an. *Stani* war Trainer beim FC St. Pauli, 1899 Hoffenheim und beim 1. FC Köln. Sein Talent zum lockeren Spruch zur rechten Zeit kennen die Fernsehzuschauer aus seinen Taktikanalysen im *ZDF*.

Nicht nur das Filmen in der Kabine ist neu, den angehenden Fußballlehrern wird von den Ausbildern auch nahegelegt, ein Praktikum im Ausland zu absolvieren. Die taktisch innovativen Klubs in den Niederlanden sind besonders beliebt, nicht zuletzt weil sie von Hennef aus gut erreichbar sind. »Es gab drei Trainer, die bei Ajax Amsterdam waren. Es gibt auch Heracles Almelo, wo mein Vorgänger Frank Wormuth erfolgreich arbeitet. Oder den AZ Alkmaar, einen sehr innovativen Klub.« Der gesamte Fußballlehrer-Lehrgang ist zu einer Maßnahme nach Holland gereist, in der es darum ging, sich mit Trainern aus dem belgischen und niederländischen Verband auszutauschen. Die Niederländer hatten bei den Trainingseinheiten sechs Trainer auf dem Platz, die Belgier vier. »Und es hat funktioniert.«

Die taktische Entwicklung bei Ajax Amsterdam hat Niedzkowski beeindruckt. »Sie sind mit ihrer Profimannschaft komplett von dem weggegangen, was sie früher gemacht haben. Früher war es so, dass Ajax versucht hat, das Spielfeld so groß wie möglich zu machen. Sie hatten eine Tradition von Eins-gegen-Eins-Spielern auf der Außenbahn. Sie haben versucht, ihre Flügelspieler durch diesen großen Platz in Eins-gegen-Eins-Situationen zu kriegen. Die Außenbahnen waren doppelt besetzt. Sie spielen jetzt komplett anders. Es war spannend zu sehen, wie das trainiert wird. Immer in ganz kurzen Sequenzen. Sie versuchen ganz viele Spieler in Ballnähe zu kriegen, und durch schnelle Kombinationen gefährlich zu werden. Sich mit Kurzpassspiel durchzukombinieren.« Für die deutschen Trainer, die dort hospitiert haben, sei es ebenso spannend gewesen, den Umbruch aus nächster Nähe zu verfolgen. »Die ›alte‹ Philosophie war über Jahrzehnte gewachsen. Irgendwann dachten sie, ›wir bleiben in unserer Entwicklung stehen‹. Gerade Erik ten Hag hat dabei jetzt einen wichtigen Impuls gesetzt.«

Zur Person

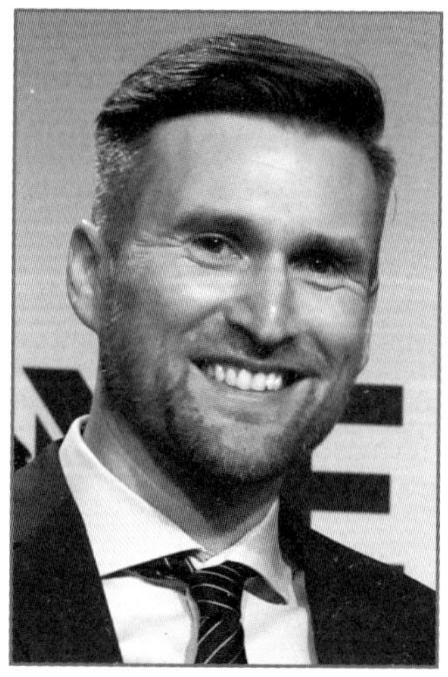

Daniel Niedzkowski, Jahrgang 1976, startete seine Trainerkarriere mit der Erfahrung von 47 Regionalligaeinsätzen für den Wuppertaler SV und den FC Remscheid. Der ausgebildete Fußballlehrer wurde 2013 Co-Trainer bei Bayer Leverkusen, wo er zwei Jahre mit Roger Schmidt zusammenarbeitete. 2016 wechselte der gebürtige Solinger zum DFB, wo er seitdem Co-Trainer der U21-Nationalmannschaft unter Stefan Kuntz ist. 2018 übernahm Niedzkowski außerdem die Leitung der DFB-Trainerausbildung in Hennef als Nachfolger von Frank Wormuth. Für Niedzkowski schließt sich damit ein Kreis, war er doch vor seiner Zeit in Leverkusen ein enger Mitarbeiter Wormuths an der Hennes-Weisweiler-Akademie gewesen.

Unentdeckte Potenziale: Manuel Baum über die neue Unberechenbarkeit des Spiels

Von Landshut nach Frankfurt-Niederrad

Im Loft am Salzufer geht nun ein Trainer im weißen Hemd vor die Videowand. Manuel Baum hat mehrere kurze Spielsequenzen vorbereitet, um den anwesenden Journalisten beim DFB-Workshop einige Details aus dem modernen Fußball zu zeigen. Es geht dabei viel um sein aktuelles Steckenpferd, die »unentdeckten Potenziale«, auf die wir später noch zu sprechen kommen werden. Baum berichtet von seinen ersten 100 Tagen als Bundestrainer bei der U20-Nationalmannschaft, die er mit einer »Motiv-Struktur-Analyse« seiner Spieler begann, um zu erfahren, wie jeder einzelne von ihnen tickt. Der gebürtige Landshuter wurde vom DFB aber nicht nur als Trainer der U20 verpflichtet. Er hilft tatkräftig mit, die Innovationsprojekte rund um die gerade im Bau befindliche Akademie in Frankfurt am Main voranzubringen. Auf der ehemaligen Galopprennbahn im Stadtteil Niederrad wird bis Ende 2021 ein Neubau für 428 Mitarbeiter auf 54.763 Quadratmetern entstehen. Dreieinhalb Fußballplätze sowie ein Beachsoccerfeld gibt es auch. Der Umzug der Fußballlehrer-Ausbildung von Hennef nach Frankfurt in die neue Akademie ist ebenfalls vorgesehen. Innovative Köpfe wie Manuel Baum sind also gefragt. Nach fünfeinhalb Jahren im Nachwuchs-Leistungsbereich und zweieinhalb Jahren als Profitrainer des FC Augsburg wirkt er froh, dass seine Arbeit nicht nur am Ergebnis vom vergangenen Wochenende gemessen wird. Wer zehn Minuten lang zugehört hat, wie neugierig er auf alles Neue im Fußball ist, möchte mehr dazu von ihm erfahren.

In der Pause des Workshops kommen wir an einem neben dem Büfett aufgebauten Stehtisch ins Gespräch. Wir sprechen über taktische Entwicklungen der vergangenen Jahre. Baum ist sofort voll bei der Sache. »Im Fußball hat sich einiges getan«, sagt er und hat keinen Blick für die gesunde Kürbis-Ingwer-Suppe, die sonst den Nationalspielern vor Länderspielen serviert wird. »Die grundsätzlichen Trends waren extreme Flexibilität in Grundordnungen, in Systemen und Pressingarten. Außerdem haben sich die Spielphasen verändert. Das Spiel läuft nicht mehr gleichförmig, sondern ist abhängig vom Ergebnis, den Einwechslungen«, sprudelt es aus Baum heraus. Ganz schön viel auf einmal, dass es ausführlicher zu besprechen gilt, denn Baum muss das Flugzeug nach München bekommen, wo er lebt und gerade ein Haus baut.

Einige Tage später nimmt sich Manuel Baum dann tatsächlich Zeit für ein längeres Gespräch, bevor er am Abend noch zum nahegelegenen Studio des Bezahlsenders *Sky* fahren wird. Seit 2011 beobachtet er für den Sender die Spiele der Champions League, wobei er mit seinem Kollegen Erik Meijer ein kongeniales Duo bildet. Der starke bayerische Akzent, den der ehemalige Torwart des TSV München 1860 auch bei den bayerischen Schwaben nie abgelegt hat, mag etwas gemütlich wirken. Baums analytischer Blick auf den Fußball ist es keineswegs. Er achtet auf Details, aber auch auf das große Ganze, auf das er jetzt zu sprechen kommt. »Früher war eher das Thema Mittelfeldpressing sehr dominant. Die meisten Mannschaften haben mit zwei Spitzen angegriffen. Im Spielaufbau gab es wenig Flexibilität. Das Spiel war sehr positionsgetreu.« In der Defensive hatte das den Vorteil, dass es durch die Positionstreue im Spielaufbau in der Defensive meist den jeweils gleichen Gegenspieler zum Pressing gab. »Im Spielaufbau war es irgendwann dann so, dass es nicht mehr so einfach war, nach vorne durchzukommen. Man hat dann gemerkt, dass sich Änderungen bei Spielerzahlen-Verhältnissen, beziehungsweise Positionswechsel eingeschlichen haben.«

In der Bundesliga nahm der FC Bayern unter Pep Guardiola die Vorreiterrolle ein. Im Spielaufbau gab es nun die »Schweini-Position« (siehe die von Frank Wormuth erwähnten 14 Möglichkeiten der Spieleröffnung auf Seite 23) und einen Wechsel zwischen Innen- und Außenverteidigern. David Alaba, der von seiner Position als Außenverteidiger auf einmal auf der Sechserposition aufkam. »Der Effekt war, dass der Gegenspieler in der Defensive nicht immer denselben Gegenspieler in seinem Raum hatte. Seine emotionale Bindung zu einem direkten Gegenspieler, die ja bisher immer da gewesen war, war auf einmal nicht mehr da. Diese Übergabe-Übernahme, wie man es nennt, wenn ein anderer Mann im zu pressenden Raum auftaucht, hat dazu geführt, dass der Spieler in der Defensive etwas verwirrt wurde.«

Um das variable Positionsspiel der aufbauenden Mannschaft zu vermeiden, entschlossen sich viele Mannschaften dagegen ins Angriffspressing zu gehen. »Da hatte der Gegner dann keine Zeit mehr, diese ›Schweini-Position‹ oder diesen Laufweg von Alaba zu machen.« Stattdessen bleiben die Aufbauspieler auf ihrer Position, die Angreifer haben eine direkte Zuordnung zum Gegenspieler in ihrem Raum. Und dabei handelt es sich im Verlauf des Spiels dann auch meist um den gleichen.

Baum fasst zusammen. »Auf eine Veränderung gab es immer eine taktische Antwort. Meiner Meinung nach wird das im Fußball auch immer so weitergehen, wenn es neue Entwicklungen gibt.« Taktisch ist das für Fußballlehrer also nichts Revolutionäres, aber die Anforderungen, die an sie gestellt werden, sind durch die erwähnte größere Flexibilität komplexer geworden. »Das macht es für einen Trainer nicht einfach. Du überlegst vor dem Spiel: Welche seiner fünf Varianten spielt der Gegner? Wie stelle ich meine Mannschaft ein? Und wie reagiert der Gegner auf dem Platz, was wiederum unter anderem vom Spielstand und den eingewechselten Spielern abhängt. Man muss im Vorfeld einiges an Gehirnschmalz aufwenden, um seine Mannschaft richtig einzustellen.«

Leitplanken – oder das richtige Gefühl für die Flexibilität

Aber nicht nur das Anforderungsprofil für Trainer hat sich durch die zunehmende Flexibilität verändert. Die meisten Spieler seien mittlerweile längst nicht nur auf einer Position einsetzbar. In Augsburg konnte Baum beispielsweise Rani Khedira auf der Sechs oder zentral in der Dreierkette spielen lassen. »Es gibt aber auch den Sechser, der zum Achter wird. Der Achter, der entweder zum Sechser werden kann, oder zum Zehner. Der Außenverteidiger, der in Dreierkette offensiv ›auf der Schiene spielt‹, ehe er wieder bei gegnerischem Ballbesitz zum äußeren Spieler der Fünferkette wird.«

Die Gefahr, die Spieler durch die Flexibilisierung des Spiels zu überfordern, sieht Manuel Baum durchaus. »Du brauchst im Vorfeld ein Gefühl, wie das Vorwissen deiner Mannschaft ist. Was bringen die Spieler mit, um diese Flexibilität zielgerichtet einzusetzen. Wenn das nicht der Fall ist, würde ich sie überfordern.« Als Bundestrainer der U20 findet er es »sehr spannend zu sehen, wie extrem gut die Spieler inhaltlich ausgebildet sind. Wenn man mit ihnen auf einem gewissen fachlichen Niveau spricht, merkt man, dass sie überdurchschnittlich viel Wissen haben. Zu allen Grundordnungen, zu allen taktischen Dingen. Das ist richtig, richtig gut. Deshalb fällt es mir als Trainer auch leicht, das eine oder andere Mal zu variieren. Weil ich weiß, das Vorwissen ist da.«

Egal, ob im Spielaufbau oder im Pressing: Baum hat sich dazu entschieden, den Spielern bestimmte Prinzipien zu vermitteln, die unabhängig von der jeweiligen Grundordnung oder Art des Pressings sind. Baum hat Sportwissenschaft studiert, ein Lehramtsstudium abgeschlossen und später als Lehrer an einer Realschule im bayerischen Taufkirchen gearbeitet. »Ich vergleiche es mal mit der Schule. Dass man für die Textaufgabe eine Formel hat und die Formel kann ich bei jeder Textaufgabe anwenden.« Egal, was gespielt werde, die Abläufe bleiben die gleichen. Das gebe den Spielern Sicherheit. Baum gibt ein Beispiel: »Beim Angriff- oder Mittelfeldpressing liegt der Unterschied in der Höhe. In der jeweiligen Zone ist das Verhalten gleich.« Die Spieler lernen nicht stupide Verhaltensweisen in der jeweiligen Grundordnung auswendig.

Ein Spieler gab Baum einen Hinweis, den dieser sich gemerkt hat. »Er sagte: ›Trainer, wir brauchen unbedingt eine Vorgabe. Aber wir wollen auch frei sein.‹ Darin sehe ich die Aufgabe, die man als Trainer zu erfüllen hat. Den Spielern Leitplanken zu geben. Aber innerhalb dieser Leitplanken dürfen sie trotzdem kreativ bleiben. Dass sie in der Offensive zocken dürfen. Dass sie Entscheidungen treffen, die sie für sich als gut erachten. Die Jungs haben ein gutes Gefühl, dass wir eine gemeinsame Idee auf dem Platz haben. Aber jeder kann sich innerhalb der Idee so verwirklichen, wie es seinen Stärken entspricht.«

Bei den Spielen der U21-Europameisterschaft im Sommer 2019 fiel auf, dass die Spieler von Stefan Kuntz häufiger unerwartete Dinge auf dem Platz taten. Vieles wirkte, als sei der wilde »Straßenfußball« zurückgekehrt. »Das ist schon bewusst so«, bestätigt Daniel Niedzkowski als Kuntz' Co-Trainer diese Beobachtung. »Wenn ich alles vorgebe, ist nicht garantiert, dass der Gegner auch so reagiert, wie ich es erwartet habe. Wenn sie anders spielen als zuvor gedacht, sind die Einflussmöglichkeiten des Trainers irgendwo begrenzt. Einen neuen detaillierten Plan während des Spiels an die Spieler zu geben, ist ja gar nicht so einfach. In der Realität auf dem Platz ist es wichtig, dass die Spieler auf Situationen selbstständig reagieren, eigene Entscheidungen treffen können und auch den Mut dazu haben. Dafür sind wir als Trainer zuständig.«

Diese Philosophie dürfte beim DFB durchaus als eine Lehre aus dem Vorrunden-Aus der Nationalmannschaft bei der WM 2018 in Russland zu verstehen sein. Viele Beobachter hatten den Eindruck, dass es keine Spieler gab, die auf dem Platz taktisch reagieren konnten, als Vorrundengegner Mexiko ganz anders agierte als es zuvor von Spielbeobachter Urs Siegenthaler anhand von Videosequenzen besprochen worden war. Von der 0:1-Niederlage im Auftaktspiel fand die DFB-Elf trotz des Last-minute-Sieges gegen Schweden nicht mehr in die Spur zurück und musste nach dem 0:2 gegen Südkorea als amtierender Weltmeister bereits frühzeitig die Koffer packen. Trotz erfahrener Spieler wie Toni Kroos oder Manuel Neuer wurden die nach dem WM-Titel 2014 zurückgetretenen Bastian Schweinsteiger, Philipp Lahm oder Per Mertesacker in dieser Phase schmerzlich vermisst.

Spielphasen: »Gar keine so blöde Idee vom Alfred«

Dieses Thema ist eng verknüpft mit den unterschiedlichen Spielphasen, die Manuel Baum als charakteristisch für die jüngere Entwicklung beschreibt. »Im Grunde geht es darum, dass ein Spiel über 90 Minuten nicht mehr diese Einheitlichkeit hat, die es vor Jahren gab. Angenommen, man geht ins Spiel rein und der Gegner spielt mit Viererkette, ist als Team sehr dominant und geht in Führung. Dann kann man ziemlich sicher sein, dass der Gegner in der Halbzeit etwas umstellen wird. Vielleicht inhaltlich, vielleicht personell. Egal, ob Grundordnung oder Art des Pressings. Die in der ersten Halbzeit dominante Mannschaft geht davon aus, dass diese Dominanz auch in der zweiten Hälfte so bleibt. Aber durch die Veränderungen, die der Gegner vornimmt, passiert es häufiger, dass Spiele kippen oder in der zweiten Halbzeit komplett anders laufen. Oder ich liege vorne, spiele Angriffspressing und habe den Gegner komplett unter Kontrolle. Ich will das Pressing 90 Minuten lang spielen, aber vorne wird der Gegner irgendwann mal etwas mutiger im Spielaufbau. Mit größerer Wahrscheinlichkeit hebelt er dann irgendwann mein Angriffspressing aus, weil er nichts mehr zu verlieren hat.«

Diese Dinge müsse ein Trainer natürlich auch in seine Überlegungen einbeziehen. Im Vorfeld und während des Spiels. Wie man reagiert? »Dafür liegt ein großer Schlüssel in der Kaderzusammenstellung. Ich nehme wieder die Psychologie her: Welche Spieler sind in der Lage, auf diese Veränderungen zu reagieren, ohne dass der Trainer es von außen vorgeben muss. ›Jetzt machst du das und jetzt das!‹ Wer reagiert aus seinem Naturell heraus instinktiv richtig. Wer kann die Führung auf dem Platz übernehmen? Das ist ein Thema, das im Fußball sicherlich noch dominanter werden wird. Es geht darum, die Themen ganzheitlich zu denken und nicht isoliert zu betrachten.«

Baum gibt ein Beispiel aus seiner Zeit als Bundesligatrainer für einen Spieler, der auf Veränderungen auf dem Platz selbstständig reagieren kann. Es war im Mai 2017, als es für Augsburg gegen Borussia Dortmund von Trainer Thomas Tuchel ging. Zunächst spielte Baums Mannschaft im Angriffspressing gegen den mit zwei Sechsern und einem Zehner startenden BVB. »Wir wollten die zwei Sechser mit zwei Zehnern und den gegnerischen Zehner mit einem Sechser zumachen.« Der Plan der Augsburger ging zunächst auf, sie waren so gut im Spiel, dass die Dortmunder kurzerhand von zwei Sechsern auf zwei Zehner umstellten. »Thomas Tuchel hat eine seiner vielen Varianten rausgesucht, die wir vorher nicht auf dem Zettel hatten. Wir hatten mit einer anderen gerechnet. Deswegen mussten wir sehr flexibel im Spiel sein. Das haben die Spieler dann aber im ersten Moment selber initiiert und wir haben es laufen lassen«, erinnert sich Baum an das letztlich leistungsgerechte 1:1.

Auf der Zehnerposition der Augsburger war Alfred Finnbogason der Impulsgeber. Der Isländer sorgte dafür, dass der FCA die Dreierkette nicht mit mehr mit drei Spitzen anlief, sondern den zentralen Spieler in der Dortmunder Dreierkette freiließ. Finnbogason stellte stattdessen den Dortmunder Sechser Julian Weigl zu, und dadurch auch den Dreierkettenspieler. Die Augsburger waren in der Pressingzone immer einer mehr und bekamen die Dortmunder so relativ gut in den Griff. Baum erinnert sich: »Ich habe mir das Verhalten vom Alfred fünf Minuten angeschaut, es mit meinen Zetteln verglichen und gedacht: ›Mensch, das ist gar keine so blöde Idee.‹ Und habe anschließend versucht, es in Struktur zu bringen.«

Für einen Spieler sei das in der Tat im Spiel »total schwierig wahrzunehmen«. Weil die meisten so im Stress, so fokussiert auf ihre Aufgaben sind. So eine kleine Umstellung heißt ja: Spieler in anderen Räumen zu ziehen. Das kann dazu führen, dass ein Spiel kippt, weil die Verhältnisse auf dem Platz nicht mehr so richtig passen. Früher hätte die Umstellung nie stattgefunden. Das Spiel wäre in der mehr oder weniger gleichen Formation zu Ende gespielt worden. Die Wahrscheinlichkeit, Spiele zu drehen, sei dadurch früher geringer gewesen, als es mittlerweile der Fall ist.

Taktisch zurück in den Neunzigern?

Nicht jedem gefällt der unberechenbarere Fußball der unterschiedlichen Spielphasen. In der *Zeit* kritisierte Autor Oliver Fritsch im Oktober 2019 die taktische Entwicklung als rückschrittlich und qualitätsarm. »In der Bundesliga sind die Neunziger zurück: lange Pässe, harte Zweikämpfe, riesige Löcher im Mittelfeld, viel Physis und großer Wille. Inzwischen ist sogar der ausrangierte Libero wieder in Mode. Erfolg entsteht dabei eher zufällig«, schrieb Fritsch. Daniel Niedzkowski will diese Fundamentalkritik nicht teilen. »Das würde ich jetzt nicht so sehen. Man könnte ja auch sagen, dass der variable Stratege im Zentrum einer Dreierkette sehr vielseitige und intelligente Lösungen ermöglicht und dass die Bundesliga insofern innovativ ist. Durch die Dreier- oder Fünferkette gibt es in diesen Formationen oft eine sehr starke Mannorientierung. Da wird sehr viel von den Innenverteidigern ›durchverteidigt‹. Also ein bisschen weniger im Raum agiert als beispielsweise in der Viererkette.« Es könne schon sein, dass dadurch bestimmte Zweikämpfe häufiger zustande kommen. Und ein gut organisiertes Pressing hoch zu überspielen, könne ein legitimes und auch gut geplantes Mittel sein, produziere statistisch gesehen aber mehr lange Bälle. Man müsse die Dinge also am Ende sehr differenziert sehen.

Manuel Baum sieht die zwischenzeitlich verpönten »langen Bälle« ebenfalls nicht als taktisches Armutszeugnis: »Ich will ja als ballführende Mannschaft immer das Angriffspressing überspielen. Es wäre Blödsinn, einen flachen Ball in die erste Pressingwelle rein zu spielen – der Gegner hätte sonst womöglich zehn Meter vor meinem Tor die Balleroberung und könnte relativ leicht zum Abschluss kommen. Zum Überspielen der ersten Pressingwelle wäre ein Stilmittel der etwas längere Ball sowie das ›Auf-den-zweiten-Ball-gehen‹. Das ist die Konsequenz aus dem, was da taktisch angeboten wird.«

»Bundesliga muss sich nicht verstecken«

Eine gute Möglichkeit, das Niveau der Bundesliga mit anderen großen Ligen zu vergleichen, bietet die Spielbeobachtung in der Premier League. Manuel Baum kehrte 2019 einigermaßen ernüchtert von der Insel zurück. »In England war für mich auffällig, die vier, fünf Topklubs mal ausgenommen, dass die Bundesliga taktisch gesehen der Premier League einen Schritt voraus ist. Liverpool mit Jürgen Klopp und Manchester City mit Pep Guardiola, verbunden mit der hohen Spielerqualität, sind absolut herausragend. Von der individuellen Qualität und der jeweiligen Idee des Trainers. Ansonsten muss sich die Bundesliga nicht verstecken. Für mich gab es in England keine neuen taktischen Erkenntnisse, bei denen ich gesagt hätte: ›Das haut mich jetzt vom Hocker.‹«

Die von Fritsch kritisierte stärkere Mannorientierung in der Defensive erklärt sich für Baum aus dem bereits beschriebenen Angriffspressing als Gegenmittel zum variablen gegnerischen Positionsspiel. »Wenn der Gegner mit drei Spitzen spielt, und ich will ihn hoch anlaufen, ergibt es Sinn, hinten drei Spieler dagegen zu stellen. Genau in den Raum, wo die drei Spitzen stehen. Weil ich weiß: Durch unser Angriffspressing können sie keine Dynamik im Positionsspiel entwickeln und wir kommen ganz gut in die Zweikämpfe. Wenn ich aber eine Viererkette hinten gegen die drei Spitzen stelle, habe ich zwar einen Mann mehr in der Viererkette. Aber der Mann fehlt mir ja weiter vorn, wo die Wahrscheinlichkeit relativ groß ist, dass der Gegner mir dann mein Pressing aushebelt.«

Dass in der Liga der »Chaos-Fußball« gegenüber dem »Ballbesitz-Fußball« zugenommen habe, glaubt auch Daniel Niedzkowski nicht. Er erinnert sich an die Jahre 2014 bis 2016, als er als Assistenztrainer mit Roger Schmidt bei Bayer Leverkusen zusammenarbeitete. »Es war die Zeit, als das hohe Pressing, das zu der Zeit von Roger in Leverkusen und Ralph Hasenhüttl in Ingolstadt gespielt wurde, und das auch die DNA der Red-Bull-Klubs darstellt, in der Bundesliga sehr stark auf dem Vormarsch war. Und da war schon viel darauf ausgelegt, dass man den Ball gewinnt und dann sehr schnell und unheimlich variabel angreift – allerdings auch das wieder mit viel System. Das hatte schon ein bisschen etwas vom ›Prinzip Chaos‹.« Verglichen mit dieser Zeit hat Niedzkowski eher den Eindruck, dass das Ballbesitzdenken zugenommen habe. »Ich glaube, dass es in der Bundesliga in den letzten zwei, drei Jahren eine Entwicklung gab, noch stärker auf das Spiel mit Ball einzugehen.«

Interessante Varianten aus Freiburg

Eckbälle, Freistöße – Standardsituationen sind in den vergangenen Jahren immer wichtiger geworden (siehe die von Frank Wormuth erwähnte Zuordnung bei Standards, Seite 40). Manuel Baum kann das bestätigen. »Bei den Standards versucht man immer, Varianten zu spielen und sie einzustudieren. Beim Basketball ist Blocksetzung gang und gäbe. Im Fußball kann ich einen indirekten Block setzen, indem ich jemanden freiblocke, der dann bei der Ecke alleine frei zum Kopfball kommt. Ich finde es aus psychologischer Sicht wichtig, dass man bei Ecken den Fokus auf eine Bewegung oder einen Ablauf legt, der aber nur zur Ablenkung dient. Ein Beispiel: Einer läuft auf den ersten Pfosten, dann liegt der Fokus der Gegenspieler meist auf dem, der in Bewegung ist. Aber dort, wo der Ball hinkommt, ist vielleicht ein anderer Bereich. Ist ja spannend, weil die Standardsituation im Fußball anders als beim American Football nicht angehalten wird und sich jeder positionieren muss. Wie lange braucht eine Mannschaft, um sich überhaupt bei einer Standardsituation geordnet zu positionieren? In diesem Zeitfenster kann die Offensive den Gegner relativ unorganisiert erwischen. So gibt es mehrere Sachen, die man spielen könnte.« Ein riesiges Potenzial biete der »zweite Ball«. Weil man normalerweise davon ausgeht, dass ein Standardtor gleich über den ersten Ball erzielt wird. Und auch die Art und Weise, wie die Spieler am Mann seien, wie man den Gegner am

Einlaufen abhalte oder wie man sich Freiräume schaffen könne – dabei gebe es noch extrem viel herauszuholen. »Sehr gut machen es meiner Meinung nach die Freiburger. Das wirkt sehr eingespielt. Sie haben gute Standardschützen und Spieler, die gut antizipieren können. Egal, ob Anstoß, Einwurf, Freistoß, Ecke – die Freiburger haben da immer sehr interessante Varianten.«

Wir sind schon fast am Ende unseres Taktikgesprächs mit Manuel Baum angelangt. Endlich kann uns Baum von den »unentdeckten Potenzialen«, seinem eingangs erwähnten Lieblingsthema, berichten. »Ich unterscheide gerne die offensichtlichen Potenziale, die jeder sieht und die Bereiche, die man nicht auf den ersten Blick erkennt. In technischen, athletischen und taktischen Themen ist man mittlerweile sehr weit und flexibel. Mit Bundesligaprofis und Jugendlichen mache ich die Erfahrung, dass sie mannschaftstaktisch schon sehr gut sind. Bei kognitiven und psychologischen Themen kann man noch einiges rausholen. Ich finde, dass man auch im individualtaktischen Bereich noch einiges machen kann.«

Der Trainer der U20-Nationalelf kann anschaulich anhand von Videosequenzen erklären, was Spitzenspieler in dieser Hinsicht auszeichnet. Beim Workshop in Berlin führt er den anwesenden Journalisten einige Beispiele vor. Einige Male spielt er ein Video von Robert Lewandowski vor, der im Pokalfinale 2019 alleine auf Leipzigs Torwart Peter Gulacsi zuläuft. »Warum erwartet Gulacsi den Ball auf seiner linken Seite?«, fragt Baum die Reporter. Nach jeder Wiederholung ist deutlicher zu erkennen, wie Lewandowski den Fuß in letzter Minute aufdreht und in die andere Ecke schießt, als die, in die er zuvor geschaut hat. »Eine Blickfinte«, so Baum. Er drehe seinen Blick und Körper in eine andere Richtung, als er letztlich schieße. »Das geht auch im Passspiel: Wenn der Innenverteidiger den Ball rausspielt, kann ich den Gegner genauso durch eine Blickfinte beeinflussen wie Lewandowski, der im Eins-gegen-Eins aufs Tor zuläuft. Das Äquivalent zum Innenverteidiger wäre: Ich schaue den rechten Innenverteidiger an, spiele aber auf den Sechser.« Und es gebe auch erfolgreiche Defensivfinten. »Bevor der Zweikampf eigentlich in die Endphase kommt, macht man eine Bewegung, um bereits beim Gegenüber eine Bewegung zu provozieren. So dass er eigentlich das macht, was ich will – oder es ihn ein wenig aus dem Tritt bringt. Ich glaube, es ist ganz entscheidend, dass wir es ganzheitlicher sehen. Diese Bereiche können nicht unabhängig voneinander trainiert werden. Du kannst es integrativ im Training üben und machst also nicht nur Technik- oder Taktiktraining.«

Unser Gesprächspartner wirkt zufrieden, wenn andere diese Potenziale ebenfalls erkennen. Es sind diese Details, die das komplett medial ausgeleuchtete Spiel für den Kenner immer noch bereithält. Man muss nur genau hinsehen. Aber jetzt muss Manuel Baum wirklich los. Ins Fernsehstudio, wo es neue Spielsequenzen für ihn zu analysieren gibt.

Zur Person

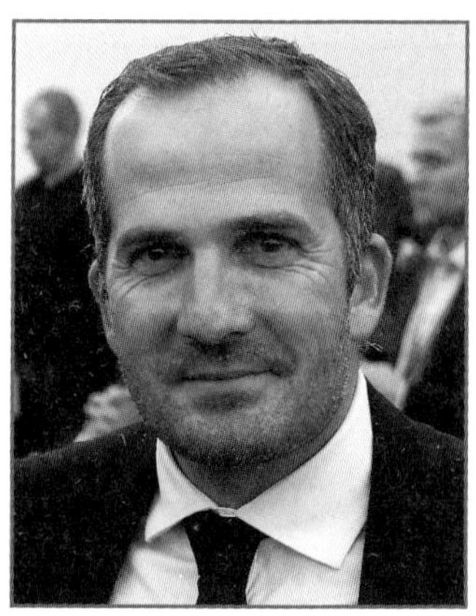

Der gebürtige Landshuter Manuel Baum, Jahrgang 1979, begann seine Trainerkarriere im Profifußball 2011 bei der Spielvereinigung Unterhaching. Der ehemalige Torwart wurde Co-Trainer von Heiko Herrlich. Nach drei Jahren verließ er die Hachinger in Richtung FC Augsburg, wo er das Nachwuchsleistungszentrum leitete. Das Bundesligateam der Augsburger übernahm er 2016 als Nachfolger von Dirk Schuster. Baum erreichte mit den bayerischen Schwaben Platz 13, in der Saison 2016/17 Rang zwölf. Die langjährige Verbindung des ehemaligen Torwarts mit dem FCA endete im April 2019, als Baum mit seinem Team auf Tabellenplatz 15 liegend entlassen wurde. Seit Juli 2019 ist er Cheftrainer der U20-Nationalmannschaft des DFB.

Torwart: Jens Lehmann – auf der Linie oder ganz weit vorne

Der Verbesserer englischer Schule

Kurz vor Würzburg kommt der Anruf von Jens Lehmanns Manager. Der Ort für unser Interview in München habe sich kurzfristig geändert, sagt er freundlich, ob das ein Problem sei? Macht nichts, antworten wir. Torhüter haben offenbar ihren eigenen Kopf, selbst wenn sie die Handschuhe vor einigen Jahren in die Ecke gelegt haben wie der ehemalige Keeper der Nationalmannschaft.

Zwei Stunden später kommt er schon mit Schwung durch die Drehtür des Hotels *Vier Jahreszeiten*. Nicht zu übersehen mit 1,90 Metern Körpergröße. Schlank, lachsrotes Hemd, keine Krawatte. Ein Geschäftsmann erkennt ihn und schüttelt ihm lange die Hand. Wer war das noch mal, sagt Lehmanns Blick, als der Mann längst um die Ecke in einen Tagungsraum weitergezogen ist. Fast überflüssig zu erwähnen, dass auch der Hoteldirektor diskret zur Begrüßung an unseren Tisch kommt. Der Konkurrenzkampf mit Oliver Kahn, die zwei gehaltenen Elfmeter gegen Argentinien, der Spickzettel: Es dürfte noch Jahrzehnte dauern, bis sich die damalige Nummer eins der DFB-Auswahl unerkannt an einen Cafétisch setzen kann.

Nach langer Karriere hat Jens Lehmann die Handschuhe im Sommer 2011 endgültig in die Ecke gelegt. Zuvor hielt er Bälle als Profi beim FC Schalke 04, AC Mailand, Borussia Dortmund, Arsenal London und VfB Stuttgart. Seine Länderspielkarriere erstreckte sich über ein Jahrzehnt, von 1998 bis zum verlorenen Finale der Europameisterschaft 2008 gegen Spanien. Einige Jahre war er Fernsehexperte beim Privatsender *RTL*, der die deutschen Qualifikationsspiele für Europa- und Weltmeisterschaften überträgt. Lehmann saß nun nach den Länderspielen im Fernsehstudio neben einem angespannt wirkenden Bundestrainer Joachim Löw.

Als Experte im Fernsehen aufzutreten, ist eine zweischneidige Angelegenheit. Mehmet Scholl, jahrelangfür die ARD im Einsatz, hat seinen Trainerjob bei der zweiten Mannschaft des FC Bayern 2013 aufgegeben. Ist schwer, wenn die Zuschauer bei Spielen in der Provinz auf den Platz rufen, dass der da unten auf der Bank doch besser erst einmal bei seiner eigenen Mannschaft anfangen solle, ehe er andere kritisiert. Ähnlich erging es Jürgen Klopp. Für seine Taktikanalysen im ZDF bei der WM 2006 mit dem Deutschen Fernsehpreis ausgezeichnet, war er mit dem FSV Mainz 05 im Frühjahr 2007 abgeschlagener Tabellenletzter. »Als Achtzehnter darf man nicht ins Fernsehen, als Siebzehnter vielleicht, als Vierzehnter ist man herzlich willkommen?«, fragte Klopp seine Kritiker selbstironisch*. 2008 beendete der Mainzer mit seinem Wechsel nach Dortmund schließlich sein Expertendasein beim ZDF.

Jens Lehmann war von Januar bis April 2019 Co-Trainer beim FC Augsburg im Trainerteam von Manuel Baum. »Ich glaube, dass ich durch all meine Stationen viel gelernt habe. Vor allem die zehn Jahre, in denen ich mit Ausnahme der zwei Jahre in Stuttgart in London war, waren sehr lehrreich«, sagt er.

Der Lehrgang in Wales

Jens Lehmann sitzt während des gesamten Gespräches kerzengerade auf seinem Stuhl, die Hände sind vor dem Körper verschränkt. Er redet nicht besonders laut. Obwohl er mit seiner Familie seit 2008 in der Nähe von München lebt, klingt seine Stimme immer noch leicht nach Ruhrgebiet. Dass er sich selbst als »komplett normal und zurückhaltend« bezeichnet, mag die Fans des auf dem Platz extrovertierten Ex-Torwarts verwundern. Ein joviales Gesicht für die Medien hat er sich selbst als Fernsehexperte immer noch nicht antrainiert. Inzwischen eine wohltuende Ausnahme im überhitzten Fuß-

* *RUND*, Ausgabe vom Februar 2007, Interview von Raimund Witkop

ball-Business, in dem so vieles Kalkül ist. Wir haben ihn abseits des Platzes in einem Interview nur einmal außer sich erlebt. Es war im Frühjahr 2008 in London, als der damals 38-Jährige in seiner letzten vollen Saison bei Arsenal seinen Stammplatz an den Spanier Manuel Almunia zu verlieren drohte. Für den in Deutschland wegen seiner mangelnden Spielpraxis kritisierten Nationaltorwart eine unangenehme Situation, in der er vorübergehend alle Zurückhaltung im Gespräch ablegte.

Lehmann ist seit 2013 Inhaber der UEFA Pro Licence, mit der er weltweit Klubs in allen Spielklassen trainieren darf. Er hat dafür einen Lehrgang beim walisischen Fußballverband besucht, der insgesamt 13 Monate dauerte. Noch in Deutschland hatte Lehmann den A- und B-Schein als Trainer gemacht und die Ausbildung als etwas zu theorielastig empfunden. Dass er zur Fortsetzung der Ausbildung auf die Insel wollte, kam beim DFB nicht gut an, der sich über den vermeintlichen Sonderweg seines 61-fachen Nationalspielers ärgerte. Der damalige DFB-Sportdirektor Matthias Sammer, Lehmanns ehemaliger Mitspieler bei der Nationalelf und in Dortmund sein Trainer, verweigerte ihm die erforderliche Sondergenehmigung daher mit Hinweis auf einen befürchteten »Lizenz-Tourismus«. Erst als Lehmann die UEFA einschaltete, durfte er schließlich am Lehrgang in Wales teilnehmen. Im Rahmen der Ausbildung kehrte der Exprofi, der nach wie vor einen guten Draht nach London hat, zu Arsenal zurück. An der Nachwuchsakademie trainierte er die U21 und U19. Für ihn »sehr wichtig, weil ich Praxisbezug hatte und vor allen Dingen auch Sachen ausprobieren konnte, die mal geklappt haben und dann mal wieder nicht.«

Zu Lehmanns 20-köpfigem Ausbildungsjahrgang, der sich in Cardiff für die Theoriestunden traf, gehörten weitere Exprofis ohne britischen Pass, die in der Premier League gespielt hatten: Der Franzose Marcel Desailly vom FC Chelsea und Didi Hamann, unter anderem Profi bei Newcastle United, FC Liverpool und Manchester City. Der Jahrgang 2014 kann mit den ehemaligen Arsenal-Akteuren Sol Campbell und Patrick Viera aufwarten. Lehmanns ehemaliger Trainer Arsène Wenger war Referent, ebenso die Spanier Rafael Benitez, 2005 Sieger in der Champions League mit dem FC Liverpool, und Roberto Martínez, FA-Cup-Sieger 2013 mit Wigan Athletic. »Für mich als Ausländer, der Englisch gut, aber nicht perfekt spricht, war das ein bisschen schwierig. Andererseits war es eine Herausforderung. Aber ich habe bestanden«, so Lehmann.

»Es wird zu viel trainiert«

Bei Arsenal London hat Jens Lehmann im Rahmen der Trainingsausbildung die U17 und U19 trainiert. Über die Ausbildung in den Fußballakademien hat er eine differenzierte Meinung. »Wenn die Spieler morgens und abends trainieren und zwischendurch nur zwei, drei Stunden zur Schule gehen, wird es schwierig. Ich bin der Meinung, dass in der Jugend zu viel trainiert wird. Ich kenne einige, die ihre Kinder auf den Fußball-Internaten hatten. Die nehmen sie wieder runter, weil der akademische Anspruch nicht erfüllt wird. Die meisten Spieler sind dann auch irgendwann ausgepowert. Auch mental. Die U15, U16 und U17-Nationalmannschaften würde ich wahrscheinlich abschaffen oder zumindest viele Termine streichen. Weil es einfach zu viel ist für die Spieler. Die müssen Bundesliga spielen. Die reisen jedes zweite Wochenende. In Bayern teilweise sehr weit. Dann sollen sie noch ihre Schule machen. Und sind noch bei der Nationalmannschaft. Und mit 20 wundert man sich, wenn sie nur 20 Spiele im Jahr machen, weil sie verletzt sind.

Ich kann sagen, dass ich als Torwart technisch ziemlich perfekt war, obwohl ich nur dreimal in der Woche trainiert habe bis ich 17 war. Ich habe dann nach dem Abitur viel trainiert. Die technischen Mängel, die ich hatte, habe ich dann aufgeholt. Insofern bin ich von der Ausbildung und dem Stand der Technik der heutigen Torhüter ein wenig enttäuscht. Es ist viel wichtiger, intelligente Spieler zu entwickeln, die auch möglichst lange zur Schule gehen. Die bringen einen weiter als die vielen technisch gut ausgebildeten Spieler, die aber das Spiel so wenig verstehen.«

Die Teilnehmer wurden sowohl von den Spielern, die sie trainiert hatten, als auch von den anderen Trainern bewertet. Beim Coaching wurden sie gefilmt; außerdem gehörte es zu ihren Aufgaben, Videos von Trainingseinheiten einzureichen, die dann besprochen wurden – zu Themen wie Positionierung oder Ansprache. Dass das Anforderungsprofil in der Premier League weit gefasst ist, spiegelte sich auch in den Ausbildungsinhalten wider: »In Wales wird man ein bisschen zum Manager ausgebildet. Man lernt nicht nur zu trainieren, sondern auch das Board, den Vorstand, zu managen. Die Verträge zu verhandeln und Ähnliches.«

Zwei Studienaufenthalte bei unterschiedlichen Vereinen schlossen sich an, ebenso eine größere theoretische Arbeit über diese »study visits«: Lehmanns erster Studienaufenthalt fand beim AS Rom statt, der andere in der Nähe von Dublin. Dort hospitierte er beim Leinster Rugby Club, dessen damaliger Trainer Joe Schmidt für Experten als bester Rugby-Coach der Welt gilt. Mit Leinster gewann der Neuseeländer innerhalb von fünf Jahren dreimal den Heineken Cup, das Äquivalent zur Champions League im Fußball. Ein umso größerer Erfolg, wenn man bedenkt, dass Schmidt ein sehr viel kleineres Budget zur Verfügung stand als anderen europäischen Topklubs. Lehmann fand die Arbeit von Schmidt so interessant, dass er sie dem Bundestrainer vorstellte. »Ich bin mit der Präsentation mal zu Jogi Löw gegangen und habe ihm einige Sachen erzählt. Ich glaube, es hat ihn beeindruckt.«

Der Ausflug zum Rugby kam durch einen Iren zustande, der einige Topklubs wie Arsenal mit Technologie ausrüstet. Er gab Lehmann den Tipp, sich das Training von Leinster genauer anzusehen, dass dem Fußball teilweise fünf Jahre in Trainingslehre, Fitness und Trainingsintensität voraus sei. Lehmann hat Rugby als sehr taktisches Spiel schätzen gelernt, in dem die Spielzüge wegen der leichteren Kontrolle des Balles mit den Händen besser einstudiert werden können. »Vom Krafttraining und von der Explosivität her ist die Intensität viel höher. Aber Rugbypieler machen nie Trainingsspiele – wegen der Verletzungsgefahr. Die trainieren Spielzüge, aber nicht gegeneinander.«

»High up« in London

Nicht erst seit der Ausbildung in Wales steht Jens Lehmann neuen Trainingsinhalten offen gegenüber und lernt gerne dazu, um sich zu verbessern. Eigenschaften, die ihm zugute kamen, als er 2003 von Borussia Dortmund zu Arsenal kam, und hinter einer Abwehr spielte, die konsequent im Raum verteidigte: »In Deutschland war die Viererkette damals zwar bekannt, aber kein Trainer wusste, wie er die trainieren sollte. Ich habe das in London zum ersten Mal durch Arsène Wenger und meine Mitspieler gelernt.«

Die Bundesliga wurde zu dieser Zeit noch vom klassischen Torwartspiel der »Reaktionstorhüter« wie Oliver Kahn dominiert. Ihre Merkmale waren spektakuläre Paraden auf der Linie und körperliche Präsenz im Strafraum. Weite Ausflüge bis in die gegnerische Hälfte wurden auch von Reportern der Fachblätter kritisch gesehen, denen schon die weit aufgerückte Viererkette suspekt vorkam. Lehmann: »2004 war ich in Deutschland und gab dem *kicker* ein Interview. Ich sagte: ›Wir spielen high up‹, was so viel heißt, dass wir hoch verteidigen. Der Journalist hat mich ungläubig angeschaut und gedacht, was erzählt der für einen Schwachsinn. Heute sagt jeder, der etwas auf sich hält: ›Wir verteidigen hoch!‹ So ändern sich die Zeiten.«

Arsenals »high up« sorgte dafür, dass sich Lehmanns Spielweise änderte. Inzwischen haben sich die Zuschauer daran gewöhnt, dass die Torhüter weit vor dem eigenen Strafraum agieren, um gegnerische Angriffe abzufangen. 2003 galt diese Spielweise nur als eines: als verrückt. »Ich habe dort zum ersten Mal den ›sweeper keeper‹ gespielt«, sagt der Mann, der auf der Insel fortan den Spitznamen »Mad Jens« trug, über seine erste Zeit als mitspielender »Staubsauger« hinter der Arsenal-Abwehr. »Für einen Torwart war es bis dahin undenkbar, dass man 30, 40 Meter vor dem Tor die Bälle abläuft. Heute ist es wichtig für einen Keeper, dass er auch das kann«, so Lehmann.

Als Verkörperung des mitspielenden Torwarts gilt Publikum und Experten mittlerweile Manuel Neuer, der ebenso wie Lehmann seine

Profikarriere beim FC Schalke 04 begann. Bei den Spielen der Schalker im alten Parkstadion stand Neuer in der Fankurve. »Ich habe die Spielweise von Jens Lehmann immer gemocht«*, sagte Neuer in einem Interview. Beide Ex-Schalker sind fußballerisch so gut, dass sie sich nicht vor Eins-gegen-Eins-Situationen fürchten müssen. Neuer scheint sich die gegnerischen Angreifer regelrecht auszugucken, wenn sie ihn anlaufen, um sie anschließend mit einer Körpertäuschung zu verladen.

Ausgangspunkt für alle folgenden Umwälzungen war zunächst eine Veränderung des Regelwerks: Seit 1992 ist es Torhütern verboten, den Ball nach einem Rückpass in die Hand zu nehmen. Die Rückpassregel sorgte dafür, dass es seitdem nicht zuletzt auf die fußballerischen Fähigkeiten des Keepers ankommt. Zu Zeiten der Manndeckung standen die Verteidiger allerdings noch so tief, dass der letzte Mann relativ selten eingreifen musste. Kam ein Torwart doch einmal in die Verlegenheit, nach einem Anspiel eines Mitspielers klären zu müssen, reichte es, den Ball lang nach vorne zu dreschen.

Mit Einführung der Viererkette in der Abwehr, verschärfte sich die Situation: Weil die Verteidiger weiter aufrücken, sind Räume vor dem Strafraum entstanden, die der Torwart nun abdeckt. Er muss das Spiel im Raum lesen können und vorausahnen, in welchen »Kanälen« auf dem Spielfeld der Gegner den Ball spielen wird. Die modernen »Antizipationstorhüter« brauchen daher eine ebenso hohe Spielintelligenz wie die Feldspieler. »Der Fußball hat sich in den vergangenen Jahren so entwickelt, dass die Verteidiger etwas höher stehen als früher. Ich habe mich einfach mitentwickelt«, so Neuer, der allerdings betont, er sei als Torwart in der Position, immer reagieren zu müssen, »selbst dann, wenn es so aussieht, als ob ich agiere«.**

---

* Interview mit der *Süddeutschen Zeitung* vom 10. September 2014

** Interview von Marc Beaugé mit Arsène Wenger in *RUND* vom August 2006

Den Begriff des Reagierens legt Neuer in der Praxis sehr weit aus, wenn man an das Achtelfinalspiel der WM 2014 gegen Algerien denkt, als ihn Bundes-Torwarttrainer Andreas Köpke als »besten Libero seit Franz Beckenbauer« bezeichnete. Die Geburtsstunde des »Torwart-Liberos« war allerdings tatsächlich auch im Spiel gegen Algerien dem Verhalten der Vorderleute geschuldet. Weil sich alle algerischen Spieler extrem weit zurückzogen, alle deutschen Feldspieler in der Offensive aber gleichzeitig kompakt nachrückten, entstand ein riesiger Raum, den Neuer bei den blitzschnell vorgetragenen Kontern der Nordafrikaner zunächst komplett allein bespielte – und aufgrund seines Antizipationsvermögens auch bespielen konnte.

Rücken die eigenen Spieler nach hinten zurück, ist das Organisationsvermögen des Keepers gefragt. Das beginnt damit, die Viererkette in jeder Situation zu dirigieren, mit kurzen Kommandos richtig zu stellen. Lehmann: »Ich wusste nach einiger Zeit: Je mehr ich die Abwehr organisiere, desto weniger brauche ich im Tor zu halten.« Als Arsenal in der »immaculate season« (makellose Saison) 2003/04 in allen Meisterschaftsspielen unbesiegt blieb, klappte das perfekt. 26 Gegentore in 38 Spielen waren ein hervorragender Wert. Wenger lobte Lehmann: »Er hat seine Mitspieler besser gemacht.« Anerkennung, an die er sich naturgemäß gerne erinnert: »Wenger hat mir wenige Komplimente gemacht. Das war ein großes. Meine Mitspieler sahen durch mich besser aus, weil sie weniger Stellungsfehler gemacht haben. Und wenn es mal einen Stellungsfehler gab, habe ich häufig, leider nicht immer, den Ball abgelaufen.«

In ihrer glorreichen Saison spielten die »Gunners« meist mit Sol Campbell und Kolo Touré in der Innenverteidigung, linker Außenverteidiger war Ashley Cole, rechts der Kameruner Lauren. »Für mich als Torwart war es wichtig, dass man mindestens einen schnellen Abwehrspieler hat. Ich hatte damals zentral zwei schnelle, und die Außen waren auch schnell.« Noch spektakulärer war Arsenals Offensivspiel, das Wenger intensiv im Training üben ließ. »Freddie Ljungberg wusste, wenn sich Patrick Vieira oder Robert Pires bei ihrem ersten Ballkontakt nach vorne drehen, kann er loslaufen, weil der zweite Ball gut hinter die gegnerische Abwehr kam. Das hat sich radikal geändert, als Cesc Fàbregas kam, der drei, vier Kontakte benötigte, dafür aber auch ein perfekter Passspieler war.«

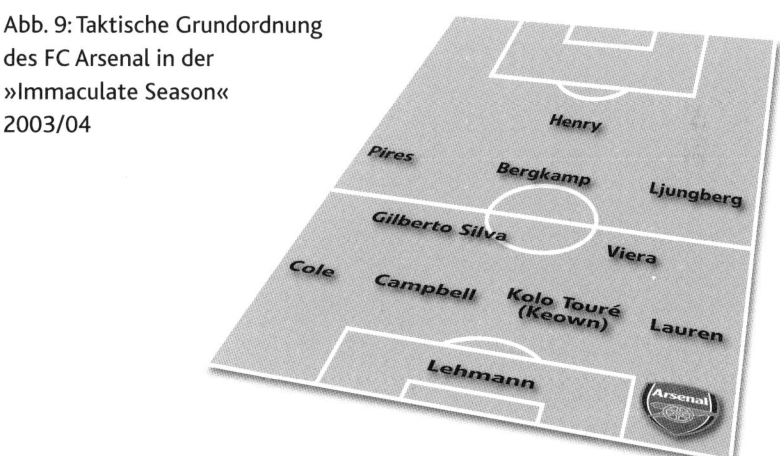

Abb. 9: Taktische Grundordnung des FC Arsenal in der »Immaculate Season« 2003/04

Die Spielweise von Arsenal war geprägt von »der Liebe zum Spiel. Wenn ich ›Spiel‹ sage, dann war das immer extrem schnell. Wir haben tatsächlich nur mit ein oder zwei Kontakten gespielt. Das sieht man heute kaum noch«, so Lehmann. Vielleicht bei Real Madrid, wenn sie nach vorne spielen. Dann zeigen sie auch mal ein extremes Tempo. Die anderen Mannschaften zeigen das nicht so.

Wie kaum ein anderer Spitzentrainer zog Wenger mit seinem Trainerteam bereits zu Beginn der Nullerjahre Statistiken zu Rate. »Ich habe ein System entwickelt, die Spieler so wissenschaftlich wie möglich anhand von Zahlendaten zu bewerten. Aber das Wichtigste bleibt das Subjektive. Der Eindruck, den ich beim Spiel habe«, sagte der Elsässer in einem Interview*. 1998 war die Analysesoftware Pro-

---

* Interview mit der *Süddeutschen Zeitung* vom 10. September 2014

zone auf den Markt gekommen und wurde bereits von einigen Klubs wie etwa Manchester United in der Premier League eingesetzt. Wenger hatte sich das Programm, das animierte Aufnahmen von jedem Angriff erstellen kann, ebenfalls besorgt. Die Software lieferte ihm nun auch Werte über die Zeiten des Ballbesitzes, Sprintfähigkeit und Verteilung der gegnerischen Spieler auf dem Platz. »Er zog offenbar die größten Schlüsse daraus, was taktisches Verhalten, aber auch die Fitness betraf«, so Lehmann. Im Wettbewerb, wie man große Mengen an Daten sinnvoll bewertet, hatte sich Arsenal seinerzeit einen Vorsprung erarbeitet. Inzwischen kommt kein Klub in den Topligen ohne solche Hilfsmittel aus, sodass sich der Vorteil nivelliert haben dürfte.

Der Konkurrenzkampf in der Mannschaft war enorm, so Lehmann. Jeder Spieler konnte jederzeit ersetzt werden. Vielleicht nicht auf Dauer, aber zumindest für eine gewisse Zeit. Trotz der Konkurrenz loben die Profis den guten Teamgeist dieser glorreichen Arsenal-Epoche. »In dieser Mannschaft hat es gut gepasst. Jeder hat vom Anderen profitiert.« Den stärksten Eindruck unter den großen Spielern bei Arsenal hat bei Lehmann Thierry Henry hinterlassen, den er für seine Geschwindigkeit, das Spektakel auf dem Platz und seine intelligente Persönlichkeit bewunderte. Nach dem Training ging der deutsche Torhüter mit seinen französischen Mitspielern, Henry eingeschlossen, sowie dem Schweden Freddie Ljungberg gerne im Bistro Base in Hampstead Kaffee trinken. Dort waren sie ungestört und Lehmann traf sich dort auch gelegentlich mit deutschen Journalisten für ein Interview.

Wie Henry von seinem Keeper in Szene gesetzt wurde, erlebte Lehmanns Nationalmannschaftskollege Thomas Hitzlsperger im alten Highbury-Stadion als Profi von Aston Villa. Bei einer Ecke des Gegners wartete der Franzose auf Höhe der Mittellinie an der Grenze zur Seitenauslinie. Wenn Lehmann den Ball abfing, warf er ihn sofort auf Henry, der in vollem Tempo an den Verteidigern vorbeizog. Der etwas tiefer wartende Freddie Ljungberg sowie Robert Pires und Dennis Bergkamp liefen ebenfalls mit höchstem Tor in Richtung

Aston-Villa-Tor. Mit einem einzigen Abwurf hatte Arsenal die Hälfte des Spielfeldes überbrückt. Und zwei weitere Kontakte später waren sie vor dem Tor. »Das war sensationell. Wenn du einen Spieler wie Henry hast, musst du sehr früh spielen, wenn der Gegner noch unsortiert ist. Wenn noch mehr Raum da ist, damit der Gegner keinen Platz hat, um sich fallen zu lassen. Die haben viel direkter gespielt«, erinnert sich Hitzlsperger.

Kampfzone Fünfmeterraum

»Es war eine Waffe von uns«, bestätigt Lehmann. Bei den Standardsituationen »bin ich von den gegnerischen Stürmern geblockt und extrem aggressiv hart angegangen worden. Die Gegner wollten einerseits ein Tor erzielen. Sie wussten andererseits aber auch: Der Torwart darf auf keinen Fall den Ball fangen, weil es dann ganz schnell geht.«

Die meisten Attacken fanden im Fünfmeterraum statt, der in England bekanntermaßen keine Schutzzone darstellte. Die Schiedsrichter ließen deshalb meist weiterspielen. Das änderte sich erst, als sich Chelseas Torwart Petr Cech und sein Ersatzmann Carlo Cudicini beide im selben Spiel nach überhartem Einsatz gegnerischer Angreifer am Kopf verletzten – Cech erlitt dabei mit einem Schädelbruch eine so gravierende und gefährliche Verletzung, dass sie ihn zu einer monatelangen Pause zwang und der Tscheche seither in jedem Spiel einen Schutzhelm trägt. Die Öffentlichkeit bekam zum ersten Mal mit, wie gefährdet Torhüter sind. Lehmann: »Wenn du zum Ball gehst, kannst du einen Spieler eigentlich nicht verletzen. Seitdem wird das für den Torwart gepfiffen.«

Gegnerische Flanken sind für einen Torwart generell schwerer zu verteidigen als lange Bälle, die direkt auf ihn zukommen. »Manchmal ist es knapp einzuschätzen, aber man sieht beides auf sich zukommen. Aber bei einer Flanke kommt der Ball aus einer anderen Richtung als der Spieler. Als Torwart stehe ich dazwischen. Ich muss die Bewegung des Spielers, den ich eigentlich nicht sehe, einschätzen. Deswegen sind Flanken nach wie vor so schwierig.«, erklärt Lehmann.

In der Premier League gehört es zur Spielweise vieler Klubs mit Flanken in den Strafraum für Torgefahr durch körperlich äußerst robuste Angreifer zu sorgen. Der Torwart wird immer noch hart angegangen, er muss sich aggressiv behaupten können. »In England musste ich vor jedem Spiel die eigene Angst überwinden. Manchmal hat mein Trainer vor dem Spiel gesagt: Jens, heute musst du rauskommen. Die spielen mit unglaublich vielen Flanken. Da brauchen wir dich. Wird hart heute.«

Es gab einige Spiele von Arsenal, so Lehmann, die nah an der Perfektion waren. Gegen Manchester United, bei Chelsea. »Meistens erlebt man das gegen die anderen großen Mannschaften, wenn man gewinnt. Perfektion ist immer schwierig, aber in diesen Spielen waren wir nah dran. Das größte Lob kam in späteren Jahren von Spielern anderer Mannschaften: ›Ihr hattet eine Zeit, da wusstest du auf dem Platz: Heute ist nichts möglich. Die spielen so schnell. Sind technisch so perfekt. Da kannst du nichts machen‹.« Leider, so Lehmann, hielt das dann nur anderthalb oder zwei Jahre. Was bleibt, ist die Gewissheit, dauerhaft zu einem der größten Teams der Arsenal-Historie gehört zu haben.

Zur Person

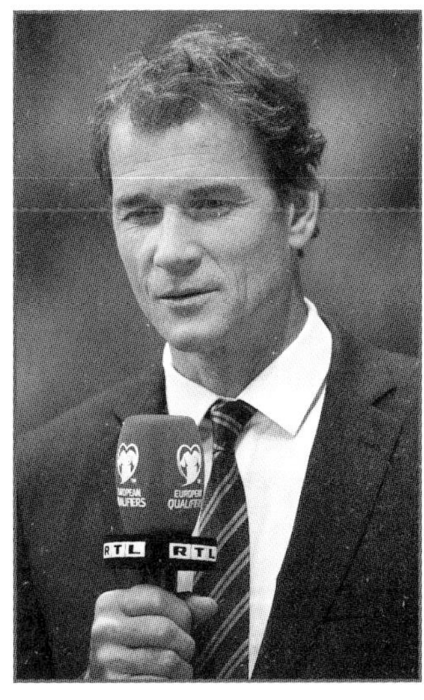

Jens Lehmann, Jahrgang 1969, genoss seine fußballerische Ausbildung im Ruhrgebiet. Nach den Stationen DJK Heisingen und Schwarz-Weiß Essen verpflichtete der FC Schalke 04 den damals 17-jährigen Gymnasiasten. Zehn Jahre blieb der gebürtige Essener in Gelsenkirchen, mit dem Höhepunkt des UEFA-Cup-Sieges 1997. Ein Jahr später wechselte Lehmann zum AC Mailand, ging aber bereits in der Winterpause zurück nach Deutschland zu Borussia Dortmund. Ein mutiger Wechsel, der zunächst bei den Anhängern beider Revierrivalen, Schalke wie Dortmund, auf wenig Begeisterung stieß. Doch Lehmann gewann durch gute Leistungen zumindest den Respekt der Dortmunder Fans. Mit den Borussen wurde er 2002 Deutscher Meister und wechselte ein Jahr später zum FC Arsenal. Bei den Gunners bestritt Lehmann in der Liga-Saison 2003/04 alle 38 Ligaspiele und kassierte nur 26 Gegentore. So lange unbesiegt zu bleiben, war zuvor keinem Klub der höchsten englischen Spielklasse seit 1889 gelungen. Bei der WM 2006 in Deutschland sowie der EURO 2008 in Österreich und der Schweiz hütete Lehmann das Tor der Nationalelf, für die er insgesamt 61 Länderspiele absolvierte. Im Sommer 2008 wechselte er für zwei Jahre zum VfB Stuttgart. Im März 2011 half er noch einmal bei Arsenal aus und bestritt noch ein weiteres Spiel in der Premier League. Der ausgebildete Trainer überzeugte mit seinen Analysen als Fernsehexperte, zunächst beim Bezahlsender Sky, anschließend bei RTL.

Abwehr: Die Spielverderber – oder die hohe Kunst des Verteidigens à la Thomas Helmer

Immer mit der Ruhe

Ein bemerkenswert lauer Herbstnachmittag in Essen. Viel zu mild ist es angesichts der Jahreszeit. Thomas Helmer sitzt mit uns im kurzen Hemd im Biergarten und erzählt so, wie er auf dem Spielfeld agierte: mit aller gebotenen Gelassenheit und erstaunlich viel Zeit. »Müssen Sie jetzt nicht Ihre Sendung vorbereiten?« Heute ist wieder Champions League und Helmer moderiert den *Bitburger Fantalk* in der Essener *11Freunde-Bar*. Dort, wo Helmer und seine dicht gedrängt sitzenden Gäste auf Bildschirme schauen und Live-Fernsehbilder aus der Königsklasse kommentieren. »Das passt schon. Wir kommentieren ja nur das, was auf dem Spielfeld passiert. Darauf lässt sich kaum vorbereiten.«

Stimmt, improvisieren konnte der Spieler Helmer auch immer hervorragend. Der Europameister von 1996 scheint in sich zu ruhen, ist ein zuverlässiger, höflicher Mensch, der Verabredungen pünktlich einhält und sich bei einer unsauberen Formulierung gleich entschuldigt. Dabei spricht er als TV-Journalist, seiner zweiten Karriere, fast wie gedruckt. Auch hat er es nicht nötig, andere auf sich warten zu lassen, um seine eigene Bedeutung herauszustellen. Helmer ist nie um eine Anekdote verlegen, gerne garniert mit einem selbstironischen Lächeln. Aus fünfzehn Profijahren gibt es reichlich zu erzählen. Selbst wenn er die Geschichte schon zum x-ten Male erzählt, vermittelt er seinem Gesprächspartner das Gefühl, sie nur ihm anzuvertrauen. Helmer ist ein Menschenfänger, hört genau zu, fragt auch sein Gegenüber nach dessen Meinung – gut, das ist er als Journalist so gewohnt. Und dennoch vermittelt er das angenehme Gefühl, als träfen sich zwei alte Bekannte, die gemeinsame Geschichten austauschen. Das ist zwar Unfug, aber schöne Illusion. Dabei wird Helmer nicht kumpelhaft, sondern bleibt stets professionell. »Professionell«, das war das Stichwort. Wie reagierten 1994 die Profis des FC Bayern um Thomas Helmer, als Giovanni Trapattoni erstmals nach München kam und das in Italien übliche Taktiktraining einführte?

»Mit Zurückhaltung. Wir standen zunächst ohne Ball auf dem Trainingsplatz. Den Ball hat ›Trap‹ in alle Richtungen herumgetragen und simuliert, wo Angreifer und Ball gerade waren. Je nachdem, wo er gerade stand, sollten wir uns innerhalb der Viererkette zum Angreifer hin verschieben. Wir haben dann mit elf Leuten auf dem Trainingsplatz gestanden, Gegenspieler gab es nicht. Zweck des Ganzen war, Tore zu verhindern. Wir sind auch nicht gelaufen, wir sind gegangen.« Noch heute stöhnt Helmer in der Erinnerung daran auf. »Das war stinklangweilig, weil wir natürlich spielen wollten. Außerdem waren wir diese Art von Training überhaupt nicht gewohnt, in Deutschland war das völlig neu. Zuvor war es immer nur darum gegangen, Zweikämpfe zu führen, Standards oder Ausdauerläufe zu machen. Taktikschulung im Training war äußerst selten. Und jetzt gab es weder Gegenspieler noch Ball. Das konnte doch nicht Fußball sein!«

Als Ralf Rangnick seiner Zeit voraus war

1994. Gut ein Vierteljahrhundert ist seither vergangen. Eine Zeit, in der sich der Fußball zwar nicht neu erfunden hat, aber in ein neues Zeitalter eingetreten ist. Selbst vier Jahre später, als der damalige Ulmer Trainer Ralf Rangnick mit seinem legendären Auftritt im ZDF-Sportstudio die Funktionsweise der Viererkette erklärte, war die Zeit noch nicht reif. Reif für die Erkenntnis, dass neben Libero und Manndeckung noch andere Abwehrverhalten denkbar sind. Verspottet und belächelt wurde Rangnick damals, despektierlich als »Fußball-Professor« bezeichnet. Was wollte er, der Zweitligatrainer, schon der Liga des amtierenden Europameisters erklären? 1996 hatte Deutschland mit eher traditionellem Fußball, den guten, alten deutschen Tugenden, und mit dem Libero Matthias Sammer den EM-Titel gewonnen.

Helmer erinnert sich noch gut an die damalige Aufregung um Rangnicks Auftritt, »die aus heutiger Sicht natürlich völlig unverständlich ist. Doch damals war die Toleranz für Neuerungen und eine Abkehr vom Libero noch nicht so groß, dass man gesagt hätte, ›diese Idee übernehmen wir‹. Sicherlich war die Aufregung auch mit der Person Rangnick verbunden, von dem es in der Öffentlichkeit hieß, ›der soll erst einmal zeigen, was er kann‹. Die üblichen Vorbehalte gegenüber Innovationen. Das haben wir leider oft.« Andererseits: Ein Fußball-Land, dessen Kaiser die Personifizierung des Liberos schlechthin ist, musste eine Diskussion über die Abschaffung dieser Position geradezu als frevelhafte Revolution empfinden.

Apropos Libero Sammer: Wie einst Beckenbauer, interpretierte auch der »Feuerkopf« als früherer Mittelfeldantreiber seine Rolle offensiv, zum Teil auch auf Geheiß seiner Mitspieler. Helmer: »Im Europameisterschafts-Endspiel 1996 gegen Tschechien haben der Markus Babbel (Anmerkung: im Finale Manndecker neben Helmer) und ich angesichts des 0:1-Rückstandes zu Matthias gesagt: ›Geh' mal nach vorne und sieh' zu, dass du dort Dampf machst.‹ Solche Entscheidungen konnten wir auch mal selbst vornehmen, weil uns Berti Vogts als Bundestrainer freie Hand gelassen hat.« Letztlich gewann das DFB-Team noch durch zwei Tore des eingewechselten Oliver Bierhoff mit 2:1 (per einstigem Golden Goal, dem direkten Abpfiff nach dem Entscheidungstor).

Die Trockenübungen Trapattonis beschränkten sich nicht nur auf das Verhalten der Viererkette. »Auch Einwürfe hat Trap mit uns geübt. Einwürfe!« (vgl. dazu auch »Interessante Varianten aus Freiburg«, Seite 78) Helmer erinnert sich noch gut, wie ungläubig er und seine Mitspieler reagierten. »Wie verhält man sich, wenn man selbst einwirft? Wie müssen sich die Stürmer bewegen, ohne den Ball nach dem Einwurf direkt wieder zu verlieren? Das lief im Training ganz genauso ab wie beim Üben der Viererkette: erst einmal nur mit Hin- und Herschieben, ohne zu laufen. Trap hat uns dann auf dem Feld auf die jeweilige Position geschoben. ›Du gehst hierhin, du dahin und du dorthin.‹« Helmer nimmt die Zuckertütchen, verteilt sie auf dem Tisch und verschiebt sie veranschaulichend hin und her. »Das war total nervig!«

Aber hat es nicht auch etwas gebracht? »Ja, sicher. Aber das merkst du erst später. Dann ergibt das alles einen Sinn. Wir haben uns zunächst mokiert: ›Wie kam man das nur üben lassen, wir können doch wohl einwerfen.‹ Das typisch Deutsche eben: ›Wir können das doch, was will er uns denn damit beibringen?‹ Doch es ging Trapattoni weniger um den Einwurf an sich, sondern um das Verhalten der anderen Spieler, um ihre richtige Positionierung auf dem Platz.«

Während seiner ersten Amtszeit – die zweite dauerte von 1996 bis 1998 ein Jahr länger – verstanden die Bayern ihren italienischen Trainer noch nicht allzu gut. So schlecht wie 1994/95 mit Platz sechs beendeten sie die nächsten knapp zwanzig Jahre keine Spielzeit mehr. Allerdings besaßen die Münchener zu dieser Zeit auch noch nicht einen derart hochwertigen Kader wie heute, in dem jede Position doppelt bis dreifach und nahezu durchgängig mit Nationalspielern und Weltstars besetzt ist.

Die Zeiten, zu denen der Trainer dem Verteidiger sagte, »du rennst immer der Nummer neun hinterher«, waren unter Trapattoni vorbei. Die taktischen Aufgaben wurden nun komplexer und detaillierter. Auf Waldläufe verzichtete Trapattoni gänzlich, »was mir sehr entgegenkam«, erinnert sich Helmer lachend. »Er hat auch nie einen Laktattest gemacht. Stattdessen sagte er: ›Ich erkenne, wenn du müde bist.‹ Leider stimmte es meistens auch ... Da hatte er wirklich ein gutes Auge. Ich habe eigentlich nichts gegen Laktattests, doch mein Wert war immer eine Katastrophe, danach hätte ich eigentlich nie spielen dürfen ...«

Helmer erinnert sich an Trainer während seiner Laufbahn, die neben Laktattests auch auf Müdigkeitserscheinungen ihrer Spieler wenig Rücksicht nahmen. »Wenn du ohnehin schon übersäuert warst, solltest du auch noch vorneweg in der ersten Gruppe laufen. Dann übersäuerte man noch mehr. Das war völlig doof.«

»Kleine Situazione«, die Spiele entscheiden

Champions-League-Finale 2012 zwischen Bayern München und dem FC Chelsea, das »Finale dahoam«. Chelsea besitzt im gesamten Spiel kaum eine Torchance, bis zur 88. Minute, als Didier Drogba nach einer Ecke zum 1:1-Ausgleich trifft. Letztlich gewinnt Chelsea im Elfmeterschießen und stürzt München vorübergehend in die Depression. Kurz nach der folgenschweren Ecke dachte Helmer sofort an den »Mister«: »Vor allem einen Satz von Trapattoni habe ich mir bis heute gemerkt: ›Die kleine Situazione entscheide die Spiel!‹. Mit ›kleinen Situationen‹ meinte er Einwürfe, Ecken und Freistöße, auf die es gerade in ausgeglichenen Spielen ankommt. Und damit hat er Recht. Bei Standards sagte mir Trap stets: ›Thomas, du musst immer als Erster bei deinem Torwart sein.‹ Denn wie oft reagiert der Stürmer bei einem abprallenden Ball am schnellsten und verwandelt den Nachschuss? Das sind scheinbar einfache Dinge, die jeder Verteidiger wissen sollte. Doch trotzdem wird es nicht immer gemacht. Solche Grundlagen hat er uns immer wieder eingebläut. Dieses dauernde Wiederholen hat unwahrscheinlich geholfen. Irgendwann waren die Abläufe automatisiert.«

Trapattoni stieß mit seinen Methoden zunächst auf große Skepsis unter den Bayern-Akteuren. Dazu kam noch die sprachliche Barriere. Der Italiener hatte den Anspruch, seinen Spielern alles selbst zu erklären, was nicht immer einfach war. Mit Massimo Morales gab es jedoch einen Dolmetscher, allein schon deshalb, um den Profis kein Alibi zu liefern, nach dem Motto: »Wir verstehen den Trainer nicht.« Hinzu kam, dass der FC Bayern Trapattonis erste Trainerstation außerhalb Italiens war, auch er somit Neuland betrat. Wofür ihn seine Spieler jedoch von Anfang an bewunderten und achteten, sind Menschlichkeit und Geduld. »Wir haben den Mister sehr geschätzt, weil er eine extrem angenehme Art hat. Er hat sich immer auch privat für uns interessiert, gefragt, wie es der Familie geht. Gegen Ende meiner Bayern-Zeit hat er mir geraten: ›Thomas, falls du ein gutes Angebot hast, überleg' dir, was du machst, denn der Vorstand ist nicht mehr auf deiner Seite‹. Dieser Hinweis war nicht selbstverständlich. Ein Jahr später bin ich dann auch gegangen. ›Vaterfigur‹ wäre zu viel gesagt, aber Trap war immer wie ein Freund. Er konnte natürlich auch mal ausflippen, wenn es sein musste, und man hatte Respekt vor ihm. Den hat er immer ausgestrahlt. Dazu seine bewundernswerte Geduld. Wie oft er uns die Dinge immer wieder und wieder erklärt hat, bis wir ihn endlich verstanden hatten. In seiner zweiten Amtszeit hatte er sich dann etwas angepasst und nicht mehr ganz so intensiv ›trocken‹ trainieren lassen.«

Gut in Erinnerung ist Helmer auch noch eine gern praktizierte Trainingsform, eine Abwandlung des Kreisspiels »Fünf gegen Zwei«. »Bei Trap spielten wir oft ›Acht gegen Drei‹, das war für mein Spiel super. Denn wenn der Ball kommt, hast du nur einen Kontakt und musst sofort erkennen: Wo kann ich hinspielen? Konzentration und Auge werden unwahrscheinlich geschult, sodass man ein Gefühl dafür entwickelt, wo auf engem Raum noch eine Möglichkeit besteht, hinzuspielen, und wo nicht. Mal ganz abgesehen von den Beinschüssen, mit denen man dabei viel Spaß hat, zumindest solange es einen nicht selbst erwischt ...«

Unter seinem italienischen Coach machte der FC Bayern häufig von der taktischen Möglichkeit Gebrauch, den Gegner ins Abseits zu stellen. Für Abwehrspieler, die meist nur auf die Aktionen des Stürmers reagieren, bedeutet dies eine seltene aktive Handlungsoption – die seither jedoch an Bedeutung verloren hat. Denn wenn eine Mannschaft so hoch steht wie es heute oft zu beobachten ist, teilweise bis zur Mittellinie, besteht kaum noch Spielraum für eine Abseitsstellung. Ohnehin beinhaltet sie ein riskantes Spiel, denn nicht selten fallen Abseitsentscheidungen hauchdünn aus, weil die Stürmer auf Höhe der Abwehrkette pendeln, mal kurz davor, mal kurz dahinter. Dabei gibt das Zeichen zum Abseitsstellen immer der letzte Mann.

Zeit seiner Karriere spielte Helmer als Verteidiger. Fußballerisch groß geworden in den 1980er-Jahren, agierte er zunächst als klassischer Manndecker, der dem gegnerischen Stürmer hinterherlaufen musste – später dann als Libero oder Innenverteidiger. »Ich habe gerne auf der Position des Innenverteidigers gespielt, da sie sehr zentral ist. Von dort aus sieht man fast alles, man hat nur noch den Torwart hinter sich. Man kann die Mitspieler stellen und mit kurzen Kommandos verbal viel Einfluss nehmen, nicht nur auf den Partner in der Innenverteidigung, sondern auch auf die Mittelfeldspieler: ›Lass' dich fallen‹, ›Geh' drauf‹ oder ›Ich bin hinter dir‹. Das ist kein Hexenwerk, aber es war schon zu meiner Zeit die Aufgabe eines Innenverteidigers, mitzubestimmen und zu ordnen. Das machen die Sechser im defensiven Mittelfeld heute vielleicht sogar noch ein bisschen mehr. Ich will das nicht zu hoch hängen, aber dass ich auf meiner Position Einfluss auf das Spiel nehmen konnte, hat mir beim Fußball am meisten Spaß gemacht. Mich hat das mehr interessiert als das Verteidigen selbst.«

Zu Helmers Verdruss jedoch sah manch einer seiner Trainer es lieber, wenn sich der Verteidiger auf seine defensiven Aufgaben beschränkte, nur hinten absicherte und sich nicht am offensiven Spielaufbau beteiligte. So wie es Ottmar Hitzfeld beim FC Bayern von Helmer und seinem Nebenmann Thomas Linke erwartete. »Ich fand diese Vorgabe langweilig. Für meinen persönlichen Anspruch war mir das zu wenig. Nicht, dass ich nach vorne rennen und zig Tore schießen wollte. Doch ich wollte mich zumindest am Angriffsspiel beteiligen. Die modernen Innenverteidiger dürfen, ja sollen das sogar machen. Ihre Rolle ist durch die Aufgabe der Spieleröffnung deutlich aufgewertet worden.« Die Herangehensweise ist somit eine ganz andere. Anstatt ausschließlich zu verhindern, dass der Gegner gefährlich wird, soll der heutige Verteidiger auch selbst aktiv werden – und das nicht nur als Kopfballspieler bei Eckstößen vor dem gegnerischen Tor. »Wenn du dich aktiv beteiligen darfst, gehst du mit einer ganz anderen Einstellung in ein Spiel hinein.«

Ein Abwehrspieler hat auf drei Dinge gleichzeitig zu achten: Ball, Mitspieler und Gegenspieler. »Für Männer mag es schwierig sein, sich auf drei Dinge gleichzeitig zu konzentrieren.« Da ist es wieder, dieses leicht spöttisch-spitzbübische Helmer-Grinsen. »Wenn man aber seinen Nebenmann gut kennt, funktioniert das. Oft gibt man Kommandos, manchmal braucht es die auch gar nicht, weil die Abläufe bekannt sind. Dann versteht man sich auch ohne Worte und weiß bereits, wo der Nebenmann steht. Viel läuft über Antizipation: Wenn zum Beispiel der gegnerische rechte Verteidiger den Ball hat, versucht man zu erahnen, was er macht: Spielt er den Ball zurück oder nach vorne? Natürlich kommt man dennoch mal zu spät oder entscheidet sich nicht richtig, aber die bevorzugten Bewegungsabläufe des Gegenspielers sollte man schon kennen.«

Und wenn der Gegner während des Spiels umstellt, zum Beispiel von einer auf zwei Spitzen, wie läuft die Absprache dann? »Wenn die beiden Innenverteidiger eingespielt sind und sich mit dem Trainer oder untereinander kurz abstimmen, wer wen übernimmt, oder ob im Raum gedeckt wird, sollten auch taktische Änderungen des Gegners kein unlösbares Problem darstellen. Ich glaube, dass man im modernen Profifußball seinen Gegner mit taktischen Finten nur noch selten besonders überraschen kann. Um mit Trap zu sprechen: Es entscheiden eben die kleinen Situationen.«

Und wie wirkt es sich auf das Verhalten der Verteidiger aus, wenn der Gegner mit zwei Spitzen aufläuft, die untereinander kreuzen? Schließlich sind die Zeiten der sturen Mann-zu-Mann-Zuordnung vorbei, mal abgesehen von Standardsituationen. Ist das ebenfalls eine Frage der Absprache mit dem Nebenmann, wer wen übernimmt? »So ist es. Üblicherweise sollte man in der Viererkette die Positionen halten, sodass immer derjenige Verteidiger den Stürmer übernimmt, der sich gerade in seinem Bereich befindet. Der linke Innenverteidiger sollte also möglichst links innen bleiben und der rechte entsprechend rechts innen. Wenn also ›mein‹ Stürmer zur Seite meines Mitspielers herüberläuft, erfolgt ein Zuruf, und er übernimmt.«

Komplexes Spiel

Auch wenn nur ein Stürmer aufgeboten wird, bleiben die zentralen Abwehrspieler auf ihren angestammten Positionen innerhalb der Viererkette. Sie halten defensiv ihre Positionen, egal, in welcher Angriffsformation der Gegner aufläuft. Diejenigen, die bei nur einem gegnerischen Stürmer für das Offensivspiel frei werden, sind die Außenverteidiger, die nun hinten weniger gebunden sind. Aus Sicht der Innenverteidiger spricht allerdings nichts dagegen, sich nun verstärkt am Spielaufbau zu beteiligen und mit dem Ball auch mal durch die gegnerische Hälfte zu laufen, wenn es der Spielverlauf und das Einverständnis des Trainers zulassen. Für den vorrückenden Verteidiger zieht dann einer der Außenspieler in die Mitte, um eine Eins-zu-Eins-Situation in der Abwehr zu vermeiden. »Darauf legt kein Trainer Wert. Nicht nur, dass gegen einen Stürmer immer mal ein Zweikampf verloren gehen kann. Man kann auch ausrutschen oder anderweitig das Nachsehen haben. Und nicht jede Mannschaft hat einen Manuel Neuer im Tor, der schon fast direkt hinter den Verteidigern steht. Ob das so gut ist, ist dann wiederum eine andere Frage …«

Er muss es nicht aussprechen, Helmer hätte sich mit dem eigenen Torwart »in seinem Nacken« unwohl gefühlt. Aus seiner aktiven Zeit ist er Keeper vom Typus eines Oliver Kahn oder Andreas Köpke gewohnt, deren Stärken vor allem auf der Linie lagen und die ihren Fünfmeterraum kaum verließen. Und das Gebiet vor ihnen gehörte den Innenverteidigern, niemandem sonst.

Für Innenverteidiger stellt sich das heutige Spiel komplexer dar als für ihre vorstoppenden Vorgänger vom Schlage eines Jürgen Kohler, Christian Wörns oder Thomas Linke. Sie führen heute viel weniger Zweikämpfe, da die Mehrzahl der Teams nur noch mit einem Stürmer aufläuft, die Innenverteidiger somit zumindest defensiv weniger im Spiel sind. Dafür verlangt die aktive Einbindung in den Spielaufbau deutlich höhere fußballerische Fähigkeiten.

Gibt es eine spezielle Verteidiger-Schulung? Ein gezieltes Training nach Mannschaftsteilen nach dem Vorbild des American Football?

Helmer schüttelt den Kopf. »Das ist mir nicht bekannt. Aber du musst das Verteidigen nicht isoliert trainieren, denn auch bei offensiv ausgerichteten Übungen sind die Verteidiger mit eingebunden, das bedingt sich gegenseitig (vgl. dazu auch Arno Michels, Seite 167). Für uns waren Spielformen wie ›Vier gegen Vier‹ oder ›Drei gegen Drei‹ eine gute Schulung. Die sind sehr effektiv, weil man sich auf engem Raum behaupten und den Ball verarbeiten muss.«

Viele Trainer unterbrechen ein Trainingsspiel, um Angreifer oder Verteidiger auf einen besseren Laufweg hinzuweisen: »Wenn du läufst wie eben, bist du allein, dann kannst du den Angreifer nicht mehr gut stoppen.« Etwas widerwillig räumt Helmer ein: »Das ist so nervig wie das Trockentraining. Aber das sind die guten Trainer, die sinnvolle Unterbrechungen vornehmen und korrigieren, denn nur so lässt sich in den Abläufen etwas verbessern.«

Abläufe wie das Verhalten in Unterzahl: Wie verhält sich ein Verteidiger, wenn zwei Angreifer auf ihn zulaufen? Wie verzögert er, damit ihm möglichst noch ein Mitspieler helfen kann? Wie lange muss er rückwärts laufen? Lässt er den ballführenden Angreifer abschließen und wie kann er den Passweg zumachen? Eine herausfordernde Situation, die eine schnelle Entscheidung verlangt. »Zunächst muss ich immer etwas versetzt stehen, anfangs noch im Rückwärtslauf. Denn ich muss den mitlaufenden Angreifer im Auge behalten und zugleich dem ballführenden Stürmer meine linke Seite anbieten. Erstens, weil das als Linksfuß meine stärkere Seite ist und ich möglicherweise klären kann. Zweitens: Spielt der eine den Ball zum anderen und ich stehe zu weit weg, dann komme ich nicht mehr hinterher, wenn ich mich erst noch drehen muss. Ich muss also abwägen, welche Positionierung Sinn für mich ergibt. Zusätzlich muss ich versuchen, den Weg zum Tor zu versperren. Irgendwann gilt es abzuschätzen, ›so, jetzt könnte der Angreifer schießen oder passen‹. Damit kann ich natürlich nicht bis zum Fünfmeterraum warten, denn aus dieser Nahdistanz lässt sich ein Tor kaum mehr verhindern. Man muss ein Gefühl für den richtigen Moment entwickeln, daher haben wir solche Spielszenen immer reichlich geübt.«

Eine Frage des richtigen Timings ist auch das Tackling. Wonach entscheidet der Verteidiger, wann er gegen den Angreifer zur Grätsche ansetzt? Dafür gibt es kleine Indikatoren. »Wenn ein Stürmer das Tempo drosselt, dann besteht eher die Chance, draufzugehen und ihn zu attackieren, als wenn er in vollem Tempo weiterläuft. Wenn ein Angreifer noch viel Tempo hat, muss ich mit ihm laufen und Geschwindigkeit aufnehmen. Dann darf ich nicht grätschen, weil sonst die Gefahr groß ist, dass ich ihn foule. Es sei denn, ich bin sicher, den Ball zu bekommen. In Höchstgeschwindigkeit ist es auch für den Angreifer nicht einfach, den Ball zu kontrollieren. Falls ich für das Mitlaufen zu langsam bin, bin ich natürlich gezwungen, in den Zweikampf zu gehen. Wichtig ist auch, immer auf den Ball zu gucken, sich nicht von den Körperbewegungen des Stürmers täuschen zu lassen.«

Ein gutes Gefühl für das richtige Timing entwickelte Jérôme Boateng von Bayern München, der als Innenverteidiger sehr gut verzögert, ehe er im passenden Moment zum Zweikampf ansetzt. Auf dem Höhepunkt seiner Leistungsfähigkeit kamen dem Weltmeister seine Schnelligkeit und Beweglichkeit zugute, mit denen er in den größten Spielen wie dem Champions-League-Finale 2013 und dem WM-Finale 2014 seine beste Leistung abrufen konnte. »Wir von der alten Schule waren noch etwas hölzern, da hätte vielleicht bei manch einer von seinen Aktionen unsere Hüfte gar nicht mitgemacht. Seine Beweglichkeit hilft ihm sicherlich sehr, gerade gegen wendige Angreifer. Dabei spielt auch eine Rolle, dass das Training heute viel mehr auf Beweglichkeit abzielt und die medizinische Versorgung noch besser geworden ist. Bei unserer Spielergeneration fing es langsam an, dass man feststellte, dass viele Verletzungen vom Rücken kommen und daher die Bauch- und Rückenmuskulatur durch Stabilisations- sowie Koordinationsübungen gestärkt wurden. Auch, um bestimmte Schrittfolgen besser hinzubekommen. Das wird heute sehr ausgeprägt praktiziert, auch individuell abgestimmt auf einzelne Spieler. Es hat sich einiges getan: Vor zwanzig Jahren gab es den Cheftrainer, den Assistenzcoach, den Torwarttrainer und vielleicht noch den

Reha-Trainer für die Verletzten, das war's dann auch schon. Und wie viele Trainer gibt es heute? Einen kompletten Trainerstab in Mannschaftsstärke.«

Manchmal jedoch nutzt auch das beste Tackling oder die größtmögliche Beweglichkeit nichts. »Es gibt Spieler wie den Schweizer Stéphane Chapuisat (von 1991 bis 1999 bei Borussia Dortmund), von dem jeder wusste: Der ist gar nicht so schnell. Aber er war immer mit genau demselben Trick erfolgreich, auch jetzt noch, wenn ich bei Promi-Spielen gegen ihn antrete. Der ist kaum zu stoppen. Du weißt, eigentlich will er dir den Ball durch die Beine spielen. Was machst du also? Du hältst die Beine zu. Und dann dreht er sich so komisch rein, dass er trotzdem vorbeikommt. Der ist für mich ein Phänomen. Es gibt wirklich Spieler, auf die man sich nicht einstellen kann. Chapuisat gehörte dazu.« Ähnlich unerfreulich gestalteten sich für Helmer oft auch Begegnungen mit einem Lockenkopf aus Wien, der die Haare einst ähnlich lang trug wie Chapuisat, sich aber deutlich redseliger zeigte.

Der Polster Toni

Thomas Helmer hat in seiner Karriere gegen unzählige Stürmer gespielt. Viele herausragende, die zwei oder mehr Verteidiger binden konnten und so Platz für ihre Mitspieler schufen. Oder Angreifer, die im Eins-gegen-Eins kaum zu fassen waren. Oder solche, deren Spiel auf Provokation ausgelegt war. Die wenigsten Probleme bereiteten Helmer, selbst 1 Meter 85 lang, die großgewachsenen Stürmer, die zwar kopfballstark, aber weniger beweglich waren, Typ bulliger Mittelstürmer. »Ein Angreifer dieser Kategorie war mir viel lieber als ein kleiner, wendiger. Wenn der große Stürmer den Kopfball gewinnt und den Ball verlängert, ist das zunächst kein Problem, denn dort steht meist keiner seiner Mitspieler. Er ist ja bereits vorderster Spieler seiner Mannschaft.« Helmer erinnert sich an Spiele gegen Borussia Dortmund mit dem 2,02-Meter-Riesen Jan Koller. »Vom

Torwart kam der Abschlag, ich merke, ich bin zwei Schritte zu spät. Dann habe ich mir gedacht, ›soll er den Ball doch verlängern‹. Dann verliere ich zwar das Kopfballduell, aber wir haben den Ball, weil klar war, dass Koller die Kugel meist zu unserem Torwart oder einem Abwehrspieler verlängern würde.«

Wesentlich mehr Unbehagen als Koller & Co. bereitete Helmer ein geselliger Österreicher: Toni Polster. Allein schon bei der Namensnennung und der Erinnerung an frühere Duelle kann sich Helmer vor Lachen kaum halten. »Ja, der Toni! Der hat dich während des Spiels nur zugequatscht. Er lief nicht viel, hat dich aber solange eingelullt, bis du nicht mehr aufmerksam warst. Dann hat er irgendwann den Fuß hingehalten, als eine Flanke kam und patsch, war das Ding drin! ›Schönen Dank auch, du Vogel‹, habe ich ihm dann ganz freundschaftlich zugerufen. Der Toni ist schon in Ordnung, man konnte ihm nicht böse sein, aber auf dem Platz war er ein großes Schlitzohr. Er gebrauchte keine wüsten Sprüche oder gar Beleidigungen, sondern vielmehr Wiener Schmäh.« Helmer untermauert sein schauspielerisches Talent, imitiert Polsters Körperhaltung, seine Gestik und Mimik: »Das ging dann oft so: ›Ah geh, des läuft heut wieda gar ned bei uns. Des koanst vergessen. Gratulier eich, ihr gwinnt's des Spü, des is koa Frag‹. Und zack, war der Ball im Netz! Weglaufen konnte er einem nicht, weil er nicht schnell genug war, das wusste er selbst. Aber dafür war er umso handlungsschneller, der gute Toni.«

Der Spielerfreund Otto Rehhagel

Wo wir gerade über Typen reden, über Charaktere, die dem Fußball ihren Stempel aufgesetzt haben, da darf Otto Rehhagel nicht fehlen. Das Meistertrainer von Werder Bremen wechselte 1995, nach einer heute kaum mehr vorstellbaren Amtszeit von 14 Jahren, von der Weser zum ungeliebten Rivalen nach München. Dort wurde er noch vor Ablauf der Saison wieder entlassen, als absehbar war, dass der FC Bayern in der Meisterschaft Borussia Dortmund den Vortritt lassen musste. Auch wenn »König Otto« in München ungekrönt blieb, und im gewonnenen UEFA-Cup-Finale gegen Girondins Bordeaux bereits Franz Beckenbauer auf der Bayern-Bank saß, so blieb Rehhagel seinen Spielern doch positiv im Gedächtnis.

Helmer: »Während dieser Saison 1995/96 hatte ich einmal einen Disput mit unserem Manager Uli Hoeneß. Uli war unzufrieden mit unserem Spiel und rief von der Bank aufs Feld. Sinngemäß brüllte ich etwas wie ›Ach, sei doch ruhig!‹ zurück.« Helmer grinst. Vermutlich fielen die Worte etwas deftiger aus, doch das tut hier nichts zur Sache. »Damals gab es noch keine Richtmikrofone rund ums Spielfeld. Es bekam also kaum einer unseren Wortwechsel mit. Zur Halbzeit kam Uli in die Kabine und war außer sich vor Wut: ›Otto, der Thomas, wie der sich verhält, das geht nicht, den musst du rausnehmen. Auf die Tribüne mit dem!‹ Aber deswegen liebten die Bremer Spieler ihren Otto so sehr, weil er sie schützte: Er stellte sich daraufhin ganz ruhig zwischen uns, besänftige Uli, nahm mich mit in die andere Ecke der Kabine und fragte: ›Und, haben Sie sich beruhigt?‹ – ›Ich habe mich doch gar nicht aufgeregt!‹, sagte ich aufgeregt. Otto: ›Können Sie weiterspielen?‹ – ›Klar!‹ Otto: ›Gut, alles Weitere besprechen wir morgen.‹«

Am nächsten Tag musste Helmer zum Rapport. »Otto fragte mich: ›Was haben Sie denn gestern vom Spielfeld gerufen?‹ Mit gesenktem Kopf und verschränkten Armen saß ich vor ihm und meinte: ›Das weiß ich nicht mehr.‹ – ›Vielleicht Idiot?‹ Ich hatte den Blick noch immer nach unten gerichtet. ›So ähnlich.‹ Otto: ›Das dürfen Sie nicht machen. Wollen Sie sich entschuldigen?‹ Rasch richtete ich den Blick wieder auf: ›Ja!‹ Schlusswort von Otto: ›In Ordnung. Ich habe auch schon in alle Zeitungen geguckt, die haben nichts mitbekommen. Mit Uli, das kläre ich. Und jetzt gehen Sie raus, trainieren!‹ Das ist Otto, menschlich super.«

Beim FC Bayern gescheitert ist Rehhagel nach Helmers Auffassung am Druck. »Die Erwartungshaltung ist schon enorm in München. Das dürfen gerade junge Spieler nicht verkennen, dass man im Grunde kein Spiel verlieren darf beim FC Bayern. Spielt man zudem noch in der

Nationalmannschaft, gilt dort noch mal dasselbe. Das ist schon eine schwierige Situation mit viel Druck. Dennoch hat sich Bayern auch etwas Familiäres bewahrt, für ehemalige Spieler in Not sind sie immer da.«

Was diese Geschichte mit Taktik zu tun hat? Nun, es kann auch eine Taktik sein, aus einer Mannschaft einen verschworenen Haufen zu formen, die den Anweisungen ihres Trainers auf dem Spielfeld folgt, weil sie weiß, dass er sich stets schützend vor sie stellt.

Gerade auch aufgrund von raffinierten Torjägern wie Stéphane Chapuisat oder Toni Polster waren zu Helmer Spielerzeit die Pfosten bei gegnerischen Ecken immer beidseitig besetzt. Eine Praxis, die heute nur noch bedingt üblich ist (siehe Erläuterungen von Frank Wormuth, Seite 40). Oft ist nur ein Pfosten besetzt, oder es bleiben sogar beide ungedeckt, sodass auf die Reaktionsschnelligkeit des Torwarts vertraut wird. »Heute wird erzählt, dass die Torhüter nicht wollen, dass beide Pfosten besetzt werden. Ich frage mich, warum. Die Antwort kenne ich nicht. Denn das Tor wird für den Angreifer logischerweise kleiner, wenn rechts und links noch jemand steht.«

Und aus Verteidigersicht: Welche Bälle sind schwieriger zu verteidigen, die auf den ersten oder den zweiten Pfosten? In der Regel gilt für Abwehrspieler, eher nach vorne in Richtung des ersten Pfostens zu gehen. Nicht nur, weil es zum zweiten Pfosten weiter ist, sondern auch, weil für den Stürmer das Hochspringen in der Rückwärtsbewegung schwieriger ist. Daher sind Bälle auf den ersten Pfosten schwieriger zu verteidigen. Es entstehen oft gefährliche Bälle, die schnell abrutschen können. »Wenn wir im Training Eckbälle geübt haben, ist von uns Innenverteidigern immer einer kurz gegangen und der andere auf den zweiten Pfosten, falls ein Gegenspieler vorne verlängern sollte. So haben wir es auch im Spiel gehandhabt. Die Torszenen nach Ecken spielen sich eher vorne ab, am ersten Pfosten.«

Schmutzige Taktik

»So lieb wie die Spielergeneration heute waren wir damals nicht«, ist Helmer überzeugt. In diesem Abschnitt geht es nicht um taktische Finessen, um Spielsysteme oder Trainingsformen. Zur Taktik gehört es leider auch, den Gegner mit zuweilen schmutzigen Tricks aus dem Konzept zu bringen. Man mag argumentieren, dass wirklich gute Mannschaften das nicht nötig haben. Dass es schlechter Stil ist. Dennoch ist es üblich. Aus Helmers Sicht heute sogar zu wenig. »Psychologische Spielchen haben wir auch gemacht, mal den Gegenspieler beschimpft oder irgendetwas erzählt, um ihn aus dem Rhythmus zu bringen. Torhüter machen das beim Abschlag auf ihre Art, indem sie sich viel Zeit bis zur Ausführung lassen. Oder Feldspieler beim Einwurf. Da gibt es tausend Möglichkeiten. Und was den »Trash Talk« angeht: Ich behaupte ja, deswegen sind wir 2006 nicht Weltmeister geworden. Denn schaut man sich den WM-Film *Sommermärchen* von Sönke Wortmann an, dann sieht man, wie unmittelbar vor dem Halbfinale in Dortmund zwischen Deutschland und Italien alle Spieler im Spielertunnel stehen, dicht an dicht. Dieser Tunnel ist in Dortmund richtig eng. Es geht um das WM-Finale im eigenen Land. Das Größte als Fußballer überhaupt. Und was machen unsere Jungs? Sie begrüßen ihre Kontrahenten mit ›Hallo, ihr lieben Italiener, herzlich willkommen!‹ In so einer Situation, vor solch einem Spiel, musst du sagen: ›Euch fegen wir hier gleich aus dem Stadion!‹ Dann stehst du noch jemandem ›versehentlich‹ auf dem Fuß oder gibst einen leichten Ellbogencheck. Oder ich schreie da rum, demonstriere meine Entschlossenheit. So kenne ich das jedenfalls. Dass die Deutschen vor diesem Spiel zu lieb waren, ist sicherlich meine gewagte These, da sie nur auf den Bildern des Films beruht. Aber das war mein Eindruck.«

Vielleicht aber hatten sich die Deutschen einfach nur auf sich konzentriert und wollten sich mit derartigen Mätzchen nicht selbst aus dem Konzept bringen. Und womöglich wäre es bei laufender Kamera auch im eigenen Interesse nicht besonders clever gewesen, unsportliche Spielchen zu betreiben.

Helmer denkt bei seiner Argumentation vor allem an die internationalen Spiele mit dem FC Bayern, bei denen es alles andere als freundschaftlich zuging. Insbesondere 1996 in Bordeaux beim Rückspiel des UEFA-Cup-Endspiels, das damals noch in zwei Partien ausgetragen wurde. Das Hinspiel hatten die Münchner mit 2:0 gewonnen, auch dank eines Kopfballtores von Helmer zum 1:0. Franz Beckenbauer, nach der Entlassung von Otto Rehhagel Interimstrainer, hatte aus seiner Zeit in Frankreich (Trainer und später technischer Direktor bei Olympique Marseille in der Saison 1990/91) bereits geahnt, was die Bayern erwarten würde. Helmer erinnert sich mit Grausen: »In den Besprechungsräumen im Hotel waren Wanzen installiert und es wurde etwas in unser Essen getan – doch zum Glück hatten wir mit Alfons Schuhbeck unseren eigenen Koch dabei, weil es vorab schon solche Vermutungen gegeben hatte. Ich meine mich sogar zu erinnern, dass jemand erwischt wurde, der versuchte, etwas im Essen unterzumischen. Das ist kein Witz. Beckenbauer hatte mit Marseille mal ein Spiel bestritten, als beim Gegner plötzlich einer nach dem anderen runter vom Feld und schnell auf die Toilette musste. Anschließend war es ein leichtes Spiel. Vielleicht war das auch bei uns der Plan.«

Auch wenn Helmer an die Umstände direkt vor dem Spiel denkt, stöhnt er auf. »Der Weg vom Spielertunnel bis zum Spielfeld war bei Girondins Bordeaux lang, sehr lang. Auf dem Weg haben sie uns alle beschimpft, auch ein Bixente Lizarazu, der später lange bei Bayern spielte. Das war wirklich unangenehm. Es war ein bisschen wie auf dem berüchtigten Betzenberg in Kaiserslautern, wo wir Bayern einige Jahre lang nur unter dem Schutz von Schirmen ins Stadion einliefen. Das war auch für die Erfahrenen unter uns beeindruckend. Und die Sicherheitsvorkehrungen im Stadion waren nicht gerade dolle. Da bekommst du Respekt. Es lief dann gut für uns, aber das wussten wir ja vorher nicht. Und das vielleicht auch nur, weil unser Stürmer Emil Kostadinow den Lizarazu getroffen hatte, worauf der nach einer halben Stunde vom Platz musste. Ich hatte ihm zuvor gesagt: ›Emil, mach' mal was.‹ Das war auch eine taktische Maßnahme …

Wobei er natürlich niemanden verletzen sollte, um das ganz klar zu sagen.«

Nicht, dass Helmer alle Geschehnisse aus eigener Spielerzeit guthieße. Doch er stellt immer wieder fest, dass die Spieler inzwischen deutlich braver geworden sind. Aus der Sicht eines TV-Journalisten bedauert er die Zurückhaltung, gerade hinsichtlich der öffentlich geäußerten Meinungen: »Die Spieler trauen sich weniger, öffentlich etwas zu sagen, sind stromlinienförmiger. Warum das so ist, dafür habe ich keine Erklärung. Vielleicht ist es eine gesellschaftliche Frage. Das gilt auch für die Nationalmannschaft. Deshalb haben sich während der WM in Brasilien alle so sehr über das Interview von Per Mertesacker gefreut, weil er bei einer kritischen Reporterfrage verbal etwas zurückgegeben hat. Das gibt es leider nur noch selten.« Angesprochen auf die spielerisch nicht überzeugende Leistung beim knappen Achtelfinal-Erfolg gegen Algerien (2:1 nach Verlängerung) hatte Mertesacker im Interview mit ZDF-Reporter Boris Büchler entgegnet: »Was wollen Sie? Wollen Sie eine erfolgreiche WM oder sollen wir wieder ausscheiden, haben aber schön gespielt? Also ich verstehe die ganze Fragerei nicht.«

Wo sind sie nur geblieben, die starken Linksfüße?

Grundsätzlich ergibt es Sinn, einen Rechtsfuß als rechten Innenverteidiger und einen Linksfuß als linken Innenverteidiger aufzustellen. So, wie es Louis van Gaal beim FC Bayern 2009 einführte und dafür sogar Weltmeister Lucio durch den bis dahin unbekannten Nachwuchsspieler Holger Badstuber ersetzte. Bei vielen Mannschaften scheitert diese Maxime bereits daran, dass es vergleichsweise wenige Linksfüße im deutschen Profifußball gibt. Ein Mangel an Quantität und Qualität? »Bei Veranstaltungen werde ich oft gefragt, was ich einem jungen Fußballer raten würde. Meine Antwortet lautet: ›Trainiere deinen linken Fuß!‹ Die Eltern gucken mich dann immer ganz erstaunt an. Doch wenn ich dann ins Publikum frage, wie viele ihrer Kinder mit dem linken Fuß besser kicken können als mit dem rechten, dann gehen vielleicht ein, zwei Arme hoch, manchmal auch gar keiner. Ich verstehe nicht, warum hier nicht mehr gefördert wird. Dabei haben wir solch ein großes Vakuum an guten Linksfüßen, auch bei der Nationalmannschaft. Wenn man jung ist, kann man das noch lernen. Im fortgeschrittenen Alter ist es nur noch sehr schwierig möglich.« Andreas Brehme, Weltmeister von 1990, spielte unter anderem für den 1. FC Kaiserslautern, Bayern München, Inter Mailand und Real Saragossa, und wurde bereits im frühen Kindesalter von seinem Vater beidfüßig trainiert. »Mit links schieße ich härter, mit rechts präziser«, beschrieb er einst seine Flexibilität. Und so wurde er in der Nationalmannschaft jahrelang zur unverzichtbaren Größe als Linksverteidiger. Und verwandelte im WM-Finale 1990 den Elfmeter zum 1:0-Endstand, wenn auch mit rechts.

Giovanni Trapattoni allerdings bewies beim FC Bayern, dass durch Beharrlichkeit auch vermeintlich »fertige« Spieler noch zu bemerkenswerten Entwicklungssprüngen fähig sind, wenn auch nur bis zu einem gewissen Grad. Der »Mister« bestellte nach dem Mannschaftstraining die Stürmer Alexander Zickler und Carsten Jancker regelmäßig zu sich und warf ihnen die Bälle immer wieder auf den schwächeren linken Fuß. Helmer erinnert sich: »Dann haben die beiden ihm die Bälle um die Ohren gehauen, der eine flog hier vorbei, der andere dort, und Trap hastete hinterher. Das ging immer etwa eine Stunde lang, nach fast jedem Training. Wir anderen Spieler haben gefeixt und uns köstlich amüsiert. Doch nach einem halben Jahr waren die beiden mit links tatsächlich besser als alle anderen Rechtsfüße in unserer Mannschaft. Sie waren zwar mit links nicht stärker als mit rechts, konnten den Ball aber auch mit links sauber annehmen und spielen. Jetzt lachte keiner mehr von uns, und so hatte sich wieder einmal gezeigt, weshalb Trapattoni ein wirklich guter Trainer ist. Jancker und Zickler sind beide Nationalspieler geworden. So intensiv, wie Trapattoni sie gefördert hat, haben sie ihm viel zu verdanken. Es sind diese simplen Sachen. Das ständige Üben von

Grundlagen bringt unwahrscheinlich viel, so wie beim Tennis die regelmäßige Wiederholung von Vorhand, Rückhand und Aufschlag.«

Wie fällt bei den Profis die Akzeptanz gegenüber Grundlagentraining aus? Ist es ein Vorurteil zu glauben, eine Vielzahl an Spielern wäre sich dafür zu schade, fühle sich nicht genug herausgefordert? »Die Akzeptanz ist höher als man meint. Der Footbonaut zum Beispiel, mit dem Borussia Dortmund arbeitet, wird von den Spielern sehr gut angenommen. Der Spieler steht dabei in der Mitte eines Feldes, wird aus unterschiedlichen Richtungen in variierendem Tempo angespielt und muss den Ball dann zügig zu einer immer wieder neuen, markierten Stelle spielen. Ein ähnliches Prinzip wie bei der Ballwurfmaschine im Tennis. Der Footbonaut ist ein sehr teures Gerät, ich glaube er kostet etwa eine Million Euro, ist aber sehr effektiv. Er verlangt Reaktionsschnelligkeit und die Bälle müssen mit beiden Füßen verwertet werden. Sicherlich lässt sich bei einem Profi keine Verbesserung um hundert Prozent mehr erzielen, aber vielleicht um bis zu zehn Prozent – und das ist schon eine ganze Menge, die im Spiel den Unterschied ausmachen kann.«

Ballbesitz-Fußball und die Grenzen der Statistik

Seit Beginn der Dominanz Spaniens im Fußball – Europameister 2008, Weltmeister 2010 und Europameister 2012 – ist Ballbesitzfußball in aller Munde. Pep Guardiola entwickelte ihn beim FC Barcelona immer weiter voran, auch beim FC Bayern ließ ihn der Katalane konsequent spielen. Nicht jeder teilt Guardiolas Philosophie, die natürlich von den verfügbaren Spielern abhängig ist. Andere Trainer setzen mit schnellen Spielern lieber auf eine Kontertaktik. Helmer ist ohnehin skeptisch: »Die Auswertung der Weltmeisterschaft 2014 in Brasilien war interessant. Die Mannschaften, die weniger Ballbesitz hatten, waren erfolgreicher. Das beruhigt mich total. Denn ich halte von dieser Fokussierung auf Ballbesitzfußball nicht viel. Das gilt auch für die Statistik, die den Ballbesitzanteil beider Mannschaften offenlegt. Für mich ist die Bedeutung der Statistik im Fußball fragwürdig: Schön, wenn es heißt, der Verteidiger hat 80 Prozent seiner Zweikämpfe gewonnen – doch was hilft es, wenn der Gegenspieler zwei Tore erzielt hat? Das ist doch für die Katz. Es mag auch ein paar gute Statistiken geben, die sich sinnvoll nutzen lassen. Aber längst nicht alle sind brauchbar.« (vgl. zur Bedeutung und den Grenzen der Statistik, Seite 196 ff.)

Bayerns früherer Mittelfeldstratege Xabi Alonso stellte 2014 beim Spiel zwischen den Münchenern und dem 1. FC Köln einen Bundesliga-Rekord auf: Seit Beginn der Datenerhebung im Jahr 1999 hatte er die meisten Ballbesitzphasen in einem Spiel aufgestellt, deren 213. »Dafür wurde Alonso gefeiert. Dabei hat er eigentlich nur einen Libero gegeben, so wie zu früheren Zeiten. Die Kölner haben ihn nicht angegriffen, seine Pässe gingen teilweise lediglich über drei Meter. Gut, er spielte auch mal einen längeren Ball, aber was sagt das jetzt aus? Dass ihm offenbar jeder seiner Mitspieler den Ball gibt. So kann man das interpretieren. Und sonst? Da schaue ich lieber auf die Passqualität als auf die Statistik. Nehmen wir unseren Nationalspieler Toni Kroos: Wenn die eine Seite gerade zu ist, verlagert er das Spiel mit seinen langen und präzisen Diagonalpässen mal eben auf die andere Seite. Von zehn solcher Bälle bringt er acht zum Mann. Das finde ich beeindruckend und zeugt von enormer Passqualität. Und nicht, wie oft er über die Spieldauer am Ball war.« Zu Helmers Freude wurde die Doktrin des Ballbesitzes seit der WM 2014 und dem frühen Ausscheiden von Titelverteidiger Spanien wieder vermehrt durch taktische Varianten wie das Umschaltspiel ergänzt.

Zum Abschluss unseres Gespräches baten wir Helmer noch um seine Einschätzungen zu bunt gemischten Themen:

Das schönste Spiel

»Im Camp Nou von Barcelona, dort, wo technisch anspruchsvoller Fußball gepflegt wird, war nicht umsonst der beste, aber auch der längste und breiteste Platz, auf dem ich je gespielt habe. Die Qualität des Rasens war unglaublich, selbst der Trainingsplatz war in überragendem Zustand. Die Fläche im Camp Nou ist riesig. Da bin ich gelaufen wie ein Verrückter. Auch die Atmosphäre war absolut beeindruckend. In den Stadionkatakomben ging man einen Gang runter, ich glaube, das ist heute nicht mehr so, und dann kam man an einer Kapelle vorbei, die einem zu sagen schien: ›Ihr könnt noch mal zum Beten gehen, bevor ihr das Spielfeld betretet.‹ Und dann ging es vier Stufen hoch und man sah den Himmel nicht, weil die Stadiontribünen so hoch gebaut sind. Anschließend sieht man diese Spielfläche mit ihrem sensationellen Rasen, wie auf einem Golfplatz. Das Halbfinalrückspiel im UEFA-Cup 1995/96 war für mich daher eines der größten Spiele überhaupt. Einmal aufgrund dieses Stadions, und dann aufgrund der fast komplett weißen Trikots, die wir nur dieses eine Mal trugen. In Weiß möchte jeder Fußballer gerne spielen, weil es etwas Besonderes ist. Und dann natürlich wegen unseres Erfolges: Wir gewannen in Barcelona mit 2:1 und zogen nach dem 2:2 im Hinspiel etwas überraschend ins Finale ein – auch durch ein Tor von Markus Babbel, der im ersten Spiel noch einen schweren Fehler gemacht hatte, der zu einem Gegentor führte. Solch ein bedeutender Sieg mit jungen Burschen wie Babbel, Christian Nerlinger und Dietmar Hamann, in diesem fantastischen Stadion. Mehr ging nicht, es passte alles.«

Torschusstraining

»Torschussübungen fanden bei uns auf spielerische Weise nach dem eigentlichen Training statt, oft in Form einer Wette. Beliebt war das Spiel, bei dem derjenige das Mittagessen zahlen musste, der von einer bestimmten Anzahl an Versuchen am seltensten die Latte traf. Auch wenn sie spielerisch war, war das keine schlechte Übung. Wenn du aber gegen einen Thomas Häßler schießen musstest, brauchtest du gar nicht erst anzutreten. Der schoss alle Bälle ans Lattenkreuz. Einen nach dem anderen. Unglaublich. Einer dieser herausragenden Fußballer mit ganz feinem Gefühl im Fuß.«

Die Rasenlänge

Pep Guardiola möchte den Rasen für sein Ballbesitzspiel lieber kurz haben, um das Spiel schneller zu machen, José Mourinho bevorzugt ihn länger. Und was sagt Helmer? »Bei uns wurde der Rasen vor dem Spiel fast immer gewässert, gerade bei hohen Temperaturen im Sommer, damit der Ball besser lief, und man in die Grätsche rutschen konnte. Wenn wir in Südamerika spielten, fiel auf, dass dort die Grashalme nicht nur deutlich länger waren als auf unseren Plätzen, sondern auch dicker. Dadurch wurde der Ball mächtig abgestoppt. Wir haben mit der Nationalmannschaft mal in Brasilien gespielt, es kam deshalb überhaupt kein Tempo auf. Gut, hergespielt haben sie uns trotzdem … Ich selbst habe am liebsten auf kurzem Rasen gespielt. In England, wo ich in der Spielzeit 1999/2000 beim FC Sunderland unter Vertrag war, mähen sie den Rasen so kurz wie es nur ging.«

Der geplante Fehlpass

Helmer rümpft leicht verächtlich die Nase. »Ein absichtlicher Fehlpass als Stilmittel, um durch eine schnelle Rückeroberung des Balles Unordnung beim Gegner zu erzeugen – als Sportler wäre das nie mein Anspruch gewesen. Ich will versuchen, den Gegner mit eigener Stärke zu knacken und nicht mit solchen Mitteln. Dem Gegner absichtlich den Ball zu überlassen, also ich weiß nicht … Diese Idee kann nur von einem Theoretiker kommen.«

Was den FC Bayern so dominant macht und wie man ihn packen kann. *

»Die Bayern arbeiten jeden Tag an ihrer Perfektion – und sind ganz nah an ihr dran. Ich habe neulich mal ihr Training beobachtet, beim Spiel Fünf gegen Zwei. Unglaublich, wie da der Ball läuft. Man hat gar keine Chance, an die Kugel zu kommen, so groß ist die Passgenauigkeit. Da verliert der Gegner irgendwann die Konzentration. Denken Sie an Arjen Robben. Jeder kannte seinen Trick: Er ließ zwei, drei Gegenspieler aussteigen, zog dann nach innen und suchte den Torabschluss. Dennoch war er kaum zu verteidigen, weil er solch eine enorme Qualität hatte.

»Dass sich der FC Bayern gegen Borussia Dortmund in der Ära von Jürgen Klopp so schwer tat, hatte neben der Klasse des BVB auch einen psychologischen Grund. Dortmund konnte wiederholt gegen die Bayern gewinnen, das vermittelte ihnen Selbstvertrauen und den Glauben daran, dass der FC Bayern zu packen ist. Ich erinnere mich an Spiele zwischen beiden Mannschaften, bei denen stand zwar ein formstarker Arjen Robben auf dem Platz, doch der wurde von Kevin Großkreutz und Marcel Schmelzer so gut gedoppelt, dass er aus dem Spiel genommen wurde. Wenn ich durch das Doppeln den Ball erobere, und das ist ja das Ziel, wenn ich Überzahl schaffe, dann unterbreche ich das Spiel der Bayern. Für die Balleroberung muss man eng am Mann sein und den Gegenspieler möglichst nach außen drängen, wo weniger Passmöglichkeiten bestehen. Man darf nicht nur brav nebenher laufen. Will man das über das gesamte Spiel hinweg durchhalten, erfordert das eine enorme Fitness. Übrigens praktizieren das inzwischen auch die Bayern selbst und attackieren mit vollem Körpereinsatz. Sie spielen nicht nur schön, sondern auch aggressiv.

---

* Folgender Abschnitt über den FC Bayern ist zum Teil zitiert aus einem Interview von Elmar Neveling mit Thomas Helmer in den Dortmunder *Ruhr Nachrichten* vom 01.11.2014: »Der BVB ist entschlüsselt.«

»Den Gegner so unter Druck zu setzen, dass er keine Möglichkeit hat, den Ball sauber herauszuspielen, sondern zum Befreiungsschlag greifen oder ins Aus spielen muss, und mein Team daher Ballbesitz erlangt – das ist eine taktische Intelligenzfrage. Und das macht Bayern am besten. Einen solchen Druck auszuüben, erreiche ich durch geschicktes Anlaufen und Verschieben. Und es müssen alle in der Mannschaft mitmachen. Wenn auch nur zwei schlafen, ist es schon gelaufen. Das ist eine Frage ungeheurer Konzentration. Hierfür werden im Training wieder die Trockenübungen mit der gesamten Mannschaft wichtig. Vor Jupp Heynckes' dritter Amtszeit bei Bayern, von 2011 bis 2013, nach Louis van Gaal, war ihr Spiel zu statisch. Heynckes hat dann mehr Wert auf die zuvor anfällige Defensive gelegt, weil er feststellte, ›vorne haben wir ohnehin genügend Qualität‹. Bei Guardiola hieß es dann: ›Ich will ständig den Ball haben.‹«

»Borussia Mönchengladbach hat es im Herbst 2014 beim 0:0 vorgemacht, wie es gegen Bayern funktionieren kann: Sie haben zwei Viererketten aufgestellt, die konsequent die Räume geschlossen und den Bayern kaum Platz zum Entfalten gelassen haben. Und auch die Angreifer haben es gut gemacht, wenn sie mit zwei, drei Mann vorgerückt sind und Bayerns Verteidiger unter Druck gesetzt haben, sodass ihnen manchmal nur noch der Rückpass blieb.«

Die Spieltaganalyse bei Sport1

»Die Resonanz auf unsere Sendung war sehr positiv, wir hatten im Internet eine eigene Community. Es schauten auch viele der Aktiven selbst, das hörten wir immer wieder. Es war die einzige Sendung dieses Formats, das war natürlich gut für uns. Manchmal bekamen Thomas Strunz (Anmerkung: als Experte der Sendung) und ich (Anmerkung: als Moderator) auch indirekt Rückmeldungen von Trainern. Jürgen Klopp sagte mal, dass das seiner Meinung nach die beste Fußballsendung sei. Der Erfolg der Sendung sprach für ein insgesamt gestiegenes Interesse an Taktikthemen. Wobei es für uns manchmal recht schwierig war. Wir hatten fast fünf Stunden Vorbereitung und betrachteten viele Szenen in großen Bildausschnitten, auf denen möglichst viel vom Spielfeld zu sehen war, denn nur dann sieht man, wie sich jeder bewegt. Und nur dann wird es wirklich interessant: wie sich die Viererkette verschiebt oder wie aus der Vierer- eine Dreierkette wird, oder, oder, oder.«

»Im Grunde war die Sendung eine Nacherzählung und da mussten wir den Zuschauern einen Mehrwert bieten. Die Tore vom Wochenende hatte fast jeder schon gesehen. Wir haben dann analysiert, wie und warum die Tore gefallen sind. Oder: Wo stand der Schiedsrichter bei seiner Entscheidung? Konnte er dieses oder jenes anhand seiner Blickrichtung überhaupt erkennen? Solche Feinheiten versuchten wir herauszufiltern. Hin und wieder passierten uns in der Vorbereitung auch Fehler. Situationen, in denen wir erst bemängelten, wie eine Mannschaft sich verhält, bis wir merkten: ›Da fehlte ja gerade einer verletzt draußen!‹ Das passierte uns natürlich auch. Manchmal gab es ganz simple Erklärungen, dass sich eine Mannschaft so und nicht anders verhalten musste. Da brauchte man dann nicht lange taktisch zu analysieren. Als Dortmund gegen Freiburg spielte und sich ein Freiburger Stürmer verletzte, was kaum jemand mitbekam, da sollte er eigentlich zum Ball gehen, konnte es aber aufgrund seiner Verletzung nicht – und im Konter haben sich die Freiburger dann ein Gegentor gefangen. Das war schlicht eine blöde Situation, die nichts mit Taktik zu tun hatte.«

»Dass wir in der Sendung einzelne Szenen anders bewerteten, als es die breite Öffentlichkeit tat, kam immer wieder mal vor. Wir Ex-Spieler bewerten viele Szenen ohnehin ganz anders. Ganz oft, wenn ich ins Stadion gehe und der Ball in die Spitze kommt, sage ich instinktiv: ›Abseits!‹ Da wurde noch nicht mal gepfiffen. Aber das ist ein Gefühl, das habe ich aus der aktiven Zeit noch beibehalten. Das stimmt zwar nicht immer, aber in etwa 80 bis 90 Prozent der Fälle. Du ahnst, was ein Spieler machen oder wohin er den Ball spielen wird. Grundsätzlich ist es schon etwas anderes, das Spiel aus der Sicht eines ehemaligen Profis oder eines Journalisten zu sehen, das merken wir auch bei uns in der Redaktion. Der Ex-Profi setzt aus seiner eigenen Erfahrung manche Dinge voraus, die der Betrachter ohne diese Erfahrung nicht sofort erkennt. Aber das befruchtet nur gegenseitig, da guckt man noch mal genauer hin und tauscht sich aus. Auch im Vergleich zu einigen TV-Kommentatoren bewerte ich Spielsituationen häufig anders, beispielsweise bei der ersten Bewertung von Verletzungen.«

Zum Bedauern vieler Taktikfreunde musste *Sport1* die Spieltaganalyse nach der Saison 2016/17 aufgrund mangelnder Zweitverwertungsrechte für die Fernsehbilder (in Folge einer neuen Lizenzvergabe) aus dem Programm nehmen.

Zur Person

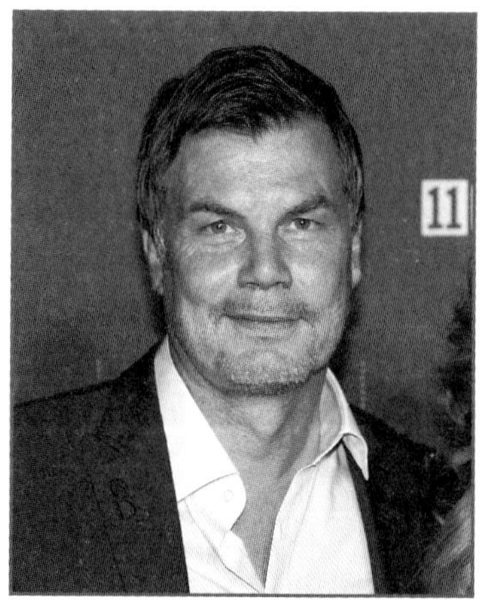

Der frühere Innenverteidiger Thomas Helmer, Jahrgang 1965, startete seine Profikarriere 1984 bei Arminia Bielefeld. 1986 folgte der Wechsel zu Borussia Dortmund. Den Schwarz-Gelben blieb der gebürtige Herforder sechs Jahre lang treu, ehe er sich 1992 Bayern München anschloss und dort noch eine Spielzeit länger blieb. Mit dem BVB gewann Helmer seinen ersten großen Titel, den DFB-Pokal 1989. Mit dem FC Bayern wurde er UEFA-Cup-Sieger 1996, Deutscher Meister 1994, 1997 und 1999 sowie DFB-Pokalsieger 1998. Bei der EURO 1996 in England hatte Helmer auf dem Zenit seines Könnens mit konsequenter Abwehrarbeit entscheidenden Anteil am bisher letzten EM-Titel einer deutschen Mannschaft. Im selben Jahr wurde er vom *kicker* zum »Mann des Jahres im deutschen Fußball« gekürt. Nach zwei kurzen Intermezzi beim englischen Klub FC Sunderland sowie bei Hertha BSC Berlin beendete Helmer im Millennium-Jahr 2000 seine aktive Laufbahn und startete eine zweite Karriere als Fernsehjournalist. Ein »Seitenwechsel«, bei dem er von der Reporter-Legende Ernst Huberty angelernt wurde. Heute arbeitet Helmer bei *Sport1* als Moderator des sonntäglichen Fußballstammtisches *Doppelpass*, des *Fantalks* sowie der *Spieltaganalyse* (bis 2017).

Psychologie: Von der Antizipation zur schnellen Lösung

Interview mit dem Sportpsychologen Werner Mickler

Mittagspause in der Sportschule Hennef. Torsten Frings, Vahid Hashemian und einige andere Teilnehmer des 60. Jahrgangs der Hennes-Weisweiler-Akademie sitzen am Tisch der Sportlerkantine. Man trägt Trainingsanzug, außer am Tisch neben dem Salatbüfett, wo die Dozenten zu sitzen pflegen. In der nächsten Stunde stehen Entspannungsübungen auf dem Programm, die vom Sportpsychologen Werner Mickler geleitet werden. Mickler kennt den Druck, unter dem die zukünftigen Fußballlehrer stehen werden. »Sie sind nicht nur für Sieg oder Niederlage verantwortlich, sondern für den gesamten Verein. Für die Außendarstellung und das, was sportlich passiert. Sie merken, dass das eine hohe Verantwortung ist. Sie müssen Möglichkeiten finden, sich mit diesen Dingen auseinander zu setzen. Und zu regenerieren, um mit freiem Kopf an die nächsten Aufgaben herangehen zu können. Unsere Lehrgangsteilnehmer nehmen das gut an. Teilweise kennen sie es auch schon«, sagt Mickler. Der Leiter der sportpsychologischen Ausbildung berichtet im Gespräch über die gestiegenen Anforderungen an Spieler und Trainer, schnelle Lösungsmöglichkeiten auf dem Platz zu finden.

Herr Mickler, ist die Bereitschaft, mit einem Sportpsychologen zusammenzuarbeiten, gestiegen?

WERNER MICKLER: Ich bin seit Anfang der 1990er-Jahre dabei. Die Bereitschaft ist enorm gestiegen. Damals gab es Vorbehalte wie: »Ich bin doch nicht krank, ich muss doch nicht auf die Couch.« Man hat dann aber gesehen, dass es in den USA im Profisport und in der Leichtathletik sehr stark genutzt wurde. Ein weiterer Schub kam, als Jürgen Klinsmann 2004 die deutsche Nationalmannschaft übernahm. In sein Team nahm er unter anderem den Sportpsychologen Hans-Dieter Hermann auf. Da wurde deutlich, dass die Sportpsychologie eine wichtige Rolle spielt. Zum anderen haben die Vereine erkannt, dass ihr höchstes Gut die Spieler sind. Um das zu nutzen, ist die Sportpsychologie sehr hilfreich.

Wie viele Bundesligisten arbeiten mit einem Sportpsychologen zusammen?

Das ist schwierig zu sagen, weil es teilweise nicht öffentlich gemacht wird. Man darf nicht vergessen, dass sich viele Profis auch ihren eigenen Sportpsychologen suchen, mit dem sie zusammenarbeiten. Pflicht ist allerdings, dass die Nachwuchsleistungszentren für ihre Zertifizierung mindestens einen Psychologen im Team haben müssen. Das ist auch sinnvoll, weil viele Dinge im Nachwuchsbereich schieflaufen können. Wenn der Druck zu groß wird, die Aufgaben zu vielfältig werden oder wenn bestimmte Entscheidungen anstehen.

2005 nahmen zwei Bundesligisten die Dienste eines Psychologen in Anspruch, acht gaben an, die Zusammenarbeit inzwischen eingestellt zu haben.

Dazu muss man wissen: Eine Festanstellung in einem Profiverein ist eine zweischneidige Sache. Man muss klären, für welche Aufgaben der Psychologe zuständig ist. Ist er nur für die Mannschaft oder auch für den Trainer zuständig? Oder auch für andere? Die eine Seite erwartet, dass ich keine Informationen weitergebe, die andere Seite schon. Das ist eine große Herausforderung und kann zu Konflikten führen.

Probleme werden zu Herausforderungen

Im Film* Deutschland. Ein Sommermärchen *war zu sehen, wie Hermann im Training den Fehlschützen beim Elfmeterschießen die »Strafe« gab, die anderen beim Abendessen zu bedienen.

Da kommen zwei Dinge zusammen. Das Eine ist das Programm, das ich mir im Laufe meiner Sportlerkarriere erarbeitet habe. Das heißt, ich habe einen bestimmten Ablauf bei meinen Elfmetern. Ich muss diesem Ablauf vertrauen, und er muss erfolgreich sein. Das muss ich vorher ausprobiert haben. Wenn ich dabei jetzt Druck erzeuge, werde ich diese Situation dennoch erfolgreich meistern. Weil ich sie oft genug gemacht habe und sie erfolgreich für mich ist. Der entscheidende Punkt ist aber: Wenn ich in meinem Programm irgendwo einen kleinen Fehler drin habe, oder mir bestimmte Sachen noch nicht klar sind, dann ergibt es Sinn, sich diese Dinge zunächst genauer klar zu machen. Geht der Spieler zum Elfmeter, versucht er sein Programm abzurufen. Man nennt das »mentales oder ideomotorisches Training«. Um sich vom Kopf her darauf vorzubereiten, was ich gleich machen will.

Es ist gut, Störeinflüsse zu simulieren?

Genau, wobei man sagen muss, dass man nie den Druck erzeugen wird, wie er im Spiel besteht. Das ist eine ganz andere Situation. Die Idee dahinter ist: Wenn bei diesem geringen Druck das Programm schon versagt, dann wird es unter großem Druck erst recht versagen. Funktioniert es, steigt die Wahrscheinlichkeit, dass es auch im Spiel klappen wird.

Was kann man aus Sicht des Sportpsychologen im modernen Fußball noch verbessern?

Im Fußball gibt es für mich drei Kernpunkte. Erstens wird der Aktionsbereich auf dem Spielfeld immer enger, im Leistungsbereich meist zwischen 30 und 40 Meter. Das bedeutet zweitens, dass ich Spieler haben muss, die sehr schnell reagieren können und Lösungsmöglichkeiten finden. Ich spiele teilweise Eins gegen Zwei oder Eins gegen Drei. Je nachdem, wo ich mich auf dem Spielfeld befinde. Drittens muss ich in der Lage sein, gegen diesen Druck zu agieren. Wir müssen im Nachwuchsbereich Spieler entwickeln, die in der Lage sind, das Spiel relativ gut wahrzunehmen. Zu erkennen: Was passiert da? Und vor allem: Was wird passieren? Sie müssen eine hohe Antizipationsfähigkeit und sofort Lösungen im Kopf haben. Und sie müssen diese Lösungen schnell in motorische Handlungsformen umsetzen können. Die Spieler sind körperlich am Limit. Wir müssen sie vom Kopf her so vorbereiten, dass sie diese Situationen als Herausforderungen annehmen und entsprechend lösen. Dazu gehört sehr stark die Videoanalyse, die Kreativität, neue Lösungen zu entwickeln, die ich hinterher auf dem Platz auch ausprobieren kann. Das beinhaltet ebenso, dass ich meine kognitiven Fähigkeiten verbessere, was ich mit den unterschiedlichsten Methoden versuchen kann, zu erreichen.

Geht das in Richtung Persönlichkeitsentwicklung?

In Zukunft wird es nicht nur darum gehen, ob ich technisch-taktisch gut bin. Das wird sowieso schon verlangt und ist die Grundlage. Man braucht Fußballer, die in der Lage sind, ganz schnell Entscheidungen zu treffen und sie auch ganz schnell umzusetzen. Darüber hinaus müssen sie in der Lage sein, mit einer hohen taktischen Variabilität zu arbeiten. Spieler und Mannschaften sind »gläsern« geworden. Sie können sich alle Videos von den einzelnen Spielen herunterladen und die Gegner analysieren. Trainer wie Thomas Tuchel oder Pep Guardiola, die innerhalb eines Spiels ihr System drei- oder viermal umstellen, sind dafür Vorbilder. Sie haben nicht mehr nur das eine Standardsystem. Diese hohe Flexibilität wird in Zukunft noch stärker auf uns zukommen.

Trainer auf dem »heißen Stuhl«

Werden die angehenden Trainer der Hennes-Weisweiler-Akademie bei ihren Kabinenansprachen gefilmt?

Sie bekommen sehr oft Feedback. Es gibt den »heißen Stuhl«. Die Teilnehmer werden während einer Trainingseinheit gefilmt. Zunächst geben sie selbst Rückmeldung, dann die Gruppe und dann wird alles zusammengefasst. Im Rahmen von Rhetorik und Kommunikation müssen sie sich selbst präsentieren. Sie müssen in der Lage sein, eine kleine Ansprache zu halten. Dann geht es darum, sich bei einer Pressekonferenz zu stellen, wobei andere Teilnehmer in die Rolle von Journalisten schlüpfen. Und es gibt noch eine spezielle Einheit, bei der die Teilnehmer in einem Eins-zu-Eins-Interview einem Experten aus dem Print- und Fernsehbereich Rede und Antwort stehen müssen. Das passiert innerhalb eines Rollenspiels, das aufgenommen wird. Sie kämpfen um den Klassenerhalt, das Spiel war nicht gut und jetzt kommen die entsprechenden Fragen.

Würden Sie Trainern zu einem eigenen Medienberater raten?

Das machen die meisten schon. Sie haben erkannt, dass es wichtig ist, wie sie sich nach außen hin darstellen. Und daran auch zu arbeiten. Wir machen sie darauf aufmerksam, dass auch die Zusammenarbeit mit dem Pressesprecher eines Vereins absolut wichtig ist. Weil sie sich gegenseitig absprechen müssen: Wo kann ich was sagen? Wo muss ich hin? Organisatorisches, aber auch die inhaltlichen Dinge. Ich muss mich auf den Pressesprecher verlassen können, dass er schon alles gelesen hat und sagen kann: »Dazu müssen wir jetzt Stellung nehmen. Es ist wichtig, mit diesem Medium ein Interview zu machen.« Wichtig ist aber auch zu wissen: Der Pressesprecher ist beim Verein fest angestellt. Von daher ergibt es Sinn, sich auch externe Berater zu holen, die nichts mit dem Verein zu tun haben, weil es auch kritische Situationen geben wird. Die kritischste ist dann, wenn die Entlassung ansteht. Trotzdem soll der Trainer versuchen, sich auch dann einigermaßen vernünftig darzustellen, um wieder für andere Vereine interessant zu sein. Ein Aspekt, der für seinen bisherigen Verein zunächst überhaupt keine Rolle spielt. Für den Verein ist erst einmal nur wichtig, einen neuen Trainer zu verpflichten und die Mannschaft wieder in Form zu bekommen.

Lernprozesse in Brasilien

Jogi Löw wurde vor dem Weltturnier 2014 in Brasilien von vielen Medien kritisch gesehen. Dennoch hat er sich bei der WM nicht beirren lassen.

Ich glaube, er hat vor der WM für sich entschieden, dass egal wie das Turnier laufen würde, er mit seinem Trainerteam eine ganz bestimmte Vorgehensweise hat. Und diese Vorgehensweise würde er mit der Mannschaft bis zum Ende des Turniers durchziehen. Nach dem Motto: »Ist die WM nicht erfolgreich, werden sie mich sowieso attackieren. Egal was ich mache. Ich werde angegriffen, weil ich mein Ziel nicht erreicht habe. Also ist es sinnvoll, das zu machen, hinter dem ich stehe. Was ich nach außen hin deutlich machen kann, das mache ich in Übereinstimmung mit meiner Überzeugung deutlich.« Ich glaube, Mannschaft und Trainerteam haben einen großartigen Lernprozess durchgemacht. Alles, was vorher passiert ist, was nicht so erfolgreich war, hat ihnen die Stärke gegeben, ihre Maxime in Brasilien durchzuziehen. Weil sie aus diesen Fehlern gelernt hatten.

Löw scheinbar besonders. Er redet im Film »Die Mannschaft« so energisch in der Kabine, wie man es ihm eigentlich nicht zugetraut hätte.

Zum großen Teil wissen wir gar nicht, wie intern gearbeitet wird. Wir bekommen einige Infos von irgendeinem Spiel, dazu gibt der Trainer selbst einige Infos. Aber das Gesamtbild kennen wir nie. Wir können nur versuchen zu spekulieren. Und deshalb muss man mit Einschätzungen sehr vorsichtig sein. Da Löw eine Person des öffentlichen Interesses ist, wird jede Kleinigkeit auf die Goldwaage gelegt.

Zur Person

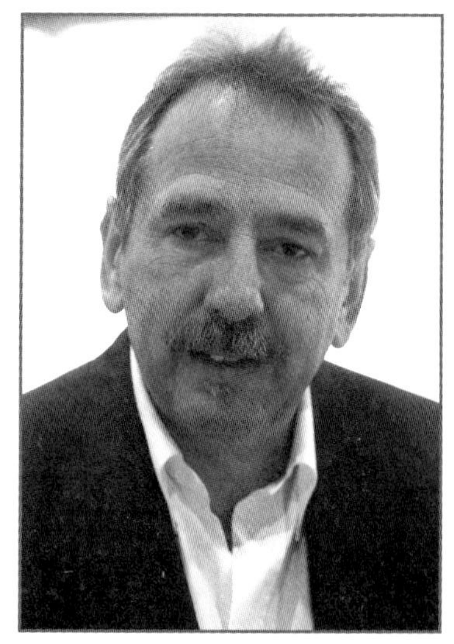

Werner Mickler, Jahrgang 1953, ist Diplom-Sportlehrer und Psychologe. In seiner Jugend verbrachte er einige Zeit auf dem Bolzplatz, zu seinem Hauptsport wurde jedoch Handball. Als Handballtrainer arbeitete er mit Jugend- und Seniorenmannschaften und lernte die Bedeutung der Psychologie so sehr zu schätzen, dass er neben dem Sport- auch ein Psychologiestudium in Köln begann. Nach dem erfolgreichen Abschluss beider Studiengänge arbeitete Mickler von 1982 an im Psychologischen Institut der Deutschen Sporthochschule Köln. Ende der 1980er-Jahre wurde er in das Ausbildungsteam für das Fach Sportpsychologie im Rahmen des Fußballlehrer-Lehrgangs aufgenommen. An der Hennes-Weisweiler-Akademie in Hennef leitet er die sportpsychologische Ausbildung der angehenden Fußballlehrer. Dazu gehört auch die Schulung der Medienkompetenz. Außerdem betreut Mickler den Olympiastützpunkt Rheinland und die deutsche Taekwondo-Nationalmannschaft.

Mittelfeld: Thomas Hitzlsperger über Strategien in der Zentrale

Im Hier und Jetzt

Ein italienisches Café im Norden von München. Thomas Hitzlsperger sitzt schon einige Minuten vor der vereinbarten Zeit am Tisch, neben dem eine glänzende Espressomaschine das Licht spiegelt. Er hat sich eine *Bionade* bestellt und erzählt von der Expertenrunde beim Bezahlsender *Sky*, an der er am Vorabend teilgenommen hat. Claudio Pizarro, Franz Beckenbauer und Boris Becker diskutierten mit ihm über die Champions League. »Nicht schlecht fürs erste Mal«, sagt Hitzlsperger mit einem Lächeln. Gut möglich, dass der ehemalige Nationalspieler demnächst häufiger als Experte oder Kommentator im Fernsehen zu sehen sein wird: »Ich könnte es mir vorstellen.«

Am Abend zuvor, im Spiel des FC Bayern bei Manchester City, gab es etwas, was selbst den besten Mittelfeldspielern passieren kann. Xabi Alonso hatte sich mit dem Ball gedreht und dabei für einen Moment nicht mitbekommen, dass Sergio Agüero lauerte. Kurz zuvor, als sich Alonso umgeschaut hatte, stand der Argentinier noch nicht dort. Also spielt er den Querpass auf seinen Mitspieler Jérôme Boateng, weil er denkt: »Da steht mein Verteidiger.« Doch Agüero läuft rein und schießt ein Tor. »Diese Gefahr besteht immer für einen Mittelfeldspieler«, sagt Hitzlsperger, der unter anderem im Mittelfeld von Aston Villa, dem VfB Stuttgart, West Ham United und der Nationalmannschaft spielte. In der ersten Hälfte des WM-Finales in Rio de Janeiro wäre Toni Kroos gegen Argentinien bei einem Rückpass per Kopf beinahe ein ähnliches Malheur passiert. Gonzalo Higuaín fing den Ball ab, doch der Schuss des Angreifers ging zwei Meter am Tor vorbei.

Spieler wie Philipp Lahm, Xabi Alonso und Xavi spielen nicht sofort den einfachen Rückpass, wenn sie mit dem Rücken zum Gegner stehen, der sie von hinten anläuft. Sie drehen sich um die eigene Achse und können den Ball dadurch auch auf die Seite spielen. »Philipp Lahm fordert oft den Ball«, sagt Hitzlsperger. »Anfangs auf der Verteidigerposition hatte er es einfacher. Weil du das Spielfeld vor dir hast und hinter dir niemand ist, der dich unter Druck setzt. Im Mittelfeld kann von allen Seiten einer kommen. Du musst dich früh genug orientieren. Er hatte das am Anfang nicht. Jetzt im Mittelfeld hat er eine gute Orientierung, weiß ganz genau, wo sein Gegenspieler ist. Und selbst wenn er mal einen übersieht und ihn spürt, setzt er seinen Körper so gut ein, dass der Gegenspieler nicht an den Ball kommt.«

Pep Guardiola setzte Lahm bei den Bayern erstmals im Finale des europäischen Supercups im Sommer 2013 als zentralen Mittelfeldspieler ein. Die Münchner lagen gegen das von José Mourinho trainierte Chelsea bereits nach acht Minuten zurück, nachdem Fernando Torres getroffen hatte. Lahm spielte im rechten äußeren Mittelfeld, der offensiv stärkere Kroos zentral dahinter. Chelsea operierte mit langen Bällen, in den Rücken von Kroos, der im Zurücklaufen Probleme mit dem wendigen Torres bekam. In seinem Buch *Herr Guardiola* beschreibt der katalanische Autor Marti Perarnau den entscheidenden Moment auf der Bayern-Bank nach einer gespielten halben Stunde: »Und dann sagt Domènec Torrent, der Co-Trainer, zu Pep: ›Und wenn wir Lahm in die Mitte stellen?‹« Guardiola zögerte nicht lange, er ließ Kroos und Lahm tatsächlich die Positionen tauschen. Lahm spielte dort so großartig, dass Guardiola zu Perarnau einige Monate später sagte, dies sei »der Schlüssel zur Lösung« gewesen. »Lahm ins zentrale Mittelfeld zu stellen, hat die gesamte Ordnung der Mannschaft verändert.«

Der Sechser, der so heißt, weil der im Ursystem 2-3-5 so bezeichnete linke Läufer einst nach innen rückte, als der Mittelläufer und spätere Libero zurück in die Abwehr ging, ist nicht nur für Trainer wie Guardiola zum wichtigsten Spieler geworden. Der defensive Mittelfeldspieler bildet inzwischen die Schaltzentrale der Mannschaft. Das moderne Spiel ist so schnell geworden, dass der Sechser nach der Balleroberung das Spiel selbst eröffnen muss, weil die gegnerische Defensive ansonsten alle Anspielstationen zustellen könnte. »Auf dieser Position spielen inzwischen recht gute Fußballer, die immer den Ball fordern, die auch unter Druck den Ball verarbeiten und behalten«, so Hitzlsperger.

Die Doppelsechs: Einer geht, einer bleibt

Im Viertelfinale der EURO 2008 gegen Portugal im Baseler St.-Jakobs-Stadion wurde das noch nicht verlangt, war die Sechserposition noch nicht so kreativ aufgeladen. Thomas Hitzlsperger, nach der Rippenverletzung von Torsten Frings aus der Vorrunde in die Mannschaft gekommen, spielte dort neben Simon Rolfes auf der Doppelsechs. Sie hatten Michael Ballack vor sich, der sich zum Spielaufbau häufiger den Ball von hinten holte. »Es war die Idee von Jogi Löw, dass Ballack durch unsere Absicherung mehr Freiheiten bekommen sollte.« Links im Mittelfeld spielte Lukas Podolski, rechts Bastian Schweinsteiger, der erst unter Louis van Gaal bei den Bayern und später dann auch in der Nationalelf ins Zentrum rücken sollte.

Das Portugal-Spiel markierte eine bemerkenswerte taktische Veränderung im Spiel der Nationalmannschaft. Joachim Löw hatte vom 4-4-2, der Grundordnung seit dem Amtsantritt von Jürgen Klinsmann 2004, erstmals auf ein 4-5-1, genauer ein 4-2-3-1, umgestellt. Mario Gómez, in der Vorrunde des Turniers noch zweiter Stürmer neben Miroslav Klose, musste einem weiteren Mittelfeldspieler weichen. Löw hatte die berechtigte Befürchtung, dass ein Gegner wie Portugal mit seinem spielstarken Mittelfeld um Weltklassespieler Deco besonders gefährlich werden könnte, indem es die im 4-4-2 zwischen den Viererketten entstehenden Räume durch Vertikalpässe in die Schnittstellen der Kette nutzen würde. Ein zusätzlicher Mittelfeldspieler schien folglich besser geeignet, um den Spielfluss der Portugiesen zu stören.

Besonderes Augenmerk lag dabei auf einem gegnerischen Spieler, der 2008 zum ersten Mal Weltfußballer geworden war. »Gegen Portugal ging es darum, Cristiano Ronaldo aus dem Spiel zu nehmen«, sagt Hitzlsperger. Von links kommend, wurde er von Schweinsteiger und Rechtsverteidiger Arne Friedrich gedoppelt. Das Zusammenspiel in der Defensive zwischen Simon Rolfes und Thomas Hitzlsperger »funktionierte hervorragend«, lobte Jens Lehmann, der das von hinten mit am besten beurteilen konnte. Am Spielaufbau waren die Sechser allerdings weniger beteiligt: Die beiden Innenverteidiger Per Mertesacker und Christoph Metzelder spielten die Offensivspieler meist direkt an, wenn diese Raum hatten, oder es wurde diagonal auf die Außen gespielt.

Über die Sechser lief das Spiel daher meist hinweg. »Ich hatte eher wenige Ballkontakte. Wir waren als Mannschaft in dem Spiel aber so gut, dass ein Grundvertrauen da war, auch wenn ich fünf Minuten lang nicht den Ball hatte.« Die Anzahl der Ballkontakte einzelner Spieler wurde damals nicht veröffentlicht. Hitzlsperger schätzt, dass es in diesem Spiel gerade einmal 40, 50 gewesen sein dürften. Heute hat ein Mittelfeldspieler meist über 100. Die Aufgabenverteilung der deutschen Doppelsechs bei Ballbesitz war auf einen einfachen Nenner zu bringen. »Es war immer so: Einer schaltete sich bei eigenem Angriff mit ein, der andere sicherte nach hinten ab. Ballack war fast immer in der Offensive und dann schaltete sich einer von uns in den Angriff ein: derjenige, der auf der gegenüberliegenden Seite war. Wenn ich halblinks war und der Angriff über rechts kam, bin ich mitgegangen. Kam er über links, ging Simon mit.«

Durch den 3:2-Sieg gegen Portugal im besten EM-Spiel der Deutschen bei der EURO 2008 war das Halbfinale erreicht. Gegner dort war die Türkei. Für Hitzlsperger die Gelegenheit, in der Offensive auffälliger zu werden. Nach Doppelpass mit Lahm legte er dem Außenverteidiger den Ball nach halblinks genau in den Lauf, der traf mit rechts kurz vor Schluss zum 3:2-Endstand »Die Vorlage auf Lahm zum Siegtor war ein super Pass, den ich gespielt habe, weil Schärfe und Präzision genau gestimmt haben«, sagt Hitzlsperger im Rückblick. Der Ball kam genau im richtigen Moment in die Schnittstelle zwischen die Außen- und Innenverteidiger. »Das haben wir auch trainiert, dieses präzise Spiel. Den scharfen Flachpass dem Mitspieler in den Fuß zu spielen. »Durch den Doppelpass zuvor hatten wir den Gegner in Bewegung bekommen. Man lockt ihn raus und so entsteht diese Lücke«, so Hitzlsperger.

Weite Wege vors spanische Tor

Im Finale der Euro in Wien traf die DFB-Elf auf eine spanische Mannschaft, die den Weltfußball in den kommenden Jahren prägen sollte. Statt Rolfes spielte der erfahrenere Frings, der sich nach seinem Rippenbruch fit gemeldet hatte, rechts neben Hitzlsperger.

Die spanische Nationalmannschaft hatte unter ihrem Trainer Luis Aragonés das schnelle Kurzpassspiel des FC Barcelona übernommen. Die Vertreter der Barça-Schule nennen es »el toque«, zu Deutsch »die Berührung (des Balles)«. Die hierzulande häufig zu hörenden Bezeichnung »Tiki-Taka« hatte Aragonès' Vorgänger Javier Clemente dazu benutzt, die Spielweise der »selección« während der WM 2006 als nutzlose Schönspielerei zu diskreditieren. Beim Weltturnier in Deutschland war Spanien im Achtelfinale am späteren Vizeweltmeister Frankreich gescheitert, zwei Jahre später hatte das Team von Aragonés aus dem Rückschlag gelernt. »Sie hatten Respekt, aber keine Angst vor uns. Die haben ihr Spiel durchgezogen, während wir nicht mehr so klar in unseren Aktionen waren«, erinnert sich Hitzlsperger.

Das spanische Mittelfeld mit Andrés Iniesta, Cesc Fabregas, Xavi, Marcos Senna und David Silva schaffte es nach einigen Minuten, die Kontrolle über das Spiel zu übernehmen. »Wir hatten schon einen Heidenrespekt vor ihnen«, so Hitzlsperger. Der FC Barcelona dominierte seinerzeit die Champions League und war drauf und dran, eine Ära zu prägen. »Die ersten Minuten waren noch ganz okay«, so Hitzlsperger, »aber dann merkte man, dass man einfach nicht hinkommt. Die hatten den Ball, wir waren immer einen Schritt zu spät. Die Spanier bewegten sich gut. Es war frustrierend.«

Abb. 10: Taktische Grundordnungen des Finales der EURO 2008 in Wien

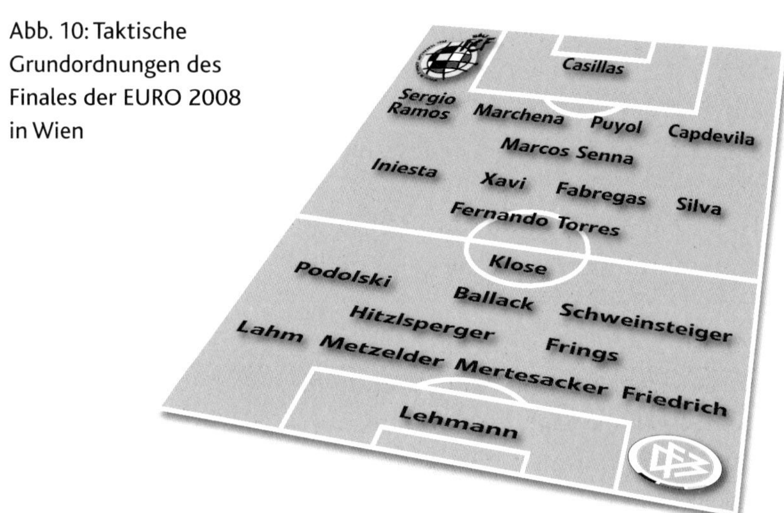

Die Wahl des passenden Abwehrverhaltens gegen einen derart ballsicheren Gegner bereitete den Deutschen wie allen anderen Gegnern zuvor Probleme. »Wir standen vor der Frage: Setzen wir sie unter Druck oder stehen wir eher tief und lassen sie spielen? Dann müssten sie erst einmal bis ins letzte Drittel durchkommen«, erinnert sich Hitzlsperger. Die deutsche Elf entschied sich für die defensivere Variante und stand tief gestaffelt. »Das Problem dabei ist«, so Hitzlsperger, »wenn du so tief stehst, hast du einen sehr weiten Weg nach vorne, um ein Tor zu schießen. Du fängst an zu überlegen, auch mal raus zu gehen. Wir schoben also raus, aber nicht jeder ging mit und dann entstanden noch größere Räume.«

Nachdem 58 Minuten dieses einseitigen Finals gespielt waren, wechselte Löw Hitzlsperger aus. Der Bundestrainer brachte Kevin Kuranyi als zweiten Stürmer neben Klose. Nachdem die Deutschen nach 33 Minuten des Spiels durch das Tor von Fernando Torres in Rückstand geraten waren, musste in der Offensive etwas passieren, mussten die Spieler weiter nach vorne kommen. Den Glauben, einer bis zum Schluss gefährlichen Turniermannschaft anzugehören, hatte auch Hitzlsperger verinnerlicht. »Du hast immer noch im Hinterkopf: ›Wir sind Deutschland, wir gewinnen das schon. Die Spanier haben bisher noch nichts gewonnen.‹ Dieser Glaube, das Selbstvertrauen war nach wie vor da. Wenn sie ein Tor machen, machen wir auch eins und gewinnen das Spiel im Elfmeterschießen. Erst als Schluss war, sahen wir, dass es doch nichts gebracht hatte. Sie waren einfach zu gut.«

Hinzu kam, dass sich im Innenleben der Mannschaft einige Reibungspunkte ergeben hatten. »Es gab Konflikte, nicht immer herrschte Einigkeit. Da merkte man schon, dass die Stimmung nicht so gut ist«, so Hitzlsperger. »Ich glaube, es haben einfach ein paar Prozente gefehlt, obwohl gute Ansätze zu sehen waren.«

Thomas Hitzlsperger redet schnell, es bleibt kaum Zeit für sein Getränk. Wir blicken zehn Jahre zurück, die im Profifußball eine Ewigkeit bedeuten können. Auf das erste Länderspiel des damaligen Profis von Aston Villa im Oktober 2004 im Iran. Hitzlsperger erinnert sich dennoch lebhaft an die Reise nach Teheran. »Es waren extrem viele Zuschauer, ich glaube 100 000. Es war einzigartig. Die Gastfreundschaft war großartig. Wir haben uns in München getroffen und ein paar Tage trainiert. Ich war natürlich nervös, mit all den Stars am Tisch zu sitzen, ist doch klar. Per Mertesacker war auch mit dabei, es war auch sein erstes Länderspiel. In Teheran war eine Wahnsinnstimmung vor dem Spiel. Wir haben alles aufgesaugt. Ich wurde eingewechselt, wir haben das Spiel 2:0 gewonnen. Das war etwas Besonderes.«

Jürgen Klinsmann hatte nach seinem Amtsantritt im Sommer 2004 begonnen, die Spielweise der Nationalmannschaft zu verändern. Er führte die Raumdeckung ein und ließ offensiver spielen als sein Vorgänger Rudi Völler. Der hatte zwar bereits ab 2002 erste Ansätze für ein besseres Offensivspiel angeschoben, war dann aber nach der verkorksten EURO 2004 frustriert zurückgetreten.

Im Entengang zur WM 2006

Klinsmann und sein damaliger Assistent Joachim Löw hatten die Spiele der EURO in Portugal analysiert. Beide erstellten ein Konzept, was bis zur WM 2006 im eigenen Land zu tun war. »Es war für uns beide klar, dass eine Zeit der neuen Wege anbrechen sollte, Jürgen hat damals sehr viele Ideen aus den USA mitgebracht. Seine Ideen, etwa der Einsatz mehrerer Fitnesstrainer, die eine Mannschaft betreuen, mit etwas anderen Methoden, als man sie hier kennt, und einen Sportpsychologen hinzuzunehmen, waren bahnbrechend«, sagte Joachim Löw im Interview für das Buch *Die Fußball-Nationalmannschaft – Auf der Spur zum Erfolg*.

Thomas Hitzlsperger war 22 Jahre alt, als er zur Nationalelf kam. Er war ehrgeizig und bereit, etwas Neues zu lernen. »Es gab einige wie mich, die sehr jung waren, die gerne machten, was der Trainer sagte. Wir verließen uns darauf, dass es Erfolg brachte. Es wehte ein neuer Wind, das war erfrischend zu sehen. Ich fand gut, was Jürgen Klinsmann und Jogi Löw machten«, sagt er rückblickend.

Dazu gehörte, dass Fitnesscoach Mark Verstegen die Nationalspieler erstmals mit Thera-Bändern arbeiten ließ. Im Fernsehen war zu sehen, wie sich die Profis mit diesen Bändern im Entengang über den Rasen bewegten. Die Öffentlichkeit fragte: Was machen die Spieler da? In den Medien wurden diese Trainingsinhalte, die zehn Jahre später überall in der Bundesliga praktiziert werden, als »Gummitwist« lächerlich gemacht. Hitzlsperger gefiel die Arbeit und Herangehensweise von Verstegen dennoch. »Wenn man es etwas kritisch gesehen hat, merkte man schnell, dass Verstegen ein positiv Verrückter ist. Auf eine angenehme Weise verrückt. Das tat der Gruppe auch gut. Dann kam noch Oliver Schmidtlein dazu und noch weitere Fitnesstrainer aus Verstegens Team aus den USA. Es war etwas Neues, das vielen gefallen hat. Alles war auf die WM 2006 ausgerichtet, den Höhepunkt, zu dem wir fit sein wollten. Es gab viele Rückschläge. Aber die Arbeit hat Spaß gemacht, weil ein ganz neuer Zug drin war.«

Joachim Löw brachte das veränderte taktische Konzept auf folgende einfache Formel: »Die Raumaufteilung, so möchte ich das jetzt mal nennen, ist im heutigen Fußball wichtiger denn je, vor allem in der Offensive. Es geht darum, den kompletten Platz und die Räume zu besetzen. Wir wollen nicht, dass wir uns nur auf den Gegner einstellen und reagieren. Wenn ich den Mann decke, bin ich in einer Situation, in der ich nur reagieren kann. Von der Reaktion in die Aktion zu gehen, das war unser Ansinnen. Wir wollten eine Mannschaft sein, die agiert, das Spiel fußballerisch beherrscht, die Spielkultur besitzt, die dem Gegner mit ihrer Spielweise Schwierigkeiten bereitet.«

Auf dem Trainingsplatz teilten sich Löw und Klinsmann die Arbeit. Der ehemalige Angreifer Klinsmann kümmerte sich meist um das Offensivspiel, Löw um die Automatismen der Viererkette. Die Mannschaft wurde dafür häufig aufgeteilt. Um das Defensivverhalten zu schulen, sahen sich die Nationalspieler viele Videos an. »Wir lernten: Wann gilt es rauszurücken, wann muss ich mich absetzen, wenn der Gegenspieler unter Druck gesetzt wird? Darf man rausrücken, wenn der Gegenspieler, der den Ball hat, ohne Druck ist? Müssen wir uns fallen lassen, wenn er nicht einfach in den Rücken der Abwehr spielen kann?«

Die Spieler, die meisten von ihnen waren noch zu Zeiten der Manndeckung ausgebildet worden, versuchten nun, ballorientiert im Defensivverbund so weit wie möglich nach vorne aufzurücken. »Geübt wurde zunächst mit wenigen Gegenspielern«, erinnert sich Hitzlsperger. Die Viererkette mit einem, oder zwei Spielern davor, spielte gegen drei, oder vier Stürmer. Immer wieder korrigierte Löw seine Spieler bei den Übungen. Einer spielte einen langen Ball und sofort hieß es, rauszuschieben. Der Abstand zwischen dem vordersten Stürmer und der Vierer-Abwehrkette betrug dabei nur etwa dreißig Meter. Damit wenig Raum ist für den Gegner, innerhalb dessen er sich bewegen kann.

»Es waren teilweise recht alte Lehrvideos, die uns da gezeigt wurden«, so Hitzlsperger. »Die Spieler wurden auf dem Trainingsplatz gefilmt. Man hat da in Perfektion gesehen, wie verschoben wurde. Im Spiel klappte es anfangs nicht so richtig. Manchmal machte einer nicht richtig mit und dann schoben drei raus, während einer stehen blieb. Derjenige hob dann das Abseits auf, was sofort mit einem Gegentor bestraft werden konnte. Aber wir haben es immer wieder geübt und langsam Fortschritte erzielt.«

»Nur gute Laune zu verbreiten, reicht irgendwann nicht mehr.«

Für die Weltmeisterschaft 2006 hatte sich Thomas Hitzlsperger fast zwei Jahre mit der Nationalmannschaft vorbereitet. Am Ende kam er nur zehn Minuten im Spiel um Platz drei gegen Portugal zum Einsatz. Wie der Mittelfeldspieler mit der Enttäuschung umging, sagt viel über das System Profifußball.

Gab es Trainer, denen man als Mensch wichtig war, wenn man nicht gespielt hat?

Das sagen die zwar. Wie es aber wirklich ist, weiß ich nicht. Das könnte ich erst beurteilen, wenn ich selbst Trainer wäre. Jürgen Klinsmann hat mir während der Weltmeisterschaft gesagt, dass die Ersatzspieler extrem wichtig sind. Da ist es gut zu wissen, dass der Trainer einen nicht links liegen lässt. Ich glaubte fest an einen Einsatz, eventuell sogar von Beginn an, aber am Ende waren es nur zehn Minuten.

Das ist das Gegenteil von dem, was Sie sich erhofft hatten.

Genau. Ich meine, was sollte er sagen. Aber es war enttäuschend, als ich spürte, dass ich nicht spielen würde. Er sagte mir: »Du bist total wichtig, du hängst dich voll rein.« Es war schon wichtig, dass unser Fitnessteam sagte: »Super, dein Einsatz hier. Du machst die anderen noch mal besser.« Wenn man jeden Tag im Training sein Bestes gibt, hat man sich nichts vorzuwerfen. Ich habe mir dann irgendwann gesagt: Wenn ich schon bei der WM nicht zum Einsatz komme, ich mich damit zumindest gut auf die neue Saison vorbereite. Insofern habe ich mich dort auch nicht hängen lassen. Die Trainer sagten, dass alle wichtig seien. Aber als Spieler denkst du, wenn ich nicht spiele, kann ich so wichtig nicht sein. Und nur gute Laune zu verbreiten, reicht irgendwann nicht mehr. Diesen Ehrgeiz sollte jeder Spieler mitbringen.

Neben dem ballorientierten Verschieben rückte im Nationalteam die Verbesserung der Passqualität in den Mittelpunkt. Insbesondere Löw, der dem nach der WM 2006 zurückgetretenen Klinsmann als Bundestrainer nachgefolgt war, legte Wert auf genaue, flache Zuspiele und forderte diese immer wieder von seinen Spielern. »Das war ein ganz wichtiger Bestandteil«, so Hitzlsperger. »Sehr wichtig war der Flachpass, also keinen hohen Ball zu spielen. Es ist immer leichter einen Ball zu kontrollieren, der flach kommt. Teilweise sind die Trainer ausgeflippt, wenn ein hoher Ball kam. Sie riefen: ›Wir wollen Flachpässe sehen!‹ Das ist uns eingebläut worden. Der Flachpass, aber nicht immer nur direkt. Die Gefahr, Fehler zu machen, ist sonst zu groß. Es ist besser, den Ball zu kontrollieren, um ihn sauber weiterspielen zu können. Hohe Bälle waren verpönt. Es ist klar: Wenn man im Halbfeld steht und der Stürmer sich gut bewegt, spielt man ihn auch mal hoch in den Sechzehner rein. Aber meistens löst man es spielerisch, von hinten flach in die Spitze, dann über die Außen und nun kann man flanken.«

Von den Nationalspielern wurde gefordert, den Mitspieler auf dessen starken Fuß anzuspielen. Oder so zu spielen, dass er den Ball gleich mitnehmen konnte. Auch wenn kein Gegenspieler dabei stand, wurde das im Training dennoch simuliert. Fortan galt: Wer den Ball forderte, stand nicht, sondern ging erst in die Spitze, um dann wieder entgegenzukommen. Das war das Signal für den Ballführenden, dass man aufeinander achtet.

In der medialen Berichterstattung wird bestimmten Mittelfeldspielern häufiger die Qualität zugesprochen, das Tempo des Spiels zu diktieren. Es wahlweise zu beruhigen oder schnell zu machen. Bei

Xabi Alonso, der auf dem Platz eine große Ruhe ausstrahlt und dessen Pässe zum Mitspieler meist exakt ankommen, wurde dies während der Bundesliga-Hinrunde 2014/15 überhöht.

Thomas Hitzlsperger ist skeptisch. »Den Rhythmus bestimmt man nicht alleine, da ist auch immer noch ein Gegner auf dem Platz. Durch Quer- und Rückpässe kann ich das Spiel verzögern, aber gleichzeitig lade ich den Gegner zum Pressing ein. Direktspiel erhöht den Rhythmus, birgt aber die Gefahr des Fehlpasses. Ein Spieler alleine kann meiner Meinung nach nicht den Rhythmus eines Spiels bestimmen, da gehören mehrere dazu.« Wenn ein Spieler einen Pass direkt spielt, wird das Spiel schneller, als wenn er drei Kontakte hat, das ist logisch. Aber seine Mitspieler müssen sich genauso verhalten. Wenn sie den Ball wieder zurückspielen, hat der Direktpass den Rhythmus nicht verändert. Anders verhält es sich bei der Vorgabe des Trainers, zu Spielbeginn »draufzugehen«, um den Gegner unter Druck zu setzen, möglicherweise ein Tor zu erzielen und sich dann zurückzuziehen.

Geübt: das Volley-Tor zur Meisterschaft

In England wurde Thomas Hitzlsperger »Hitz the Hammer« genannt, weil ihm mit seinem harten Schuss einige Tore in der Premier League gelangen. Warum sieht man das nicht häufiger, wird allgemein zu wenig aufs Tor geschossen? »Die meisten Tore werden im Sechzehner geschossen, Tore aus der Distanz sind im Vergleich dazu selten«, sagt Hitzlsperger. »Es ist weitaus vernünftiger, Spielzüge einzustudieren, die im Sechzehner mit einem Torabschluss enden. Distanzschüsse sind aber spektakulärer und nach wie vor eine Option, wenn man eine gute Schusstechnik hat. Es sind halt die schöneren Tore. Manchmal muss man es auch probieren, weil Torhüter einen Moment unachtsam sind oder man freie Schussbahn hat. Oder weil es nass und der Ball schwer zu halten ist. Auch gibt es Abpraller, auf die man warten kann.«

Vor dem Sechzehner bleibt meist nicht viel Zeit, um sich eine Lücke auszugucken. Hitzlsperger vergleicht die Situation gerne mit Basketball, bei dem ein Spieler erst länger frei gespielt werden muss, damit er hinter der Dreipunktelinie in den Korb treffen kann. »Wenn du angespielt wirst, muss der erste Kontakt gut sein, um sich den Ball zurecht zu legen. Wenn dann keiner angreift, du eine freie Schussbahn besitzt, Zeit hast, noch einmal kurz hoch zu schauen, dann kannst du abziehen. Aber unter Druck zu schießen, wenn einer dich bereits angreift, das führt meistens zu nichts. Da muss man freie Bahn haben.«

Der Vorteil des »falschen Fußes«

Während wir gerade über die Schusstechnik sprechen, ist es höchste Zeit für eine Anekdote aus Stuttgart. Meist spielte Thomas Hitzlsperger beim VfB im zentralen Mittelfeld. Sehr selten kamen Trainer auf die Idee, mit dem Linksfuß und guten Schützen, den Vorteil des »falschen Fußes« auszuspielen. Damit ist gemeint, dass der Spieler von außen nach innen zieht und den Ball auf seinen starken Fuß legen kann. Bekanntestes Beispiel ist Arjen Robben, der auf diese Weise schon zahlreiche Tore erzielt hat, aber auch Philipp Lahm hatte als Rechtsfuß von links kommend das 1:0 im Eröffnungsspiel der WM 2006 gegen Costa Rica so erzielt.

Hitzlsperger hat wenig schöne Erinnerungen an diesen taktischen Schachzug. Beim VfB setzte ihn Trainer Giovanni Trapattoni ein einziges Mal rechts außen im Mittelfeld ein. Bei einem Abendspiel im Februar 2006 gegen den Hamburger SV, das die Stuttgarter mit 0:2 verloren. »Ich wurde noch vor der Halbzeit ausgewechselt und danach habe ich ausschließlich im zentralen Mittelfeld gespielt.«

Eines seiner schönsten Tore gelang Hitzlsperger am letzten Spieltag der Meistersaison 2006/07 im Trikot des VfB Stuttgart. Die Schwaben lagen gegen Energie Cottbus 0:1 zurück, als er eine Ecke des Mexikaners Pavel Pardo aus dem Rückraum in den linken Winkel des Cottbuser Tores hämmerte. Auf die Frage, ob dieser Ball aus über 25 Metern eingeübt war, sagt der Schütze: »Wir haben Standards einstudiert und auch diese Variante. Es war eine Option, dass ich aus dem Rückraum komme, erst einmal unbeteiligt bin, sodass keiner mit mir rechnet und ich dann Richtung Strafraum gehe. Der Eckenschütze wusste natürlich, dass er diesen Ball spielen kann, weil ich dann dort bin. Wir hatten es von beiden Seiten probiert. Dass es ausgerechnet an diesem Spieltag passierte, war besonders wertvoll. Genau an diesem Tag. Das war ein Traum. Ich weiß nicht, ob ich bei dieser Variante im Training jemals getroffen habe. Vielleicht, aber nicht so spektakulär.«

Ist ein solcher Trick eine seriöse Option? Schon, aber die ausführende Mannschaft muss mit Ballverlust und anschließendem Konter rechnen. Für den Erfolg muss alles passen: Der Gegner muss den Torschützen frei stehen lassen und der Eckenschütze muss den Ball präzise zum Mitspieler schlagen. Ein weiter Weg, bei dem der Ball lange unterwegs ist und durch einen herausrückenden Verteidiger abgefangen werden könnte. Für den VfB hat es im »Meisterschaftsfinale« 2007 dennoch geklappt. Es kann sich also lohnen, Eckstoßvarianten zu trainieren, wie es Trainer Armin Veh mit dem VfB Stuttgart gemacht hat.

Gegen Ende des Gespräches reden wir noch ein wenig über taktische Feinheiten wie die Raute im Mittelfeld, die Veh im Meisterjahr häufig, aber nicht durchgehend spielen ließ. »Ich kann gar nicht mehr sagen, ob wir damals soviel variiert haben«, muss Hitzlsperger etwas grübeln und geht im Kopf die damaligen Aufstellungen durch. »Doch stimmt, ein paar Mal haben wir auch im 4-3-3 gespielt. In der Rückrunde war Benny Lauth da. Der hat dann auch mal Linksaußen gespielt. Und mit Daniel Bierofka hatten wir noch so einen typischer Außenstürmer.« Thomas Hitzlsperger lebt im Hier und Jetzt. Die Analyse des gestrigen Spiels der Bayern ist ihm deutlich präsenter als die eigenen Heldentaten der Vergangenheit.

Ihn ein Spiel im Fernsehen kommentieren zu hören, wäre eine reizvolle Angelegenheit. Doch für den Moment ist es der Analyse genug.

Bevor Hitzlsperger zum nächsten Interviewtermin fährt, bringt er die leere *Bionade*-Flasche zurück zum Tresen, wo man in diesem Café die Rechnung bezahlen muss. Ordnung muss sein, nicht nur auf dem Spielfeld.

Zur Person

Im September 2013 beendete Thomas Hitzlsperger mit gerade einmal 31 Jahren seine Profikarriere aufgrund zahlreicher Verletzungen. Zuletzt hatte der Mittelfeldspieler für den FC Everton in der Premier League gespielt. Auf der Insel hatte er sich wegen seines harten Schusses den Beinamen »Hitz the Hammer« erworben. Bereits als 18-Jähriger wagte er den Schritt aus der Jugend von Bayern München nach Birmingham zu Aston Villa – und wurde für seinen Mut belohnt. Nach einem Jahr in der Jugendabteilung des Klubs, spielte Hitzlsperger von 2001 bis 2005 für das Profiteam von Aston Villa. Während dieser Zeit berief ihn Jürgen Klinsmann 2004 erstmals in die Nationalelf, für die er insgesamt 52 Länderspiele bestritt. 2005 kehrte Hitzlsperger nach Deutschland zurück und wurde mit dem VfB Stuttgart 2007 Deutscher Meister. Seine weiteren Stationen: Lazio Rom, West Ham United, VfL Wolfsburg und FC Everton. Als Fernsehexperte war Thomas Hitzlsperger unter anderem beim Confederations-Cup 2017 und bei der Weltmeisterschaft 2018 für die ARD im Einsatz. Beim VfB Stuttgart begann der ehemalige Profi 2016 in der Schnittstelle zwischen Vorstand und Lizenzspielern zu arbeiten. Beim VfB ist er Präsidiumsmitglied, seit Oktober 2019 sogar Vorstandsvorsitzender.

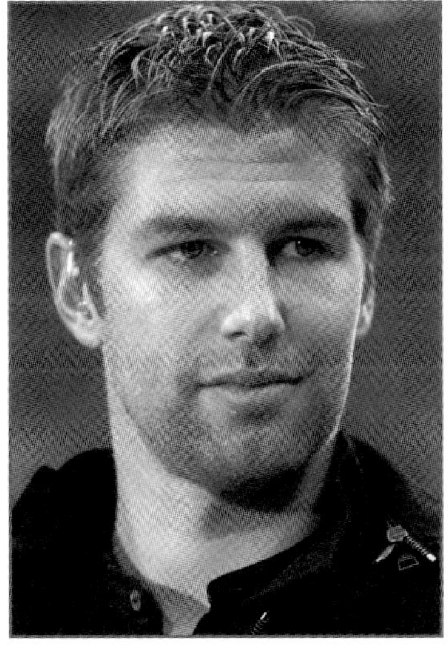

Im Labor – was der Fußball vom Hockey lernen kann und was nicht

Interview mit Hockey-Bundestrainer Markus Weise: »Es hat klick gemacht«

Die beiden Männer auf dem Videoturm wissen es besser. »Wir müssen entweder etwas weiter nach vorne schieben oder zurück«, sagt einer von ihnen in sein Funkgerät. Adressat der Botschaft ist Hockey-Bundestrainer Markus Weise, der unten neben der Ersatzbank steht. Mit seinem Headset steht er in Kontakt zu seinen Videoanalysten auf dem Turm, der hinter einem der beiden Tore aufgebaut wurde.

Ein derartiger Wissensaustausch während des Spiels wird Fußballtrainern vom verstaubten Regelwerk der Verbände nicht gestattet. Sie bleiben beim Coaching auf ihr verengtes Sichtfeld an der Seitenlinie beschränkt. Wenn es nach Weise ginge, wäre das anders. »Im Fußball sollte es erlaubt sein, eigene Aufnahmen des Spiels zu machen, und zwar aus mannschaftstaktisch relevanter Perspektive«, findet er. »Die Zusammenhänge, die im Spiel existieren, werden dort am ehesten klar.«

Mit dieser Sichtweise steht Weise nicht allein. Im englischen Fußball wurde der »Tactic View« bereits in den 1970er-Jahren so sehr geschätzt, dass sich Liverpools Coach Bob Paisley stets die erste Hälfte von oben auf der Tribüne anschaute, ehe er nach seiner Kabinenansprache auf die Trainerbank ging. In der Bundesliga sorgte schon die Ankündigung von Berti Vogts im Jahr 2000, zukünftig die ersten 30 Minuten oben sitzen zu wollen, für einen Aufschrei unter den Traditionalisten.

Aber zurück zum Hockey, wo Weise selbst während des Spiels auf aktuelles Videomaterial zurückgreifen kann. Auf der Ersatzbank steht sein Laptop, dort werden aktuelle Aufnahmen vom Videoturm eingespielt. »Wir können dadurch auch manchmal während des

Spiels direkt an der Bank Video gucken. Das bezieht sich zwar meistens auf die Strafecken, aber immer wieder auch mal auf ein Pressing für oder gegen uns«, sagt Weise. Das ergibt Sinn, weil beim Hockey das so genannte »Interchanging« erlaubt ist: Alle 16 Feldspieler des Kaders dürfen während des Spiels beliebig oft wieder ein- und ausgewechselt werden. Während sich die Angreifer auf der Bank erholen, kann ihnen jemand aus dem Trainerteam kleinere Korrekturen an den Laufwegen am Laptop zeigen.

Relativ selten werden bei den deutschen Hockeyherren allerdings Videos in der Halbzeit gezeigt. Mit zehn Minuten ist die Halbzeitpause ein Drittel kürzer als im Fußball, das Trainerteam hat »immer eine Riesenliste und muss die Liste erst mal auf ganz wenige Punkte zusammenstreichen. Die Aufnahmekapazität der Jungs im Spiel ist beschränkt.«

Im Herbst 2006 wurde Markus Weise Nachfolger von Bernhard Peters. Weise hat ihn häufiger als sein Vorbild im Hockey bezeichnet. Was die olympische Erfolgsbilanz betrifft, hat ihn der zwei Jahre jüngere Weise allerdings überholt: Mit den Damen (2004 in Athen) und den Herren (2008 in Peking, 2012 in London) hat er die Goldmedaille gewonnen. »Ich bin immer in Kontakt zu Bernhard geblieben«, sagt Weise. Nun leben beide in derselben Stadt, seitdem Peters im Sommer 2014 Nachwuchsdirektor beim Hamburger SV wurde.

Weise tauscht sich regelmäßig mit dem Sportwissenschaftler Karsten Schumann aus, der beim FC Bayern enger Mitarbeiter von Sportvorstand Matthias Sammer ist. Von den Gesprächen profitieren beide, da es zwischen Hockey und Fußball einige Gemeinsamkeiten gibt: Die Spielfläche ist annähernd gleich groß, die Anzahl der Spieler ist identisch. Ebenso gleicht sich der grundsätzliche Spielgedanke, Tore zu erzielen. Dadurch ergeben sich Ähnlichkeiten bei den Laufwegen im Angriffs- und Abwehrverhalten sowie beim gruppen- und individualtaktischen Verhalten. Im gesamttaktischen Bereich ist es in beiden Sportarten wichtig, die Fläche zu verdichten. Aber es gibt auch wichtige Unterschiede: Der augenfälligste ist das unterschiedliche Spielgerät, der Hockeystock, und dass es im Hockey seit einigen

Jahren kein Abseits mehr gibt. Weise hat in einem Fragebogen seine eigene Antwort gegeben: »Der Unterschied? Im Hockey machen Kopfbälle nicht so richtig viel Spaß.«

Zum Gespräch sind wir in einem Hotel in Hamburg-Heimfeld verabredet. Markus Weise, Jahrgang 1962, sieht deutlich jünger aus. Er trägt Turnschuhe, Jeans und Hoodie. Mit seiner Familie wohnt der gebürtige Mannheimer gleich um die Ecke. Dort warten an diesem Freitagmorgen 93 unbeantwortete E-Mails auf seinem Rechner. »Das liebe ich«, sagt Weise und rollt mit den Augen, »die ganze Lehrgangsvorbereitung und Bürokratie.« Mit seiner Fähigkeit zur Selbstironie verblüfft Weise bisweilen selbst seine Nationalspieler, mit denen er die Qualifikation für die Olympischen Sommerspiele in Rio de Janeiro 2016 schaffen will. Es werden vermutlich seine letzten als Bundestrainer sein.

Herr Weise, Sie verwenden in der Hockey-Nationalmannschaft den Begriff »taktischer IQ«. Was verstehen Sie unter diesem Intelligenzquotienten?

MARKUS WEISE: Gute Spieler sind letztlich Spieler mit einer besonderen Spielintelligenz. Deshalb versuchen wir, den taktischen IQ zu entwickeln. Man muss den Gegner vor stetig sich wandelnde Probleme stellen. Wenn der viel damit zu tun hat, diese Probleme zu lösen, hast du eine größere Chance, dominanter zu spielen und schneller die Initiative zu ergreifen. Einen Zustand zu erreichen, damit mehr nach deinen Regeln gespielt wird und der Gegner sich stärker in diesen Problemen verheddert, als dass er Lösungen findet.

Wie lange dauert es, diesen IQ zu entwickeln?

Leider sehr lange. Letztlich erreicht man das, indem man mit den Möglichkeiten spielt. Indem man sich überlegt: Was will der Gegner? Dabei geht es um bestimmte wiederkehrende Muster. Wenn man das weiß und erkennen kann, kann man im nächsten Schritt selbst Dinge entwickeln oder auch Sachen verschleiern. Das ist ein relativ anspruchsvolles Spielchen.

Leichter ist es, den Spielern alles vorzugeben.

Das ist sehr leicht, aber auch limitiert. Wenn man taktisch mehr macht, gibt es eine bestimmte vorgegebene Struktur wie beispielsweise ein 4-3-3-System und dazu kommen bestimmte Handlungsprinzipien. Trotzdem gibt es einen gewollten Handlungsfreiraum für die Spieler, in der jeweiligen Situation ihre Entscheidungen selbst zu treffen. Das ist anspruchsvoller und schwieriger zu erreichen. Man braucht eine Lernumgebung, in der die Jungs immer wieder herausfordernde Probleme lösen. Sie müssen für sich selbst abchecken, in welche Richtung es gehen könnte. Auf alle Fälle ist es ein Prozess, der einige Jahre dauert. Wir haben momentan eine Gruppe, die hierbei sehr fit ist. Die neuen Jungs müssen sich reinarbeiten. Damit besteht eine Spannung in der Gesamtgruppe. Auf der einen Seite ein hoher Erfahrungsschatz, auf der anderen Seite viel Luft nach oben. Wenn der Austausch zwischen den Spielern gut ist, haben die jüngeren größere Chancen, schneller ranzukommen.

Lothar Linz, der ehemalige Psychologe der Hockey-Nationalmannschaft, hatte die Spieler gebeten, negative Dinge auf Zettel zu schreiben und diese zu vernichten. Was machen Sie?

Wir haben auch einen Mannschaftspsychologen. Unserer heißt Michi Kuhn. Wir haben noch keine Listen geschrieben und die dann verbrannt. Das kann man alles machen. Wir machen andere Sachen.

Welche?

Wir haben beispielsweise bei den Olympischen Spielen in London mit Fingerpuppen gearbeitet oder die Jungs Artikel für die Zeitung vom nächsten Tag schreiben lassen. Letztendlich geht es darum, einen mental stärkeren Spieler zu entwickeln, der sich nicht so leicht von äußeren Einflussfaktoren ablenken lässt. Bei der Wahl der Mittel gibt es viele Möglichkeiten. Die müssen immer zur Mannschaft oder zum einzelnen Spieler passen. Man muss ein Gefühl dafür entwickeln, was mit der jeweiligen Mannschaft geht. Ich will ein mental stabiles Wettkampf-Ich und -Wir entwickeln. Wenn wir das schaffen, ist es gut. Wenn nicht, haben wir vielleicht die falschen Methoden angewendet.

Wodurch zeichnen sich mental starke Spieler aus?

Wenn die Mannschaft stabil auf der Wiese steht, ist es nicht mehr so schlimm, dass der Schiri nur Mist pfeift. Dass ich gefoult werde. Dass es nicht so läuft, wie ich es gerne hätte. Dann kann ich Ungerechtigkeit aushalten, negative Einflüsse ausblenden. Ich mache »einfach« nur meinen Job, ich wende Wissen an, ich bleibe total konsequent auf der Handlungsebene. Dadurch steigere ich die Wahrscheinlichkeit, dass der Erfolg für mich abfällt.

Setzt das voraus, negative Einflüsse vorab durchzuspielen?

Es ist eine Möglichkeit, dass man Szenarien durchspielt. Das kann man für sich machen. Man kann als Spieler Visualisierungstraining machen, und vor dem Schlafengehen das nächste Spiel schon mal vorweg nehmen. Man kann die Zweikämpfe gegen einen unangenehmen Gegenspieler durchspielen. Ich kann eigentlich meinen eigenen Film machen. Interessant ist, dass das, was ich mir vorstelle, dann auch in der Realität eintrifft. Man kann sich im gewissen Sinne programmieren. Ist eine sehr hilfreiche Technik. Und es gibt noch einen ganzen Werkzeugkasten an Dingen, die man ausprobieren kann.

Was ist Ihr Eindruck: Wird mit Sportpsychologen im Profibereich eher im Verborgenen gearbeitet?

Wir sind schon eine ganze Weile dabei. Andere haben etwas länger gebraucht oder trauen sich nicht in die Öffentlichkeit. Mentales Training wird zuweilen noch immer mit Psychotherapie verwechselt. Es ist immer die Frage: Findet der Psychologe, findet der Mentalcoach den Zugang zum Athleten? Bei dem Thema sagt der eine oder andere: »Brauche ich nicht. Ich bin schon stabil.« Ob das dann stimmt, wissen wir nicht. Es ist eine Frage des Nutzens: Wenn der Spieler den nicht sieht, dann wird er nicht mitarbeiten.

Geschwafel durch den »Bullshit-Filter«

Wenn in der Fußball-Bundesliga der Hamburger SV gegen den Aufsteiger SC Paderborn 0:3 verliert, läuft dann bei den HSV-Profis ein Film mit Negativereignissen ab?

Ja, das könnte der Klassiker sein. Es ist sehr fragwürdig, mit einem Gedanken wie, »egal wie das Spiel läuft, wir werden es schon irgendwie gewinnen«, in solch ein Spiel zu gehen. Ich glaube aber nicht, dass die Spielvorbereitung so war. Aber es könnte sein. Das wird natürlich gerne auch von außen gepuscht. »So ein Spiel, das muss man einfach gewinnen!« Schon diesen Ansatz halte ich für höchst fragwürdig. Statt um die konkrete Handlungsebene geht es um Phrasen.

Wie sollte man mit diesen Einflüssen umgehen?

Dieses ganze Geschwafel sollte man durch einen »Bullshit-Filter« laufen lassen. Das ist einfach nur Quatsch, das hilft mir nicht. Es ist fast völlig egal, ob der Gegner Paderborn oder Bayern heißt. Die Anforderung ist eine andere. Und ich muss dann in der Situation mit den entsprechenden Anforderungen umgehen. Wie die Mannschaft spielt, ob sie keinen Spielanspruch hat – damit muss ich umgehen. Ob sie Aufsteiger sind, oder ein rotes Trikot haben – das muss mir relativ egal sein. Man kann in der Bundesliga nicht einfach aufs Spielfeld gehen und gewinnen. Das sieht man selbst bei Bayern München.

Wie stellt man die Mannschaft ein?

Auf der Handlungsebene sollte es so etwas wie einen Spielplan geben, an den hält man sich. Ich weiß doch, dass der Gegner sehr tief steht und vielleicht nur vier- oder fünfmal in unsere Hälfte kommt. Aber bei diesen vier oder fünf Ausflügen können sie uns relativ wehtun. Was strebe ich also an mit meinem Ballbesitz und wie sichere ich konsequent die Konter ab? Auf diese Fragen müssen die Spieler im Eiltempo Antworten auf dem Spielfeld liefern.

Wie ist es für Ihre Spieler, bei der WM in den Niederlanden vor 15 000 und drei Wochen später in der Bundesliga vor 120 Zuschauern zu spielen?

Beim Hockey ist es so, dass ich nicht in eine große Depression verfallen darf, wenn da nur 120 Zuschauer am Rand stehen. Wenn ich keinen Ton höre und das Atmen meines Gegenspielers das lauteste Geräusch ist. Es ist meine Entscheidung. Die fällt in meinem Kopf. Hat es Einfluss auf meine Spielleistung, lasse ich das zu: Ja oder Nein?

Sie haben beim Torschusstraining die These vertreten, dass man nicht richtig trainiert hat, wenn der Ball an den Pfosten oder knapp vorbei geht. Aber wie trainiert man das am besten?

Das ist vielleicht eine Mentalitätssache. Man bräuchte relativ hohe Wiederholungszahlen und auch ein Qualitätsziel. Und das sehe ich die meiste Zeit im deutschen Torschusstraining nicht. Da kann man qualitative Unterschiede feststellen, zum Beispiel zu den Top-Nationen im Hockey wie Australien. Wie hart und genau schießen die? Wir können auch hart schießen. Wäre ein spannendes Trefferbild, wenn man das mal aufzeichnen würde. Dann wäre dieser Torraum relativ großflächig getroffen. Aber es müsste wie beim Golftraining aussehen, wenn die Golfer ein Annäherungstraining an die Fahne machen. Bei einem guten Golfer liegen die Bälle alle an der Fahne, bei einem schlechteren liegen sie zwar auf dem Grün, aber die Streuung ist sehr viel größer. Daran merkt man den qualitativen Unterschied. Das Gleiche kann man im Torschusstraining auch sehen. Wenn die Kugel rechts oder links oben einschlägt, dann feiern die Jungs sich. Die neun anderen schwachen Schüsse blenden sie komplett aus. Das kann man machen, das ist auch eine Form von Stabilität. Mir wäre die Kombination aus Stabilität und Qualität lieber. Da gibt es noch Leistungspotenzial, glaube ich.

Sie lassen beim Torschusstraining Rechenaufgaben lösen. Dient das der Verbesserung der Handlungsschnelligkeit?

Es ist eine Anreicherung des Trainings und eine Druckbedingung mehr. Die Jungs müssen dieses super langweilige Techniktraining bei der Strafecke machen. Mit Tausenden von Wiederholungen. Dabei schläfst du fast ein. Dein Gehirn kann sich bei Störungen nicht auf den gewohnten Eckenablauf konzentrieren und wird aufgeweckt und überfordert. Du musst jetzt diese Störung beheben, und dann doch wieder deinen gewohnten Ablauf machen. Das ist auch eine Form von Spielnähe. Wie kommt der Spieler mit der Störung klar? Wenn ihn das komplett aus der Ablaufbahn wirft, ist das kein gutes Zeichen. Die guten Leute können sich stören lassen und kriegen den Ablauf dennoch hin.

Im olympischen Halbfinale mit ungewohntem Fünfer-Aufbau

Wie haben Sie Ihre Mannschaft vor dem mit 4:2 gewonnenen olympischen Halbfinale in London gegen Australien eingestellt?

Das Australien-Spiel haben wir, denke ich, ganz gut vorbereitet. Vor dem Halbfinale haben die Jungs über dieses Spiel Zeitungsartikel geschrieben. Ein Artikel hat auch das richtige Ergebnis vorhergesagt. Das ist im Prinzip das Gleiche wie zu visualisieren. Interessanterweise gibt es da eine relativ hohe Korrelation. Man kann sozusagen seine eigene zukünftige Geschichte schreiben. Damit die Dinge, die man schreibt, auch eher eintreffen. Am Vorabend des Spiels haben wir in der späten Besprechung über Mut gesprochen. Wir haben uns im Trainerteam im Nachgang überlegt, was wir eigentlich taktisch machen wollen. Wir haben uns für einen Fünfer-Aufbau entschieden. Das hatten wir zwar schon öfter gemacht, aber nicht in der angestrebten Form. Das war komplett neu für die Spieler.

Wie haben sie reagiert?

Wir haben das am Morgen in der ersten Taktikbesprechung am Spieltag verkaufen müssen. Weil wir am Vorabend über Mut gesprochen hatten, konnten wir den Zusammenhang herstellen. Die Jungs sahen, dass es eine gute Idee ist, die passen könnte, weil sie unseren persönlichen Stärken entspricht. Diese persönlichen Stärken waren eingebunden ins taktische Konzept. Da hat man in dieser Besprechung gemerkt, dass es »klick, klick, klick« bei den Spielern gemacht hat. Da ist eine hohe Akzeptanz, das finden sie gut. Es ist zwar jetzt neu, aber es passt, es ist stimmig. Man fühlt ja, dass so eine Resonanz im Raum ist. Die Jungs haben relativ schnell verstanden, dass das die richtige Idee ist. Das haben wir dann auch so durchgezogen und es hat sehr gut geklappt.

Streng genommen hatten die Spieler das also noch nie zuvor geübt.

Genau. Wir kennen zwar den Fünfer-Aufbau als Struktur, aber so wie wir es spielten, hatten wir es nicht geübt. Das gehört zum Thema »Mut«. Man muss in bestimmten Situationen den Mut haben, auch Untrainiertes zu machen. Das kann man bei Topleuten aus anderen Sportarten beobachten. Egal, ob du dir diese wahnsinnigen Surfer ansiehst, die auf einmal anders als sonst auf dem Brett stehen. Es passt gerade zu dieser Welle. Die linke Hand muss vorne sein, statt wie sonst die rechte. Du weißt, du musst es jetzt so machen, sonst »schreddert« dich die Welle. Durch diese viele Bewegungserfahrungen kannst du diesen Mut auch entwickeln. Es macht »klick«. Du weißt, du musst es so machen. Das ist es jetzt. Das kannst du auch in komplexeren Gebilden wie in Mannschaftssportarten vorbereiten. Dann machst du es halt, auch wenn es das olympische Halbfinale ist. Den Fünfer-Aufbau hatte ich zuvor auch bei den Mädels im EM-Finale 2005 gegen Holland spielen lassen. Es war komplett neu damals, nie geübt. Wir haben zwar verloren, aber die Mädels haben es sehr gut gemacht. Wir hätten auch gewinnen können.

In Ihren Mannschaften geht so etwas.

Es ist immer eine Frage, was für eine Kultur in der Mannschaft herrscht. Hast du eine Kultur, in der alles vorgegeben ist, dann wird so ein »Break« schwer. Gibt es Freiräume für die Spieler, kann man so etwas eher machen. Das hat viel mit Freiräumen zu tun.

Gibt es diese Freiräume auch im Fußball, wenn Pep Guardiola Lionel Messi als sogenannte »falsche Neun« gegen Real Madrid spielen lässt?
Bei Guardiola kann ich das nicht gut genug beurteilen. Aber man sieht ja, dass eine hohe Flexibilität gefordert ist. Früher hat man nur mal die Position gewechselt, jetzt wechseln Spieler auch ihre Rollen. Man muss dann mal kurz Mittelstürmer, meinetwegen falsche Neun, spielen. Moderne Spieler sind heute nicht nur rechte Außenbahnspieler und spulen ihr Programm ab: immer das Gleiche, immer schön die Linie rauf und runter und das war's. Du musst heute dein Verhalten an die Situation auf dem Spielfeld anpassen können. Das können gut geschulte und intelligentere Mannschaften besser als die, die nur Standards draufhaben.

Lionel Messi kann das.
Messi geht dahin, wo er die größte Wirkung erzielt. Das kann mal auf der Neun sein, mal woanders. Das hängt davon ab, wie die anderen gegen ihn verteidigen. Wenn ich immer zwei Verteidiger an der Backe habe, gibt es irgendwo eine Überzahl. Dann könnte ich ja Messi oder jemand anderen nutzen, um den Ball dorthin zu spielen. Aber dazu muss ich es erkennen. Ich muss die Muster erkennen. Dann kann ich provozieren und schicke meine größte Bedrohung dorthin. Damit provoziere ich ein gedoppeltes Abwehrverhalten und kann den frei werdenden Raum ausnutzen.

Coaching-Schleife läuft im Zick-Zack

Das wäre der taktische IQ?
Wenn Sie so wollen, ja. Wenn ich das nicht erkennen kann, oder nicht geübt habe, geht es nicht. Es ist nur ein temporärer Vor-

teil. Dieses Fenster ist nur ganz kurz offen. Wenn ich jedes Mal fünf Minuten brauche, ist es wieder zu. Daher können variablere, taktisch intelligentere Mannschaften, temporäre Vorteile besser provozieren und nutzen als Mannschaften, die nur Standard spielen.

Wird im Training der Hockey-Nationalmannschaft positionsspezifisch gearbeitet?

Es ist vielleicht eine Frage der Begriffe. Wir versuchen, in Handlungsprinzipien zu trainieren. Das könnte man auch noch positionsspezifisch verbinden. Die Antwort darauf ist: jein. Wir machen auch mal etwas klassisch Positionsspezifisches wie das Abrollen im Mittelfeld – aber letztlich immer in Verbindung mit ganz spezifischen Handlungsprinzipien.

Die Spieler bekommen auch individuelle Videosequenzen?

Ja, die bekommen sie. Letztlich geht es immer um eine Art Coachingschleife. Du hast etwas vor, dann machst du es im Training, es gibt Feedback und danach gibt es auf einem höheren Niveau neue Handlungsabläufe. Das ist der Lernprozess. Du hängst wahnsinnig viele Schleifen aneinander. Wenn du Zeit und Leistung ins Verhältnis setzt, hast du eine hoffentlich positiv verlaufende Lernkurve.

Die verläuft nicht immer grade?

Nein. Die läuft wie ein Aktienkurs rauf und runter. Es gibt so viele Einflussfaktoren. Viele Spieler wissen so viel, können es aber nicht immer anwenden. Weil sie vielleicht angeschlagen sind, eine Verletzung hatten oder gerade in einem seelischen Tief sind. Oder weil sie sich schlecht ernähren. Da gibt es viele Möglichkeiten. Nicht jeder Top-Spieler ist immer in der Lage, Top-Leistungen zu bringen. Top-Spieler sind aber in der Lage, nicht unter 80 Prozent abzurufen. Jüngere Spieler haben größere Schwankungen. Über verschiedene Übungen geben wir immer wieder Input, in Einzelgesprächen, Gruppengesprächen und als Mannschaft. Die Spieler untereinander sollen sich Feedback geben. So erhältst du eine Art Feedbackkultur und damit eine Lernumgebung, die dich hoffentlich weiterbringt.

Haben Sie sich wie Ihr Vorgänger Bernhard Peters beim Coaching filmen lassen?

Ja, die Uni Bielefeld hat mich und die Mannschaft im Trainingsalltag und bei einem Vier-Nationen-Turnier gefilmt. Daraus wurden uns anschließend rund 40 Szenen gezeigt. Das war sehr hart, aber lohnenswert und ein sehr spannendes Feedback in Sachen Trainerkompetenz.

Peters schreibt in seinem Buch Führungs-Spiel *»Jeder in der Gruppe ist einzigartig.«*

Genau. Ich glaube, es ist in Gruppen im Sport oder in der Wirtschaft eine Frage deiner Führungskompetenz. Wie kompetent bist du? Was erkennst du in diesem einzelnen Spieler? Was bietet dir dieser Spieler an persönlicher Stärke an? Klar hast du deine Idealvorstellung. Klar kannst du mit deiner Idealvorstellung herumlaufen und verlangen, dass alle nach deiner Idealvorstellung spielen und sich entwickeln. Das dürfte im richtigen Leben recht schnell zum Scheitern verurteilt sein. Ich habe nicht nur Superman in der Mannschaft. Ich habe auch Charlie Brown, sozusagen. Der hat aber auch ganz persönliche Stärken und die Frage ist, wie ich die auf die Wiese bekomme. Ich muss auf der einen Seite Charly Brown zu Superman entwickeln, ihn besser machen. Aber ich muss gleichzeitig sehen, was er jetzt schon kann. Diese beiden Aspekte sind Ausdruck deines Coaching-Talents und deiner Führungskompetenz. Kommunikationsstärke im Sinne von echter gegenseitiger Verständigung und Verhaltenssteuerung ist ein knappes Gut.

Das heißt?

Kommuniziere ich nur mit dem Medium der Macht, sage ich dem Spieler, was er zu tun hat. Als Bundestrainer ist der Spieler sozusagen mein Erfüllungsgehilfe. Das kann man machen. Du gibst Ziele vor, erreicht der Spieler diese, kann er weiter mitmachen. Wenn nicht, fliegt er raus, dann nehme ich einen anderen. Ich glaube, dass dies eine sehr limitierte Form der Weiterentwicklung von persönlicher Stärke ist. Sinnvoller ist der stetige Austausch. Ich teile dem Spieler mit, was ich sehe und er meiner Meinung nach erreichen kann. Der Spieler teilt mir seine Gedanken mit. Je offener, je ehrlicher, je vertrauensvoller dieser Umgang ist, desto besser. Dann arbeitet man auf einer ganz anderen Ebene zusammen. Auf diese Weise ist sehr viel mehr Entwicklung in kürzerer Zeit möglich. Das gilt für beide Seiten!

Worauf kommt es dabei an?

Es ist eine Frage des Miteinanders. Wenn man das nur auf die eine Art der Zusammenarbeit reduziert – Hockey, Fußball, Marketing oder was auch immer – und den ganzen Menschen außen vor lässt, kann man gute Leistungen erzielen. Aber keine herausragenden. Ein Hochleistungs-Team entsteht erst, wenn eine klare Vertrauensebene da ist. Die bildet sich eher nicht, wenn die Chemie nicht stimmt und man sich nicht ausstehen kann. Ein Team muss nicht aus elf Freunden bestehen, aber es geht um vertrauensvollen, respektvollen und wertschätzenden Umgang. Dann spielt man halt mal nicht Hockey, sondern etwas anderes. Ich will damit nicht sagen, dass wir in den Klettergarten gehen müssen und damit gleich Teambuilding gemacht haben. Das beste Teambuilding ist harte gemeinsame Arbeit, hartes gemeinsames Training. Wir sind alle dabei und hängen uns alle rein. Zusätzlich ziehst du auch mal beim Lehrgang in Südafrika los, um Löwen anzugucken. Oder du machst mal etwas völlig anderes und gewinnst Austausch auf einer anderen Ebene.

Und man lädt, wie Ihr Vorgänger Bernhard Peters, die Mannschaft zur eigenen Hochzeit ein?
Das kann man machen, wenn die Jungs Bock drauf haben. (lacht)

Zur Person

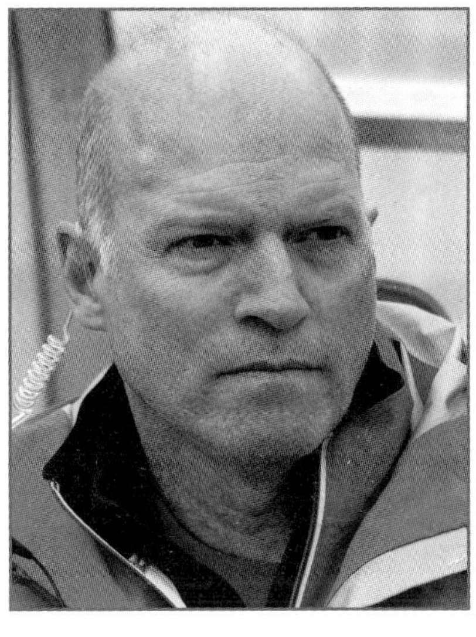

Markus Weise, Jahrgang 1962, begann als Neunjähriger beim TSV Mannheim Hockey zu spielen, dort, wo er später die Damenmannschaft in der Bundesliga trainierte. Mit der Damenhockey-Nationalmannschaft gewann er 2004 sensationell die Goldmedaille bei den Olympischen Spielen in Athen. Im Herbst 2006 übernahm er die Herren des Deutschen Hockeybundes (DHB). Mit ihnen gewann er 2008 in Peking und 2012 in London ebenfalls Gold. 2011 wurde er vom Deutschen Olympischen Sportbund als »Trainer des Jahres« ausgezeichnet. In mehreren Interviews hat sich Markus Weise kritisch mit der Sportförderung in Deutschland auseinandergesetzt, die zu sehr auf den Gewinn von Medaillen fixiert sei. Hingegen werde vom Sportlehrer im Schulsport häufig nur ein Ball in die Mitte gelegt, währende die individuelle Förderung fehle. Der Sport müsse »Staatsangelegenheit« werden, da sich in der Forschung herausgestellt habe, dass er sich auch auf andere Bereiche leistungsfördernd auswirke.
Im November 2015 wechselte Markus Weise überraschend vom Hockey zum Fußball. Beim Deutschen Fußball-Bund war er fast vier Jahre an der Entwicklung der Akademie in Frankfurt am Main beteiligt. Er baute dort die Abteilung »Entwicklung und Innovation« auf. Um häufiger bei seiner in Hamburg lebenden Familie sein zu können, verließ er den DFB im Juli 2019 auf eigenen Wunsch.

Die verhinderte Revolution mit Bernhard Peters

Rund um Oliver Kahn herrschte dichtes Gedränge, am Tisch von Fitnesscoach Mark Verstegen waren noch einige Plätze frei – doch keiner beachtete den großgewachsenen Bernhard Peters, der alleine an eine Fensterbank gelehnt am Literaturhauscafé in Hamburg stand. Als der Deutsche Fußball-Bund im Herbst 2005 zum Medientag geladen hatte, war der damalige Hockey-Bundestrainer bereits seit einem Jahr informeller Ratgeber von Jürgen Klinsmann, ohne dass die Öffentlichkeit davon nennenswert Notiz genommen hätte.

Peters hatte Klinsmann im Herbst 2004 mit einer Präsentation über die Arbeit mit der Hockey-Nationalmannschaft beeindruckt. In seinem Buch *Führungs-Spiel* erinnert sich Peters an seinen ersten Besuch bei der Fußball-Nationalelf vor dem Länderspiel gegen Brasilien in einem Berliner Hotel: »Per Beamer warf ich, direkt aus dem Laptop, verschiedene Trainingsprinzipien und Vorbereitungskonzepte an die Wand des Sitzungssaals, um zu zeigen, wie wir uns auf die Olympischen Spiele und die Weltmeisterschaften vorbereitet hatten. Ich redete viel über die Aufgaben meiner Kollegen aus dem Trainerstab, der Spezialisten in ihren jeweiligen Bereichen, sprach über individuelle Leistungsdiagnostik im Bereich der Athletik und die daraus resultierende Trainingsplanung.«*

Ein wichtiger Baustein für den damaligen Hockey-Bundestrainer war die Zusammenarbeit mit einem Sportpsychologen. Auf Empfehlung von Peters begann Hans-Dieter Herrmann, der seit den Olympischen Spielen 2004 zum Betreuerstab der Hockeyherren gehörte, nun auch für die Fußball-Nationalmannschaft zu arbeiten.

Neu für Klinsmann war außerdem, wie umfangreich Peters und sein Trainerstab Videomaterial zur Analyse einsetzte. »Für jeden Spieler gab es individuelle DVDs mit Schwachstellen und guten Szenen.«* Manchmal wurden schon in der Halbzeitpause aktuelle

---

* Zitiert aus dem Buch *Führungs-Spiel*, S. 259 ff.

Videos aus dem Spiel gezeigt, um den Spielern taktische Lösungen visuell vermitteln zu können. Klinsmann hatte vieles aus der Präsentation mitgeschrieben. Einiges, wie die Zusammenarbeit mit dem Sportpsychologen, übernahm er relativ kurzfristig. Anderes, etwa im Bereich der Videoanalyse, war so schnell nicht umzusetzen. »In der Halbzeit haben wir damals keine Videos angeschaut. Ich habe gehört, dass so etwas heute gemacht wird, aber ich persönlich habe das nie erlebt. Weder bei einem Verein noch bei der Nationalmannschaft«, sagt Thomas Hitzlsperger, der sein letztes Länderspiel im August 2010 bestritt. Mittlerweile gibt es einige Bundesligisten, wie Borussia Dortmund, der FSV Mainz 05 oder der FC Augsburg, die mit spielaktuellen Videoanalysen arbeiten.

Der regelmäßige Erfahrungsaustausch zwischen Hockey- und Fußball-Bundestrainer ließ bei beiden den Gedanken an eine intensivere Zusammenarbeit reifen. Zunächst sollte Peters an der Seite von Guido Buchwald in einer Doppelspitze DFB-Sportdirektor werden. Nachdem Buchwald abgesagt hatte, da er lieber weiterhin als Trainer in Japan arbeiten wollte, war Peters Klinsmanns alleiniger Kandidat für den begehrten Posten.

Als der revolutionäre Vorschlag an die Öffentlichkeit gelangte, musste sich der Kandidat vom Boulevard als »Klinsis Hockeytrainer« durch den Kakao ziehen lassen. Nachdem sich die Fußballfunktionäre nicht zuletzt unter dem Druck der Medien für Matthias Sammer als DFB-Sportdirektor entschieden hatten, wurde Peters im Herbst 2006 von Ralf Rangnick zur TSG Hoffenheim geholt. Beim damaligen Regionalligisten wurde er Direktor für Sport und Nachwuchsförderung. Rangnick und er tüftelten gemeinsam, wie man vom Know-how der Hockeyspieler profitieren könne. Selbst einige Spielformen aus dem Hockeytraining wurden erfolgreich ins Trainingsprogramm des heutigen Bundesligisten übernommen.

Ralf Rangnick sagte damals in einem Interview: »Wir haben Spiel- und Übungsformen, da hätte ich vor zwei Jahren nicht daran geglaubt, dass sie im Fußball umsetzbar sind. Am Anfang dachte ich, dass sie nur im Hockey funktionieren. Eine Spielform heißt »Streifen« oder »Banane«, weil das Spielfeld auf einen sehr schmalen Korridor reduziert wird, der aber in einen normalen 16-Meter-Raum mündet. Erlaubt sind maximal drei Ballkontakte, nur flaches Spiel, Rück- oder Querpässe sind verboten. Die Spieler werden durch Regeln gezwungen, extrem den vertikalen Blick durch die Gassen und Zonen zu üben. Ein anderes Beispiel: Das Spielfeld hat in der Mitte eine Tabuzone, die darf nicht betreten und auch nicht durchspielt werden. Meine Profis wissen: Das ist wie ein Loch, 100 Meter tief. Wer da durchläuft, ist tot. Dadurch wird das Zonenspiel über die Außen verbessert.«*

Allerdings musste auch Fußballlehrer Rangnick einräumen, dass es schwierig ist, die Arbeitsbedingungen im häufig als »Studentensport« bezeichneten Hockey mit den Gegebenheiten in der Fußball-Bundesliga zu vergleichen. »Im Hockey hat man eine sehr homogene Gruppe in Bezug auf Bildungsgrad, soziale Herkunft, Intellekt«, sagte er in einem Interview. »Das gilt für ein Nationalteam sogar noch stärker. Fußball hingegen ist der heterogenste Mannschaftssport überhaupt. Man hat oft Spieler aus Zentraleuropa, Afrika und dem ehemaligen Ostblock zusammen in einer Mannschaft. Der Bildungsgrad ist völlig unterschiedlich. Hinzu kommt der Einfluss von Spielerberatern, Agenten und Spielerfrauen, den es im Hockey nicht gibt. Und die Höhe des Einkommens, der Neidfaktor, spielt eine große Rolle in der Gruppendynamik. Das macht alles viel diffiziler.«**

In der Bundesliga ist Peters' Fußball-Fachkompetenz spätestens seit der erfolgreichen Zusammenarbeit mit Rangnick unumstritten. Um einen hochattraktiven Job in der englischen Premier League zu bekommen, reichte das offenbar noch nicht, wie Jens Lehmann zu berichten weiß. »Bernhard Peters war bei Arsenal mal bei einigen

---

* Interview von Rainer Schäfer mit Ralf Rangnick vom 1.11.2008 in der *taz*

** Interview von Christoph Plass mit Ralf Rangnick vom Juli 2006 in der Zeitschrift *Die Hockeyzeit*

Trainingseinheiten mit dabei. Arsenal suchte damals einen neuen Akademiemanager. Er ist jemand, der für den Job infrage gekommen wäre. Ich hatte ihn Arsène Wenger vorgestellt, aber eine Zusammenarbeit ist nicht zustande gekommen. Ich glaube, dass ihm seine Hockey-Vergangenheit einen Strich durch die Rechnung gemacht hat. Es fehlte wohl der Fußball-Hintergrund.«

Das Vorbild Costa Rica – Arno Michels über die Entwicklung eines Matchplans

Interview mit Arno Michels und Paul Linz

Gut erholt sieht er aus. Und so spricht er auch, ganz entspannt erzählt er von fünf Mainzer Jahren, lacht viel und nimmt sich Zeit. Zeit für ein Gespräch über die taktische Entwicklung einer Mannschaft, über die Zusammenarbeit mit Thomas Tuchel und detaillierte Überlegungen, wie sich den schier übermächtigen Bayern begegnen lässt. Arno Michels wirkt mit sich im Reinen – und ist wieder voller Tatendrang für den nächsten (Co-)Trainerjob, der ab dem folgenden Sommer mit Borussia Dortmund eine große Herausforderung bereithalten sollte. Doch das ist an diesem Tag noch Zukunftsmusik.

Seine Stimmung steht im angenehmen Kontrast zum tristen Novembertag, an dem wir uns in einem Café im münsterländischen Ahlen treffen. Weshalb gerade Ahlen, wird schnell klar, als Michels seinen Überraschungsgast mitbringt: Trainerkollege Paul Linz, mit dem Michels einst beim damaligen Zweitligisten LR Ahlen ein Gespann bildete. Linz setzt sich an den Nachbartisch, liest Zeitung und trinkt ein Käffchen. »Macht ihr mal ruhig, ich will mich nicht aufdrängen«, entgegnet er auf unseren Vorschlag, sich dazuzusetzen.

Ein knappes halbes Jahr ist es bei unserem Treffen her, dass Tuchel und Michels nach der Saison 2013/14 von ihren Trainerämtern in Mainz zurücktraten, weil das Duo überzeugt war, nach fünfjähriger Amtszeit keine neuen Impulse mehr setzen zu können. Vorausgegangen waren sehr erfolgreiche Jahre, in denen sie den Aufsteiger vom Underdog zu einem etablierten Bundesliga-Team mit erkennbarer Spielphilosophie formten: initiativ, offensiv, taktisch flexibel sowie mit geschickter Verdichtung des Raumes und nach vorne gerichteter Verteidigung.

Herr Michels, wie entstand 2009 die Zusammenarbeit mit Thomas Tuchel?

MICHELS: Wir lernten uns 2006 während der Trainerausbildung kennen, die damals noch an der Sporthochschule in Köln stattfand. Der Lehrgang dauerte etwa sechs Monate, im Vergleich zur heutigen Ausbildung vier Monate weniger. Wir haben dann recht schnell gemerkt, dass wir auf einer Wellenlänge liegen. Aber die Zeit in Köln reichte nur dazu aus, um sich zu beschnuppern und ein paar Eindrücke voneinander zu bekommen. Sich wirklich kennenzulernen und auszuloten, ob eine gemeinsame Zusammenarbeit funktionieren würde, das war zum damaligen Zeitpunkt nicht möglich. Es ist schon eine neue Erfahrung, auf die man sich einlässt. Aber als 2009 die Anfrage von Thomas kam, ihm nach Mainz zu folgen, haben wir schnell gemerkt, dass wir auch in der Praxis sehr gut harmonieren. Wir passen zueinander und haben unterschiedliche Stärken, die sich gut ergänzen.

Falls bald die Anfrage eines Vereins kommen sollte, werden Sie die neue Aufgabe also wieder gemeinsam angehen.

MICHELS: Unbedingt. Es ist klar, dass wenn Thomas einen neuen Job antreten wird, ich als Assistenztrainer mitgehen werde. Diese Konstellation hat erfolgreich funktioniert, warum sollten wir etwas ändern? Ganz im Gegenteil, unsere gemeinsame Arbeit macht wahnsinnig viel Spaß und wird schon in naher Zukunft ihre Fortsetzung finden. Für den Fall einer Anfrage haben wir uns auch schon abgestimmt. Wir wüssten bei jedem Bundesligisten sofort, ob dieser Verein zu uns passen würde.

Lohnt es sich nachzufragen, welche Vereine gut zu Ihnen passen …?

MICHELS: Och, fragen dürfen Sie alles … (lacht)

Auch Paul Linz kann sich hinter seiner Zeitung ein Lächeln nicht verkneifen, doch noch ist nicht der Zeitpunkt gekommen, um von seinen eigenen Erfahrungen als Trainer zu berichten. Erst will noch die Zeitung zu Ende gelesen werden.

Sie machen einen zufriedenen Eindruck und scheinen Ihre Auszeit sehr zu genießen.

MICHELS: Da haben Sie Recht. Ebenso wie Thomas war ich mit Mainz fünf Jahre lang im Profifußball tätig und habe festgestellt, was dieser Job mit dir macht und welche Anstrengungen mit ihm verbunden sind. Die Auszeit vom Fußball gibt mir die Möglichkeit, Dinge zu reflektieren, die im Alltag entweder zu kurz kommen oder sogar komplett untergehen. Momentan genieße ich das sehr. Meine Frau, die beim Südwestrundfunk arbeitet, hat zuletzt auch zwei Jahre lang eine Auszeit genommen. Eine großartige Sache. Nun ist sie gut erholt und wieder Feuer und Flamme für ihren Job. So stelle ich mir das auch für meine neue Aufgabe vor.

Ganz ohne Fußball geht es nicht

Kommen Sie denn während Ihrer Pause komplett ohne Fußball aus?

MICHELS: Nein, nicht wirklich. (lacht) Zunächst hatte ich mir zwar ganz bewusst gar nichts vorgenommen, um wirklich Abstand zu gewinnen. Im November 2014 fing ich dann an, meine Trainingsaufzeichnungen durchzuwälzen, um zu schauen, was wir in den letzten fünf Jahren alles gemacht haben. Ich habe rückwärts bei der Saison 2013/14 begonnen. Mich interessieren dabei Fragen wie: Welche Übungs- und Spielformen haben wir regelmäßig gemacht? Was waren die Überlegungen und Schwerpunkte dahinter? Letztlich ist es eine Analyse dessen, wie wir während der Jahre in Mainz das Training gestaltet haben. Ich weiß ganz sicher, dass wir immer wieder andere Übungs- und Spielformen oder Spielphasenübungen bevorzugt und sie dem Entwicklungsstand der Mannschaft stetig angepasst haben. Trainingspläne im Profifußball entwickelt man weniger lang-, als vielmehr mittel- bis kurzfristig. Damit meine ich einen Zeitraum von einer bis vier Wochen. Natürlich werden athletische und konditionelle Vorüberlegungen getroffen, eine fast schon tägliche Anpassung der Belastung ist aber unverzichtbar. Das betrifft auch die spieltaktischen Überlegungen.

Als Sie 2009 beim FSV Mainz 05 anfingen, war der Verein gerade in die Bundesliga aufgestiegen. Welche Überlegungen haben Sie im Trainerteam angestellt, um sich gegen die etablierten Gegner zu behaupten?

MICHELS: Wir haben immer ein bisschen anders agiert als im Spiel zuvor, andere Spieler mit ihren individuellen Stärken berücksichtigt, verschiedene Systeme und Taktiken gewählt sowie Grundordnungen und Taktiken auch während des Spiels geändert. So wollten wir für den Gegner noch unberechenbarer werden und unsere Außenseiterchance erhöhen. Wir hatten zwar einen roten Faden mit eigenen Spielprinzipien, der das gesamte Spieljahr über weiterentwickelt wurde – doch für jede Woche existierten auch ganz spezielle Trainingsschwerpunkte, die gezielt dem kommenden Gegner galten. Das Motto dabei war: »Am Samstag brauchen wir dieses und jenes Verhalten und deshalb üben wir jetzt die entsprechende Spielform.« Dieser Ansatz unterscheidet sich ganz erheblich vom Jugendtraining. Dort kann über einen Zeitraum von mehreren Wochen und ganz unabhängig vom Gegner der entwickelte Lehrplan abgearbeitet und die individuelle Entwicklung vorangetrieben werden. Das geht in der Hektik des Profifußballs so nicht mehr.

Wie sah die Mainzer Flexibilität konkret aus?

MICHELS: Aus unserem anfänglichen Rollenverständnis als Außenseiter haben wir uns getraut, mit verschiedenen und teils unerwarteten Ordnungen flexibel auf den Gegner zu reagieren. Also heute im 4-4-2 mit Raute, morgen im 4-2-3-1, übermorgen mit 4-1-4-1 oder selten im 4-4-2 mit flacher Vier. Das konnte sich auch innerhalb eines Spiels ändern, mit bis zu drei verschiedenen Grundordnungen. Die Entscheidung, so variabel zu agieren, hängt von der Trainerphilosophie ab und verlangt Überzeugungskraft gegenüber den Spielern, die Lust auf die Umsetzung haben müssen.

Jetzt ist der Zeitpunkt gekommen, »Lust« war das Stichwort: Paul Linz nimmt »seine Jungs« in Schutz, von denen er meint, dass sie öffentlich oft zu hart kritisiert würden.

LINZ: Was die Lust betrifft: Meines Erachtens sind fast alle Profis aufnahmebereit für neue Trainingsinhalte, weil ihnen der Fußball Spaß macht. Die würden auch dann kicken, wenn sie kein Geld dafür bekämen. Wenn das nicht vorhanden wäre, würde die Grundlage fehlen. Dass viele Profis nicht aufnahmebereit sein sollen, sind oft neidgeprägte Diskussionen aufgrund des vielen Geldes, das manche von ihnen verdienen. Das Wichtigste für den Trainer ist, dass die Mannschaft will, dass es ihr Spaß macht, zum Training zu kommen. Die Bedeutung der einzelnen Systeme wird zuweilen überschätzt. Es ist vor allem eine Sache des Teamgeistes, dass sich jeder für den anderen einsetzt. Teamgeist oder Kameradschaft, wie wir früher gesagt haben, sind ganz entscheidend – und die machen den Fußball so schön. Fußball ist keine Arbeit, Fußball ist Spaß.

Linz ist ein Mann der alten Schule, für den noch traditionelle Werte zählen. Im modernen Fußball, nein, in der modernen Gesellschaft, deren Spiegelbild der Fußball lediglich ist, leider allzu oft ein Anachronismus.

Gleichgewicht der Trainingsinhalte

Jürgen Klopp hat erzählt, dass er zu Beginn seiner Trainerzeit in Mainz, als sich die Mannschaft in der zweiten Bundesliga in Abstiegsgefahr befand, seinen Trainingsschwerpunkt zunächst auf das Spiel gegen den Ball richtete. War das zu Beginn Ihrer Mainzer Zeit, aus der Rolle des Underdogs, auch der Fall?

MICHELS: Ja, wir haben in der Saison 2009/10 im Training sehr viel Wert auf das Spiel gegen den Ball gelegt. Daran erinnere ich mich noch, ohne die Trainingspläne weiter zu durchforsten (lacht). Bei den Spielformen haben wir unser Coaching auf diese Maxime ausgerichtet. Interessant zu beobachten war, dass sich neben der defensiven Stabilität und Ordnung auch das Offensivspiel in ähnlicher Weise mitentwickelte. Wir trainierten auf kleinen Feldern, die dafür sorgten, dass sich der Handlungsdruck auf die Spieler erhöhte und sie gezwungen waren, in kurzer Zeit viele Entscheidungen zu treffen und Lösungen zu entwickeln. Während Team A aggressiv und aktiv verteidigte, trainierte Team B über Gegenmaßnahmen parallel seine Offensive. Defensive und Offensive lassen sich nicht isoliert voneinander trainieren. Wir haben im Training immer auf ein Gleichgewicht der Trainingsinhalte geachtet. Nur die Akzente verschoben sich.

Für Ihr laufintensives und aggressives Spiel gegen den Ball, das auf den ersten Blick dem damaligen von Borussia Dortmund etwas ähnelte, brauchten Sie entsprechende Spielertypen. Eine Frage von gutem Scouting.

MICHELS: Oft werden Spieler vorschnell als Fehleinkäufe abgestempelt, brauchen aber einfach erst Zeit, um sich an ein neues Umfeld mit anderen Abläufen zu gewöhnen. Allerdings gehört zu einem guten Scouting, Spieler zu sichten, deren Verständnis von Fußball mit dem eigenen übereinstimmt. Da hilft es sehr, wenn du eine klare Spielidee mit konkreten Vorstellungen von den Positionsprofilen und deren Anforderungen hast. Wenn wir sehr viel Wert auf das aggressive Spiel gegen den Ball legen, sollten wir idealerweise auch Spieler verpflichten, die dieses Verhalten wie selbstverständlich in sich tragen.

Zum Scouting gehört neben der persönlichen Beobachtung auch das Videostudium. Thomas Tuchel und Sie sollen das sehr akribisch betrieben haben …

MICHELS: Wer behauptet denn so was? Aber stimmt schon, erwischt! (lacht) Das galt auch nicht nur für das Scouting. Ebenso hat sich unser Videostudium nicht nur auf die 1. und 2. Bundesliga beschränkt, sondern wir hatten immer auch ein Auge auf andere europäische Ligen. Im ersten Mainzer Jahr haben wir uns von einigen Klubs der englischen Premier League Verhaltensweisen abgeschaut, zum Beispiel die Laufwege der Außenverteidiger. Sie haben nicht immer ihre Mitspieler hinterlaufen, sondern sind vor ihren Offensiven gekreuzt und haben damit völlig neue Spielsituationen geschaffen. Aus der spanischen Primera División haben uns die Freilaufbewegungen der Topstürmer im letzten Drittel beeindruckt. Diese Szenen haben wir dann unseren Außenverteidigern und Stürmern gezeigt, als individuelle taktische Verhaltensschulung. Ebenso Freistoßtricks, die den Gegner überraschen.

Außenverteidiger ist nicht gleich Außenverteidiger

Sie erwähnten gerade die Außenverteidiger. Warum haben wir in Deutschland derzeit einen Mangel an guten Außenverteidigern? Seit dem dem Nationalmannschafts-Rücktritt von Philipp Lahm 2014 tut sich eine enorme Lücke auf.

Nun hat es ihn endgültig gepackt, den Paul Linz. Die Zeitung ist ausgelesen und wird akkurat zur Seite gelegt.

LINZ: Na, weil dort keiner spielen will, man muss zu viel laufen … (allgemeines Gelächter) Ganz im Ernst: Außenverteidiger laufen viel, machen mit die meisten Sprints von allen Spielern, arbeiten vor, schlagen Flanken und laufen wieder zurück.

MICHELS: Stimmt, Paul, das sehe ich genauso. In Mainz hatte unser tschechischer Außenverteidiger Zdenek Pospech von der gesamten Mannschaft immer eine der besten Laufleistungen – und das nicht nur auf der gesamten Strecke, sondern auch in den Kategorien Sprint und schnelle Läufe. Bei Mainz 05 haben wir immer erst geschaut, dass wir einen Abwehrspieler haben, der gut verteidigen kann. Inzwischen hat es sich dahin entwickelt, dass der Außenverteidiger mehr mitspielen und vorne etwas bewegen soll (vgl. hierzu Erik Meijers Anmerkungen ab S. 229). Wir waren mit Verteidigern wie dem Ungarn Zsolt Löw oder dem Slowaken Radoslav Zabavnik vollkommen zufrieden, da sie ihre Seite dicht machten und für solide wie zuverlässige Abwehrarbeit standen.

Das heißt, das Anforderungsprofil an einen Außenverteidiger bei Bayern München ist ein anderes als das bei Mainz 05?

MICHELS: So ist es. Bei Mainz 05 bist du viel häufiger in Abwehraktionen verwickelt. Dominante Teams wie der FC Bayern oder Borussia Dortmund müssen einen Außenverteidiger haben, der sich nicht nur defensiv, sondern auch offensiv auf den letzten dreißig Metern mit einschaltet, der Situationen auflösen kann und der den entscheidenden Pass – oder zumindest den vorletzten Ball – in den Strafraum bringt. Das ist auch logisch, denn wenn du häufig in der gegnerischen Hälfte spielst, wirst du nicht gleichzeitig in defensive Zweikämpfe verwickelt.

Die Rolle der Außenverteidiger ist also im Vergleich zu früheren Jahren aufgewertet worden?

MICHELS: Ja, meiner Meinung nach schon. Außenverteidiger gehören zu den Spielern, die die meisten Ballkontakte haben. Wenn die Innenverteidiger angelaufen werden, sind sie sehr häufig die sicherste weil nächste Anspielstation. Im Spielaufbau sind sie die »Anker« an der Seite; sie sorgen durch ihr breites Stellungsspiel dafür, dass sich das Zentrum öffnet. Ich finde die Position sehr attraktiv, denn man kann sich häufig in die Offensive einschalten. Wenn man gute Flanken schlagen kann, muss man als Außenverteidiger auch nicht bis zur Grundlinie durchlaufen, sondern flankt bereits aus dem Halbfeld. So lassen sich einige Laufmeter sparen. Dass wir nach dem Rücktritt von Philipp Lahm auf seiner Position ein Vakuum haben, ist übrigens nicht weiter verwunderlich. Lahm war ein Ausnahmespieler, ein Maßstab für alle Top-Außenverteidiger.

Eine andere »Problemzone« im deutschen Fußball ist die des Mittelstürmers. Auch hier scheint nach dem Nationalelf-Rücktritt von Miroslav Klose 2014 derzeit kein adäquater Nachfolger in Sicht. Hat der klassische, kopfballstarke Mittelstürmer im heutigen Fußball keinen Platz mehr, weil im Angriff mehr Wert auf kleinere, spielerische Typen wie Mario Götze gelegt wird?

MICHELS: Doch, auf jeden Fall! Je nach Moment, je nach Spielsystem, hat der großgewachsene Mittelstürmer eine enorme Bedeutung. Ein zentraler Angreifer, der kopfballstark ist, der gut in der Box (Anmerkung: im Strafraum) ist, den will ich immer in meinem Kader haben. Wenn es zum Spielende eng wird oder ich anfangs Durchschlagskraft im Strafraum benötige, dann will ich mir die Qualität eines wuchtigen Mittelstürmers unbedingt zunutze machen. Wenn man sehr dominant spielt, viele Torchancen kreiert und zahlreiche Situationen im gegnerischen Sechzehner hat, dann ist eine körperliche Wucht durch einen Strafraumstürmer mit ausgeprägtem Torinstinkt geradezu optimal. Zudem kann er als robuster Stoßstürmer im Spielaufbau die erste Anspielstation sein. Die Mitspieler rücken nach und suchen selbst den Abschluss. Der direkte Weg zum gegnerischen Tor ist nicht verboten. Und ist dieser Weg erfolgreich, sagen wieder alle, »haben wir es doch gewusst, dass der Mittelstürmer alter Prägung noch in Mode ist«.

Wenn der Mittelstürmer aber in die Defensive mit viel Laufarbeit eingebunden ist, oder aus einer tiefen defensiven Ausrichtung heraus kontern soll …

MICHELS: … dann ist das sicher keine glückliche Überlegung. Ihn aber dort einzusetzen, wo er seine Stärken für das Team ideal einbringen kann, nämlich in der Nähe des gegnerischen Tores, dann hat der klassische Mittelstürmer nach wie vor seine volle Berechtigung. Außerdem köpft er bei defensiven Standards die Bälle aus dem Strafraum – und vorne hoffentlich auch ein paar Eckbälle und Freistöße ins Tor! Das ist angesichts der Bedeutung von ruhenden Situationen nicht zu unterschätzen.

LINZ: Bei Standards ist vor allem wichtig, dass die Spieler den unbedingten Willen haben, den Ball zu erreichen. Wenn jeder richtig mitmacht, ist die Raumdeckung dabei die einfachste Variante. Es ist gut möglich, dass bei Standards noch Entwicklungsspielraum besteht, dass man aus einer bestimmten Aufstellung heraus vier oder fünf Varianten trainiert. Aber die müssen richtig sitzen, sodass bei der Anweisung, »wir spielen Variante vier« auch jeder einzelne weiß, was gemeint ist und die Umsetzung auch bei Rückstand, Stress oder Müdigkeit gelingt. Manchmal greift man vielleicht doch eher zum Einfachen und schlägt den Ball bei Freistößen und Ecken »auf gut Glück« in den Strafraum.

Herr Michels, Sie beschrieben eben, dass zu Tuchels und Ihrer Philosophie in Mainz gehörte, die Mannschaft taktisch flexibel spielen zu lassen. Geht der Trend dahin, dass Spieler so flexibel sein müssen, dass sie im Spiel auch andere Positionen als die angestammten übernehmen sollen? So, dass jeder Spieler theoretisch alle Positionen auf dem Feld spielen könnte?

MICHELS: Nein, das würde zu weit führen. Die Spieler sind eher Spezialisten auf ihren Positionen und die Anforderungen an sie sind sehr unterschiedlich. Anders sieht es mit der Flexibilität innerhalb ihrer Aufgaben und in anderen Räumen aus, auch während eines Spiels. Das haben wir schon verlangt und auch konsequent umgesetzt. Ein offensiver Außen könnte auch im halbrechten Mittelfeld einer Raute spielen oder als zweite Spitze im Sturm – aber niemals plötzlich Innenverteidiger. Und wenn es einen System- oder Positionswechsel gibt, dann ist der von außen gesteuert, von der Trainerbank. Die Spielweise ist nicht frei oder beliebig, nach dem Motto »jeder darf alles«.

Wie die Bayern zu knacken sind – vielleicht

Mainz 05 hat es zu Ihrer Zeit wiederholt geschafft, den FC Bayern nicht zur gewohnten Dominanz kommen zu lassen. Welche taktischen Überlegungen haben Thomas Tuchel und Sie im Vorfeld angestellt?

MICHELS: Wir haben uns gegen die Bayern immer etwas einfallen lassen. Das konnte damit beginnen, dass wir den ersten Ball direkt ins Seitenaus geschossen haben, bei den Bayern hinten in die Ecke. Mit dem ersten Einwurf in ihrer Hälfte ging die Partie dann ein zweites Mal los und wir sind weiter nach vorne gerückt. Dann wussten sie gleich, was sie bei uns erwarten würde: dass wir ihnen wenig Platz lassen, sich zu entfalten. Bayern Münchens Toni Kroos (Anmerkung: wechselte 2014 zu Real Madrid) hat nach dem Spiel im Frühjahr 2014 bei uns gesagt: »Wir wissen eigentlich immer, was uns erwartet, und es ist tatsächlich wieder so gekommen. Es ist immer derselbe Mist gegen euch!« Das war indirekt ein großes Kompliment für die Leistung unserer Mannschaft. Wir haben zwar 0:2 verloren, haben uns aber auch damals dazu entschieden, die Bayern möglichst in ihrer Hälfte zu binden, sie weg vom Tor zu halten. Natürlich auf die Gefahr hin, dass es gegen einen Arjen Robben, Thomas Müller oder Franck Ribéry Laufduelle gibt, in denen du ausgespielt wirst. Bayern trat gegen uns mit der besten Mannschaft an, Pep Guardiola hatte keinen geschont.

Das lässt sich als Respekt vor Ihrem Team deuten. Aber was genau meinte Toni Kroos? Was war aus Bayern-Sicht so »lästig« am Mainzer Spiel?

MICHELS: Wir waren überzeugt, nur dann eine Chance zu haben, wenn wir mutig, extrem aggressiv und fleißig verteidigen – und das am besten schon in der gegnerischen Hälfte. Auch hatten wir uns ein atemberaubendes Umschaltverhalten vorgenommen. Dazu hatten wir mit dem 1. FC Nürnberg ein gutes Vorbild und haben die hervorragende Anfangsphase des »Club« im Heimspiel gegen Bayern aus der Saison 2013/14 analysiert. Diese Phase haben wir unseren Spielern auf Video gezeigt. Wie angestachelt stürzten sich die Nürnberger auf die Bayern, mit Leidenschaft, Herz und voller Entschlossenheit haben sie den Gegner zurückgedrängt und eigene gute Torchancen erzwungen. Allerdings haben sie sich in ihrer starken Phase nicht mit einem Treffer belohnt – und schlimmer noch: Nach gut zwanzig Minuten hatten sie mit Daniel Ginczek und Timothy Chandler bereits zwei wichtige Spieler verletzungsbedingt verloren. Dieser Aufwand lässt sich aber nicht neunzig Minuten lang betreiben – und falls doch, dann braucht es moralische Unterstützung durch einen eigenen Treffer.

Was war Ihre Schlussfolgerung aus diesem Spiel?

MICHELS: Dass es gegen Bayern sehr von Vorteil ist, zwei Pläne im Werkzeugkasten zu haben, einer reicht in der Regel nicht. Die Krux daran: Beide Pläne müssen aufgehen. Wir hatten uns im Frühjahr 2014 für die erste Halbzeit gegen Bayern vorgenommen, sehr hoch anzulaufen, sie mit perfekter Ordnung in engen Abständen, extremer Laufbereitschaft und großem Mut in ihrer eigenen Hälfte festzusetzen – und darüber hinaus noch bereit zu sein, weite Wege in höchstem Tempo bei Kontersituationen zu machen. Tatsächlich konnten wir uns in beiden Halbzeiten, vor allem aber in der ersten Hälfte, ein paar sehr gute Tormöglichkeiten herausarbeiten und hatten mit dem Lattenschuss von Eric Maxim Choupo-Moting zu Beginn der zweiten Halbzeit die bis dahin beste Einschussmöglichkeit.

Und ab wann sollte Plan B greifen?

MICHELS: Das hatten wir im Vorfeld der Partie mit der Mannschaft besprochen. Nach einer Stunde sollte von 4-2-3-1 auf 5-4-1 umgestellt werden. So haben wir es auch gemacht und mit der Einwechslung von Niko Bungert für Choupo-Moting in der 60. Minute von Viterer- auf Fünferkette umgestellt. Die Folge war, dass wir dann fast gar keinen Ballbesitz mehr hatten, aber defensiv noch enger zusammen waren. So konnten sich die Bayern bei uns in der Hälfte »eingrooven«. Es war nun ein ganz anderes Spiel als zuvor. Sie übernahmen immer mehr die Kontrolle, was uns aber auch klar war. Ab diesem Zeitpunkt, es stand immer noch 0:0, verlegten wir uns auf das Kontern. Unmittelbar nach der Pause hatten wir nach der Einwechslung von Benedikt Saller für Ja-Cheol Koo zunächst eine Viertelstunde lang im 4-5-1 verteidigt, ehe dann die vorab geplante Umstellung auf ein 5-4-1 erfolgte. Bereits im Hinspiel in München hatten wir uns bei der Abwehrorganisation im 5-4-1 gut verhalten und uns viele Kontermöglichkeiten erarbeitet, trotz der 1:4-Niederlage. Viel fehlte nicht und unsere Überlegungen für das Spiel wären aufgegangen. Leider haben wir dann in der 82. Minute den ersten Gegentreffer bekommen und in der 86. Minute den zweiten. Gegen die Bayern brauchst du eben auch Glück.

Bayerisches Lob für Mainzer Taktik

Es war für die Bayern nicht einfach beim FSV Mainz 05 im März 2014: In der Bundesliga führten sie die Tabelle konkurrenzlos mit über zwanzig Punkten Vorsprung an, der Meisterschaftsgewinn war nur noch eine Frage des Zeitpunkts. Wirkliche Herausforderungen in der Liga waren selten geworden. Der Fokus lag daher auf der Champions League und dem Viertelfinalduell mit Manchester United. Und dann warteten diese wehrhaften Mainzer. Die Bayern zeigten sich nach dem mühsamen und späten Erfolg gegenüber Medienvertretern beeindruckt vom FSV: »So ein Spiel können wir auch im Old Trafford (von Manchester) erwarten«, meinte Flügelstürmer Arjen Robben anerkennend. »Die Mainzer sind wahnsinnig viel gelaufen«, lobte er das Pressing des Gegners, das zwar erwartbar, »aber trotzdem schwierig für uns« gewesen sei.
Auch Bayern-Trainer Pep Guardiola betonte, auf »einen der stärksten Gegner der Saison« getroffen zu sein. Mainz habe es sehr gut gemacht, »es ging nach vorne, nach hinten, nach vorne und wieder nach hinten. (...) In so einem Spiel haben wir ein paar Probleme. Sie haben mehrfach

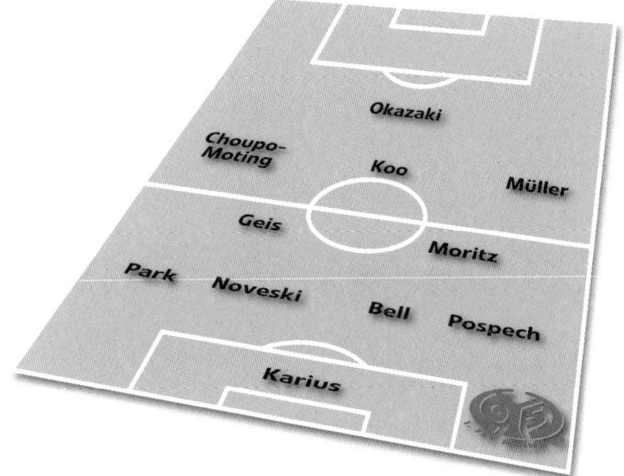

Abb. 11: Taktische Startaufstellung von Mainz 05 beim 0:2 im Heimspiel gegen Bayern München am 26. Spieltag der Saison 2013/14. Mainz begann im 4-2-3-1-System, ehe direkt nach der Pause …

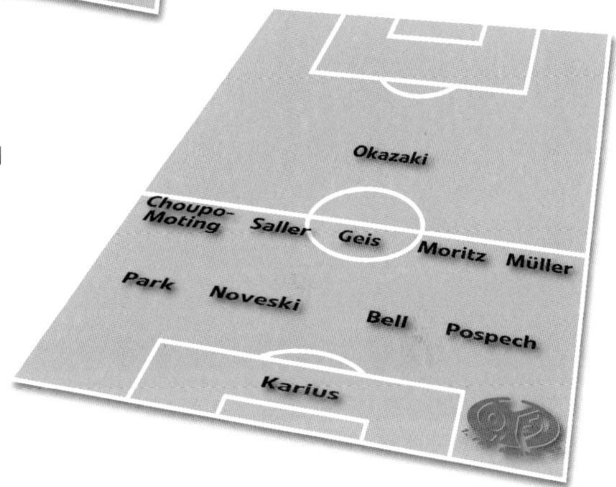

Abb. 12: … Benedikt Saller für Ja-Cheol Koo ins Spiel kam und mit ihm das System zunächst auf ein 4-5-1 umgestellt wurde. Saller reihte sich halblinks in das Fünfer-Mittelfeld ein, das nun auf einer Linie agierte, ehe in der 60. Minute …

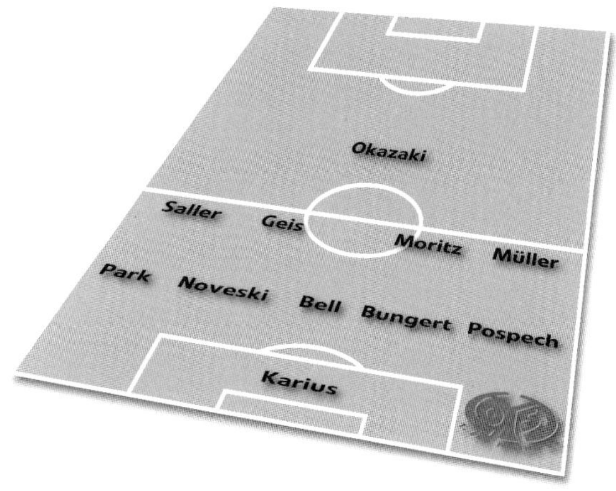

Abb. 13: … mit der Einwechslung von Niko Bungert für Eric Maxim Choupo-Moting die schon vor Spielbeginn geplante Umstellung auf ein defensiveres 5-4-1 erfolgte. Bungert erweiterte die Abwehrkette um einen weiteren Spieler, während die Mittelfeldreihe von einer Fünfer- auf eine Vierer-Linie reduziert wurde.

das System gewechselt und wir mussten reagieren. Erst in der zweiten Halbzeit haben wir das Spiel kontrolliert. Thomas Tuchel ist ein super, super Trainer mit einer intelligenten Mannschaft.« Auch Matthias Sammer, Bayern Münchens damaliger Sportvorstand, war angetan, wie die aggressiven Mainzer »von einem hervorragenden Trainer sehr gut eingestellt« waren.

Die Partie in Manchester forderte die Bayern dann ähnlich wie das Spiel in Mainz. Das 1:1 auswärts reichte zusammen mit dem 3:1 im Rückspiel zum Einzug ins Halbfinale, wo sich allerdings der spätere Titelträger Real Madrid als zu stark erwies (0:1 und 0:4).

Ein knappes halbes Jahr zuvor hatte umgekehrt Thomas Tuchel seine Anerkennung für die Spielweise des Rekordmeisters zum Ausdruck gebracht. Vor der 1:4-Niederlage in München zog er gegenüber der »Bild«-Zeitung einen Vergleich zur beispiellosen und mit 14 Titeln dekorierten Erfolgs-Ära des FC Barcelona unter Guardiola von 2008 bis 2012: »Bayern spielt aktuell noch flexibler als Barcelona damals. Die Außenverteidiger stehen nicht so breit, dafür rücken die Außen im Mittelfeld mehr auf die Flügel. Dazu gab es die Diagonalschläge, eine Spezialität von (Innenverteidiger) Dante, so bei Barcelona nicht.«

Herr Michels, Sie erwähnten eben das Hinspiel aus der Saison 2013/14, das 1:4 in München. In der ersten Hälfte fanden die Bayern kein Mittel gegen die Mainzer Abwehr und kamen nur über Distanzschüsse zu Torchancen. Wie haben Sie damals »den Laden dicht gemacht«?

MICHELS: Taktische Überlegungen hängen immer sowohl von der eigenen Form, als auch von der aktuellen Form des Gegners ab. Als wir 2013 in München spielten, hatten die Bayern gut zwei Wochen zuvor in der Champions League sehr überzeugend mit 3:1 bei Manchester City gewonnen. Sie präsentierten sich ungemein ballsicher, flexibel in ihrem Positionsspiel, voller Vertrauen in ihre Aktionen und körperlich in einer Topverfassung. Wir dagegen hatten inklusive DFB-Pokal fünf Spiel in Serie verloren und ein Unentschieden in letzter Minute gegen 1899 Hoffenheim erzielt. Die Vorzeichen waren komplett anders als später im Rückspiel gegen die Bayern, als auch wir eine lange Serie mit ungeschlagenen Spielen vorweisen konnten. Aus Bayerns Auftritt bei Manchester City hatten wir uns Sequenzen angesehen, das waren beeindruckende Ballstafetten. Wenn wir sie angelaufen wären und versucht hätten, sie in ihrer Hälfte zu halten, hätten sie uns ausgelacht. Und dann noch in ihrem Stadion, nein, das wäre keine gute Idee gewesen!

Wie sah Ihr Plan stattdessen aus?

MICHELS: In diesem Spiel entschieden wir uns erstmals für eine Fünferkette, davor noch unterstützt von einer Viererkette im Mittelfeld und mit nur einer Spitze, also im 5-4-1. Als Vorlage für diese Grundordnung diente uns die Nationalmannschaft von Costa Rica. Denn in Gesprächen mit unserem Spieler Junior Diaz betonte er, dass sein Nationalteam gegen spielstarke Teams wie Spanien sehr gute Erfahrungen mit dieser Grundordnung gemacht hatte. Wir haben uns dann ein Video von Costa Rica gegen Spanien angeschaut und entdeckten tatsächlich Verhaltensweisen, mit denen wir eine gute Stabilität herstellen und offensive Umschaltmomente erzeugen konnten. Sich neunzig Minuten lang tief in der eigenen Hälfte zu verschanzen und auf das Unvermögen der Bayern beim Toreschießen zu hoffen, das kam für uns nicht infrage.

Und wie wurde der Mannschaft das »System Costa Rica« vermittelt?

MICHELS: Die Begegnung fand nach einer Länderspielpause statt. Da einige unserer Nationalspieler erst mittwochs oder donnerstags von ihren Reisen zurückkehrten, hatten wir nahezu keine Möglichkeit, die vollkommen neue Grundordnung zu trainieren. Wir entschieden uns, der Mannschaft in Form eines Crashkurses in zwei Videositzungen zu vermitteln, was wir vorhatten und wer welche Aufgaben in dieser Ordnung zu übernehmen hatte. Wenn man sich das Spiel heute noch mal anschaut, dann war das zumindest in der ersten Halbzeit ein 5-4-1 auf taktisch hohem Niveau mit zuverlässigen defensiven Abläufen und einigen Kontersituationen. Da muss ich sagen: Hut ab vor der Leistung der Mannschaft, diese Ausführung war ganz hervorragend! Gerade auch angesichts der fehlenden praktischen Vorbereitung.

Zur Pause führte Mainz mit 1:0 …

MICHELS: … und unmittelbar nach der Pause übersahen wir leider, dass der letzte Mann der Bayern zehn Meter weit in unserer Hälfte stand. Einer unserer Spieler stand völlig frei, er wäre mit sechzig Metern Anlauf allein auf das Tor der Bayern gelaufen. Ihn konnten wir leider nicht ins Spiel bringen, weil die Bayern das über ihr Gegenpressing verhinderten und somit eine vielleicht hundertprozentige Torchance vereitelten. Auch wenn die Bayern am Ende 4:1 gewannen, so war das Spiel bis in die Schlussphase offen und unsere Leistung, losgelöst vom Ergebnis, sehr gut. Dieser Auftritt gab uns in der Folge sehr viel Auftrieb für die Liga. Wenn du den Spielern deine Spielidee gut rüberbringst, ihnen Mut machst und eigene Möglichkeiten findest, kannst du auch gegen die Bayern Torgefahr erzeugen. Ob du dann gewinnst, ist noch mal eine andere Frage. Aber der Ansatz, den Bayern für sie ungewohnte Aufgaben zu stellen, war der richtige.

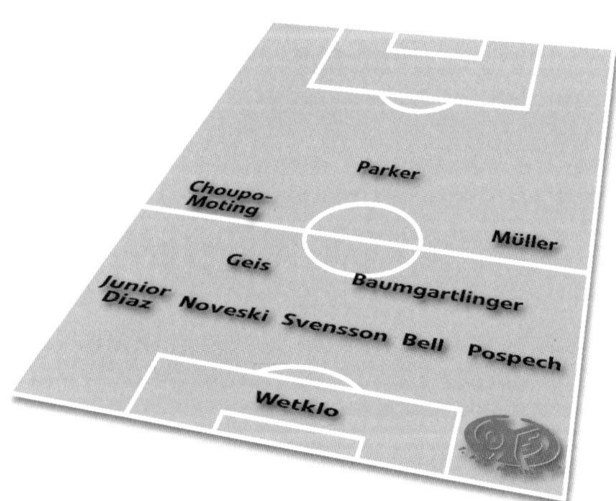

Abb. 14: Taktische Startaufstellung von Mainz 05 beim 1:4 in München am 9. Spieltag der Saison 2013/14. Die Fünfer-Abwehrkette nach dem Vorbild von Costa Rica ließ die Bayern in der ersten Halbzeit nicht zur Entfaltung kommen.

Stürmer mit Sonderauftrag

Ganz anders waren die Voraussetzungen beim Mainzer Spiel in München während der Saison 2010/11. Ihre Mannschaft reiste nach fünf Siegen zum Saisonstart mit breiter Brust an und war drauf und dran, einen Bundesliga-Startrekord aufzustellen.

MICHELS: Die Bayern hatten nach der WM 2010 ein paar Probleme richtig in Tritt zu kommen. Sie waren nicht in Topform. Daher hatten wir uns wieder für einen mutigen Ansatz entschieden: Mit einem 4-4-2 als Raute wollten wir sie mit unseren beiden Spitzen Adam Szalai und Sami Allagui sofort frech attackieren. Diese beiden hatten zudem den Sonderauftrag, in der Defensive bei den beiden Innenverteidigern Daniel van Buyten und Holger Badstuber in Manndeckung zu bleiben, sie so komplett aus dem Spiel zu nehmen, und den Bayern damit zwei wichtige Aufbauspieler zu nehmen. Wir haben also mit Acht gegen Acht gespielt. Philipp Lahm agierte auf der rechten Seite, ihn sind wir angelaufen – was eine große Aufgabe ist! Die Folge: Lahm konnte nun nicht zurückspielen, da die Innenverteidiger gedeckt waren. Also zwangen wir ihn zum sehr weiten Rückpass zu Torhüter Hans-Jörg Butt, zum riskanteren Ball gerade nach vorne oder direkt ins Zentrum auf die beiden Sechser. Diesen Ball ins Mittelfeld wollten wir dann attackieren. Mit Erfolg, die Bayern hatten große Mühe mit unserer Spielstrategie.

Das Spiel verlief offen, nach den ersten 45 Minuten stand es 1:1.

MICHELS: Ja, wir gingen durch einen Hackentreffer von Allagui in Führung und kassierten nach einem Missverständnis, das zu einem Eigentor führte, den Ausgleich. Auf dem Weg in die Kabine gab es unter den Bayern-Spielern gegenseitige Vorwürfe, die beiden Innenverteidiger sollten sich doch besser anbieten. Das war aber gar nicht so einfach, da wir sie in Manndeckung genommen hatten. »Wir können uns nicht zeigen, denn es stehen uns immer zwei Stürmer auf den Füßen«, hieß es von den Verteidigern. Da wussten wir, dass wir auf dem richtigen Weg waren. Natürlich mussten wir auch die Kehrseite dieser Ausrichtung akzeptieren, dass wir nur mit acht statt mit zehn Spielern verteidigten. Denn die beiden Stürmer waren durch ihren Sonderauftrag gebunden. Der Laufaufwand für die übrigen Spieler war daher enorm hoch.

Also haben Sie Ihre Taktik wieder innerhalb des Spiels geändert.

MICHELS: Uns war klar, dass wir im Laufe der Partie auf eine andere Systematik zurückgreifen mussten. Also haben wir auch hier während des Spiels umgestellt, die Stürmer weiter zurückbeordert und im 4-4-2 mit flacher Vier gespielt, um zu verdichten. So konnten wir wieder mit zehn Spielern verteidigen. Getragen von großem Selbstbewusstsein durch die vorangegangenen fünf Siege, aber auch durch die Bereitschaft der Mannschaft, sich nach der Pause auf eine andere Aufgabenstellung einzulassen, haben wir das Spiel schließlich sogar mit 2:1 gewonnen.

Michels ist die Freude über die gelungene taktische Ausrichtung noch heute anzumerken. Immerhin gelang sie gegen Louis van Gaal, der mit den Bayern in der Saison zuvor ins Champions-League-Finale eingezogen war. Befreit von seiner Aufgabe als »Manndecker der Innenverteidiger«, erzielte Angreifer Szalai in München den entscheidenden Treffer.

MICHELS: Aus der Rolle des Außenseiters haben wir solche Überlegungen natürlich nicht nur gegen die Bayern angestellt, sondern auch gegen Dortmund, Schalke, Leverkusen oder Wolfsburg. Gegen die Bayern sind sie aufgrund ihrer enormen Qualität nur noch ein bisschen mühseliger.

Borussia Mönchengladbach wählte in der Saison 2014/15 zuhause gegen die Bayern einen anderen, weniger »draufgängerischen« Ansatz und konnte sie beim 0:0 dennoch fast bezwingen. Dabei hatten die Münchener direkt vor diesem Spiel mit 7:1 bei AS Rom gewonnen. Es gibt also auch gegen die Bayern mehrere Strategien.

MICHELS: Trainer Lucien Favre hat es mit dem Gladbacher Team sogar über neunzig Minuten geschafft, die Bayern zu binden – in der Tat mit einer ganz anderen Art, Fußball zu spielen. Gladbach hat nicht so aggressiv angegriffen, wie wir es mit Mainz gemacht hatten, sondern hat die Bayern vielmehr spielen lassen, um sich den Konterraum für Gegenangriffe frei zu lassen. Sie wichen zurück und warteten weiter hinten, um ihr Tor zu verteidigen. Sie führten nur dort Zweikämpfe, wo die Chance auf einen Ballgewinn groß war. Oder erst zwanzig Meter vor ihrem eigenen Tor, wenn die Bayern zu nah kamen. Dafür hatten sie beim Kontern sechzig Meter Anlauf. Das kann mit schnellen Spielern eine geeignete Strategie sein. Bei Gladbach spielten Raffael und Max Kruse sehr flexibel, dazu kamen Außenbahnspieler wie André Hahn und Patrick Herrmann, die mit Tempo nachrückten, das kann passen. Jedes System hat eine Schwachstelle, auch das der Bayern. Wobei es gegen die Bayern wirklich schwierig ist, weil sie so viele Waffen haben. Du bist oft in der Situation, dass du reagieren musst. Du musst bei deinen wenigen eigenen Angriffen effizient sein und hoffen, dass die Bayern bei ihren Chancen nicht so konsequent sind.

Von Pressing und Gegenpressing

LINZ: Die Art, wie du spielst, hängt immer von den Voraussetzungen ab, von den Möglichkeiten deines Kaders. Als ich von 1999 bis 2005 Trainer bei Eintracht Trier war, legten wir viel Wert auf aggressives Verhalten gegen den Ball, auf fleißiges und mutiges Spiel. In der Abwehr haben wir teilweise mit gewissem Risiko Mann gegen Mann gespielt. Allerdings mussten wir auch Pressing spielen …

MICHELS: … und haben damit die Flucht nach vorne angetreten …

LINZ: … weil die Spieler zwar schnell mit zurücklaufen und somit vieles wettmachen konnten, aber der eine oder andere defensiv im Sechzehner weniger stark war als im Spiel nach vorne. Dann muss man die Sache eben andersherum angehen. Wenn du früher Stürmer warst, später zum Verteidiger umschulst, ist das richtige Abwehrverhalten schwieriger zu verinnerlichen. In Reutlingen, wo wir defensiver eingestellt waren, kamen die Spieler nach einer Niederlage mal zu mir und sagten: »Trainer, wir wollen mehr vorne draufgehen. Uns so weit zurückzuziehen, das ist nichts für uns.« Es kommt also immer auch auf die Mentalität der Mannschaft an. Umgekehrt ergibt es auch keinen Sinn, erst Pressing vorzugeben und sich dann nach einer halben Stunde wieder zurückzuziehen, weil das Verschieben nicht klappt.

Herr Michels, Sie sagten eben, dass in einem Spiel gegen die Bayern der erste Schuss bewusst ins seitliche Toraus ging, um sie in ihre Hälfte zu drängen. Ist dieser geplante Fehlpass ein probates taktisches Mittel zur häufigen Anwendung?

MICHELS: Nein, so weit würde ich nicht gehen. Das war eine einmalige Geschichte, um den Gegner zu irritieren. Besser ist es, das Gegenpressing als dauerhaftes Element in seinem Spiel zu haben. Dann besteht in jedem Spiel die Chance, den Gegner ungeordnet anzutreffen. Wenn Gegenpressing mein bevorzugtes Stilmittel ist, muss ich die Unordnung beim Gegner nicht künstlich provozieren. Wenn es zu meinem Spiel dazugehört, auf Balleroberung zu setzen, dann brauche ich den Ball nicht bewusst herzuschenken.

Paul Linz wendet sich nun vollends unserem Gespräch zu. Man merkt, das Thema konsequente Balleroberung ist ihm wichtig.

LINZ: Oft wird zwischen Pressing und Gegenpressing nicht richtig unterschieden. Gegenpressing ist es nur dann, wenn du den Ball verlierst und ihn durch Druck auf den Gegner sofort zurückzuerobern versuchst. Pressing hingegen bedeutet Druck auf den Ball, ohne ihn kurz davor selbst gehabt zu haben. Du kannst Gegenpressing praktizieren und dich dann trotzdem wieder zurückziehen. Statt Gegenpressing zu betreiben, würde es viel mehr Laufarbeit bedeuten, wenn du den Gegner spielen lässt, denn dann rennst du immer hinterher. Ich habe früher auch als Stürmer gespielt, aber ich hätte nicht so viel laufen können wie die Angreifer heute. Da schießt du ja kein Tor mehr, so geschafft wie du bist ... (lacht) Pressing haben wir zu meiner Zeit auch schon gespielt, aber nicht so radikal und nicht über das gesamte Spielfeld wie heute, nur vor dem gegnerischen Tor.

Und als Trainer, wie halten Sie es da mit dem Pressing?

LINZ: Konsequentes Pressing spielen kann nur eine gute Mannschaft. Denn es muss sich immer einer freilaufen, der bei Balleroberung als Anspielstation dient – und die Mitspieler müssen ihn auch finden. Kompaktheit ist beim Pressing das Wichtigste. Wenn man zu spät am Mann ist, bringt Pressing gar nichts. Als ich den FSV Salmrohr im September 2014 übernahm, hatte der Verein nach acht Spielen nur vier Punkte gesammelt und war Drittletzter in der Oberliga. Im Training habe ich gleich mit Pressing angefangen, mit Anlaufen und Verschieben. Das haben die Spieler auch gerne gemacht, weil sie gesehen haben, dass es ihnen etwas bringt, dass sie den Gegner zu Fehlern zwingen können. Wenn man dann den Ball erobert, hat man ihn direkt in der gegnerischen Hälfte und kann vorne reinspielen. Ein Ballgewinn macht schließlich Spaß. Nur Zweikämpfe haben die Jungs erstmal keine gewonnen. Sie mussten zunächst lernen, die Verantwortung für den Zweikampf zu übernehmen. Inzwischen laufen auch die Stürmer vorne an.

Nach einer Weile arbeitete sich Ihre Mannschaft ins Mittelfeld vor. Manchmal stimmt er eben, der Spruch von den neuen Besen, die gut kehren ...

LINZ: Wenn man bei einem Verein neu einsteigt, warten die Spieler auf neue Impulse und sagen: »Trainer, zeig' uns, wie wir da unten wieder rauskommen.« Das ist für einen Trainer die Chance, sich zu beweisen.

Auch wenn wir jetzt ein bisschen zwischen den beiden Begriffen hin und her springen: Wer betreibt Ihrer Meinung nach derzeit ein vorbildliches Gegenpressing?

MICHELS: Aktuell haben vor allem Bayern München und mit Abstrichen Bayer Leverkusen das Gegenpressing in ihrem Spiel fest verankert. Bei Bayern ist dieses Element vor allem durch die Spielphilosophie von Pep Guardiola extrem weiterentwickelt worden. Der ganze Mannschaftsverbund ist auch im Angriffsspiel eng beisammen, sodass die Wege in die Zweikämpfe nach Ballverlust sehr kurz sind. Und der Impuls, auf Defensive umzuschalten, ist bei allen Spielern enorm entwickelt. Wenn du aber weit voneinander entfernt stehst und großen Abstand zu deinen Mitspielern hast, dann hat der Gegner Zeit, sich aus der Umklammerung zu befreien. Wichtig ist also, die Kompaktheit im Ballbesitz herzustellen, um bei einem Ballverlust wirklich gutes Gegenpressing spielen zu können. Gegenpressing ist auch ein Element, um zu erkennen, wie geordnet eine Mannschaft bei Ballbesitz im Feld steht.

Pep Guardiola möchte in jedem Spiel die Kontrolle haben. Dann ist Gegenpressing ein Mittel dazu?

MICHELS: Genau. Er mag es nicht, dem Ball hinterherzulaufen. Beim FC Barcelona war das Gegenpressing über Jahre ein stilprägendes Mittel, dicht an der Perfektion. Nach vier, fünf Sekunden hatten sie den Ball wieder erobert. Großartig. Das machte Spaß, zuzuschauen. Wir haben unseren Spielern in Mainz viele Videoszenen gezeigt, um die Wichtigkeit des ersten Impulses nach Ballverlust zu verdeutlichen – und das unabhängig vom Spielstand und der gespielten Zeit. Szenen von Stürmern, die ihren Gegenspielern im Vollsprint hinterhergelaufen sind und wichtig dafür waren, dass Barcelona den Ball zurückerobern konnte.

Arno Michels und Paul Linz hatten noch auf dem Weg zu unserem Treffen darüber gesprochen, dass Mannschaften mit gutem Gegenpressing meist weit vorne in der Tabelle zu finden sind. Doch bei vielen Teams wird zwar Druck auf den Ball ausgeübt, aber kein bewusstes Gegenpressing mit dem dafür erforderlichen Positionsspiel aller Akteure ausgeübt. Bayer Leverkusen zeigte in der Hinrunde der Saison 2014/15, dass es zu den Teams gehörte, die in hohem Tempo spielen können – eine gute Voraussetzung für wirkungsvolles Gegenpressing. Dabei war vor allem die Entwicklung von Leverkusens Karim Bellarabi beachtlich, ein Spieler, der in beide Richtungen eine enorme Geschwindigkeit aufnimmt, auch über längere Strecken.

LINZ: Bei Eintracht Braunschweig saß er in der Vorsaison teilweise noch auf der Bank. Bald darauf war er deutscher Nationalspieler …

MICHELS: Überleg mal! Da sieht man mal, welche Entwicklung Spieler nehmen können, wenn Spielsystem und Position zu ihnen passen.

Wie im Fluss

Apropos Entwicklung. Nicht nur Spieler können sich erstaunlich entwickeln, auch manche Partien. So wie das 1:7 zwischen Brasilien und Deutschland bei der WM 2014. Wie war dieser Spielverlauf möglich? Bestand für Brasilien nach dem frühen Rückstand keine Reaktionsmöglichkeit, erst einmal hinten dicht zu machen, um nach der Pause neu anzugreifen? Ein 0:2 zum Beispiel wäre noch aufzuholen gewesen.

MICHELS: Dass so etwas passiert, lässt sich im Fußball generell nicht ausschließen, auch nicht im Profifußball. Da kann man auch von der Trainerbank wenig bis nichts mehr beeinflussen. Auch nach dem 0:2 war es schon zu spät, es gibt ja nicht wie im Handball die Möglichkeit einer Auszeit. Bei Brasilien hatte sich soviel Druck aufgebaut, dass sie nach den ersten Gegentoren regelrecht zusammengebrochen sind. Sie waren nur mit sich selbst beschäftigt und trafen auf eine Mannschaft, die gerade Fußball wie im Fluss spielte. Eine durchdringende Spielidee, die ein Rettungsanker hätte sein können, habe ich bei Brasilien während des gesamten Turniers nicht erkannt. Auf wen oder was hätten sie sich nach dem Rückstand besinnen sollen? Auf ihren Superstar Neymar? Der war verletzt. Auf ihren Abwehrchef Thiago Silva? Der war gesperrt. Nein, Brasilien war extrem und für mich in dieser Form überraschend von diesen Einzelspielern abhängig. Allein mit Pathos, Hingabe, Leidenschaft und Herz, »wir müssen für unser Land alles geben«, gewinnt man ein solches Turnier nicht mehr. Dafür ist das Niveau viel zu hoch.

Abschließend noch ein Blick nach vorne. In welche Richtung bewegt sich der Fußball aus taktischer Sicht? Erwarten Sie größere Neuerungen?

LINZ: Ach, oft sind das keine wirklichen Neuerungen, sondern nur neue Begriffe. Der Inhalt ist gleich. Wenn ich zum Beispiel an »Umschaltspiel« denke: Bei Hennes Weisweiler hieß das noch Konterspiel, meinte aber nichts anderes.

MICHELS: Ich kann derzeit auch nichts Revolutionäres im Fußball erkennen. Anders im Basketball: Dort ließ der Trainer einer Frauenmannschaft komplettes Pressing spielen, sogenanntes »Full-court press«, indem er jede Spielerin im Eins gegen Eins agieren ließ. Normalerweise wird sich erst einmal formiert und der Korb verteidigt, doch diese Mannschaft verteidigte gleich vorne mit Frau gegen Frau und attackierte schon den ersten Pass unter dem Korb. Sie haben sich sofort auf ihre Gegnerinnen gestürzt, von denen nun keine mehr frei war und alle Passoptionen versperrt waren. Ihr eigener Korb wurde bereits unter dem gegnerischen verteidigt. Das wäre für mich revolutionär, wenn wir so etwas auch im Fußball sähen. Oder ein Innenverteidiger, der anfängt zu dribbeln. Er ist plötzlich der beste Dribbler seiner Mannschaft, der die erste gegnerische Linie ausspielt, ins Mittelfeld marschiert und auf diese Weise Überzahl schafft. Oder wenn der Torwart in der Spieleröffnung noch mehr als Feldspieler agiert und damit für den ersten Vorteil sorgt, nämlich Überzahl in der nächsten Reihe zu schaffen.

Denken Sie dabei an einen mitspielenden Torwart vom Typ Marc-André ter Stegen?

MICHELS: Ja, so ein mitspielender Torwart ist schon eine feine Sache. Als wir mal mit Mainz gegen Gladbach spielten, hatte ter Stegen im Spielaufbau immer bemerkenswert viele Ballkontakte, weil er mit beiden Füßen sehr gute Flugbälle zur Seitenverlagerung spielen kann. Das wussten natürlich auch seine Mitspieler, die immer dann, wenn es nötig wurde, den Spielaufbau über ihren Torwart neu begannen, in dem Bewusstsein, einen Aufbauspieler mehr als der Gegner zu haben. Wenn ein Torhüter so gut Fußball spielen kann wie ter Stegen, hat seine Mannschaft quasi einen Feldspieler mehr. Dieses Torwartverhalten kann auch deine taktischen Überlegungen als Gegner beeinflussen, denn das hohe Pressing läuft dann sehr oft ins Leere. Es war ein unspektakuläres, taktisch geprägtes 0:0, nach dem unsere Spieler anschließend vollkommen erschöpft waren, da sie gelaufen, gelaufen und noch mal gelaufen sind, aber kaum einen Ball bekommen haben. Die Gladbacher hatten überhaupt kein Problem damit, am gegnerischen Sechzehner rückwärts zu spielen, bis zu ihrem eigenen Torhüter, und dann noch mal die Seiten zu wechseln. Das war nur dank ihres spielstarken Torwarts möglich. Aber zurück zu Ihrer vorherigen Frage: Revolutionäres wächst wohl aus dem Verständnis, dass alle glauben, dieses oder jenes würde nicht funktionieren. Und dann kommt einer, der wusste von diesem Irrglauben nichts, und macht es einfach. Ich lasse mich gerne überraschen.

Zu den Personen

Arno Michels, Jahrgang 1967, heuerte 2009 als Assistenz-Trainer beim FSV Mainz 05 an. Gemeinsam mit Chefcoach Thomas Tuchel bildete er ein kongeniales Duo, das den Mainzern eine Spielidee von mutigem Offensivfußball sowie taktischer Variabilität vermittelte. Tuchel und Michels hatten sich während ihrer Trainerausbildung kennen und schätzen gelernt. »Ich kann mir keinen Besseren vorstellen«, schwärmte Tuchel einst und brachte damit seine Wertschätzung für Michels' Fachwissen zum Ausdruck. Nach der gemeinsamen Zeit bei Borussia Dortmund mit dem

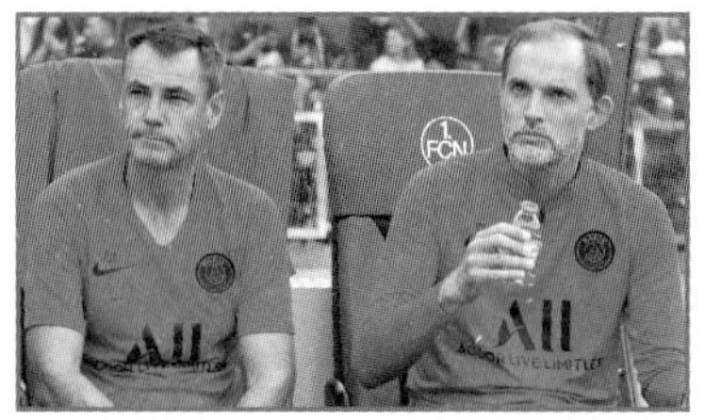

Kongeniales Duo: Arno Michels (l.) und Thomas Tuchel bei Paris St. Germain.

Höhepunkt des DFB-Pokalsiegs 2017, arbeiten Tuchel und Michels seit 2018 für den französischen Spitzenklub Paris St. Germain. Vor seiner Mainzer Zeit war Michels als Co-Trainer bei LR Ahlen und Eintracht Trier tätig – beide Male gemeinsam mit dem damaligen Cheftrainer Paul Linz (Jahrgang 1956), der wie Michels ebenfalls in Trier geboren wurde. Als Spieler noch impulsiv, tritt der meist fröhliche Michels heute besonnener auf. »Meine Zwillinge haben mich ruhiger werden lassen«, sagt er selbst. Schon während seiner aktiven Zeit trug der einstige defensive Mittelfeldspieler das Trikot von Eintracht Trier, wo er 2002 seine Spielerlaufbahn auch beendete.

Paul Linz war in der 2. Bundesliga mit 115 Toren ein treffsicherer Torjäger und feierte 1983 als größten Erfolg den Bundesliga-Aufstieg mit Waldhof Mannheim. Sein Übergang in die Trainerkarriere erfolgte fließend: Sowohl bei Eintracht Trier als auch beim FSV Salmrohr war er zunächst als Spielertrainer aktiv – und dies mit Erfolg: Mit Salmrohr gewann er 1990 die deutsche Amateurmeisterschaft sowie zwei Jahre später den Meistertitel in der Oberliga Südwest. Nachdem Linz seine Fußballschuhe 1994 endgültig zur Seite gelegt hatte, war er als Trainer noch für den SV Meppen, die Stuttgarter Kickers, den 1. FC Magdeburg und Borussia Neunkirchen tätig. Größter Erfolg seiner Trainerlaufbahn war 2002 der Aufstieg in die 2. Bundesliga mit seinem Stammverein Eintracht Trier.

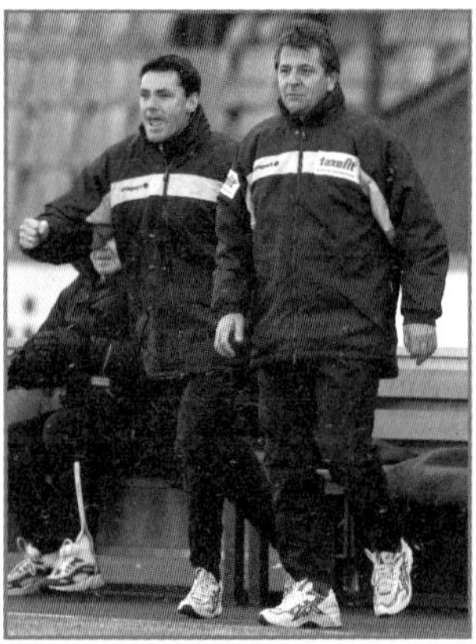

Tor für Eintracht Trier: Arno Michels jubelt, sein Cheftrainer Paul Linz (r.) kann es noch nicht richtig glauben.

Die Natur des Spiels: Dem Zufall Tür und Tor geöffnet

Interview mit dem Sportwissenschaftler Martin Lames

Auf fast jeder Seite dieses Buches ist davon zu lesen, wie entscheidend die richtige Strategie für Sieg oder Niederlage sein kann. Doch wird die Bedeutung der Taktik womöglich hin und wieder überhöht? Inwieweit lässt sich der Ablauf eines Spiels tatsächlich planen? Anders gefragt: Welche Rolle spielt der Zufall bei einem Fußballmatch? Professor Martin Lames von der Technischen Universität München hat diesen Aspekt zusammen mit seinem Forschungsteam untersucht und interessante Erkenntnisse gewonnen. Demnach fällt fast jedes zweite Tor per Zufall. Und es wird die Mär widerlegt, dass mehr Torchancen gleich mehr Tore bedeuteten. Auch rät Lames im Umgang mit sportanalytischen Daten zur Vorsicht.

Herr Professor Lames, worin liegt Ihr Forschungsschwerpunkt?

MARTIN LAMES: Unser großes Thema ist die Spielanalyse in ihren verschiedenen Facetten. Dabei geht es uns mehr um taktische als um konditionelle Leistungsvoraussetzungen. Wir interessieren uns besonders für die Genauigkeit der Messung von Aktions- und Positionsdaten. Diese Werte werden von Konsumenten und Journalisten oft einfach so hingenommen. Wenn zum Beispiel ein ausgewechselter Spieler während der Partie genau 8232 Meter gelaufen sein soll, dann fragen wir: Stimmt das eigentlich? Wie viel Vertrauen kann man in solche Werte haben? Letztlich interessiert uns natürlich auch, was sich mit diesen Werten anfangen lässt, welchen Nutzen sie für die Spielanalyse bringen.

Vor einigen Jahren haben Sie und ihr Team eine Studie durchgeführt, wonach im Schnitt von fünf Toren zwei dem Zufall geschuldet waren.

Genau. Wir führen diese Studie seit 1994 in regelmäßigen Abständen durch und die Zufallsquote liegt immer zwischen 40 und 50 Prozent. Hintergedanke war, den Einfluss des Zufalls bei einem Torerfolg zu messen. Dr. Roland Loy* behauptet, dass Erfolg im Fußball kaum begründbar sei und bei ähnlichen Voraussetzungen einer Lotterie gleiche. Soweit würde ich nicht gehen. Wir haben uns bei der Forschung auf die sichere Seite begeben, indem wir das Zustandekommen von Toren untersucht haben, weil sie klar definierte Ereignisse sind. Dann haben wir uns gefragt, bei welchen Merkmalen ein Tor nicht planmäßig entsteht.

Welche Merkmale sind das?

Es sind sechs Merkmale: Wenn der Ball abgefälscht wurde, wenn der Torwart eine starke Ballberührung hatte, er den Ball also vermutlich hätte halten können, oder wenn der Ball von Pfosten oder Latte ins Tor sprang. Auch Tore aus sehr weiter Entfernung gehören dazu oder Treffer, die nach einem Abpraller zustande kamen. Das häufigste Merkmal aber ist, dass die Abwehr zuvor einen Ballkontakt hatte, sei es bei einem Eigentor, oder wenn der Ball dem Torschützen oder Vorlagengeber von der gegnerischen Abwehr unbeabsichtigt aufgelegt wurde. Dann lässt sich nicht von einem geplanten Zustandekommen eines Tores sprechen, sondern nur von einem zufälligen.

Und wann handelt es sich um ein glückliches Tor? Wie lassen sich Zufall und Glück im Fußball voneinander abgrenzen?

---

* Dr. Roland Loy ist ein bekannter Sportwissenschaftler, der die vermeintlichen Gesetze des Fußballs mit statistischen Methoden hinterfragt. Er ist Autor unter anderem der Bücher *Taktik und Analyse im Fußball* oder *Das Lexikon der Fußballirrtümer*, in denen er den Fußball wissenschaftlich untersucht hat. Als persönlicher Berater von Franz Beckenbauer hat Loy ihn während der Fußball-Weltmeisterschaft 1990, bei Olympique Marseille sowie beim FC Bayern München mit seiner Datenerhebung unterstützt.

Das ist nicht so schwierig: Ein Zufallstor nach unserer Definition ist ein Tor, bei dem eine der eben geschilderten Zufallsvariablen im Spiel war, die für ein nicht geplantes oder nicht planbares Zustandekommen eines Tores stehen. Unter einem glücklichen Tor verstehe ich ein Tor, das zwar so geplant war, aber ein so hohes Maß an Leistungsniveau voraussetzte, dass es unwahrscheinlich war. Ein Beispiel ist das Tor von Mario Götze im WM-Finale 2014 gegen Argentinien: André Schürrle setzt sich gegen zwei Gegner durch, der argentinische Verteidiger Martín Demichelis begeht einen Stellungsfehler, und Götze nimmt den äußerst schwierigen Flankenball an und verwandelt ihn mit einer einzigen Bewegung!

Fußball als komplexes dynamisches System

Wenn tatsächlich so viele Tore dem Zufall geschuldet sind, sprechen Sie den Spielern damit nicht ihre fußballerische Qualität ab?

Nein, der Zufall relativiert nur die Planbarkeit von Toren. Unsere grundlegende Theorie besteht darin, dass Fußball als komplexes dynamisches System zu betrachten ist. Dabei treten 22 Spieler zueinander in Wechselwirkung, aus denen sich verschiedene Spielsituationen ergeben. Diese Wechselwirkungen sind nicht vorhersehbar, aber sie entspringen im Prinzip aus dem Aufeinandertreffen von taktischen Plänen, die beide Mannschaften versuchen umzusetzen. Die eine Mannschaft beabsichtigt, die Pläne der anderen zu durchkreuzen, weshalb der Ausgang der einzelnen Spielsituationen offen ist. Es entstehen Interaktionen; der eine Spieler reagiert auf das Verhalten des anderen. Das daraus »emergierende«, sichtbare Verhalten ist aber noch kein Zufallsprodukt, sondern spiegelt vielmehr die Natur des Spiels wider. Weiter ist typisch für den Fußball, dass die Ballkontrolle aufgegeben wird, zum Beispiel, wenn eine Flanke oder ein Eckball in den Strafraum geschlagen wird. Die Kontrolle wird dann in der Hoffnung auf eine Torchance ganz bewusst abgegeben. Insofern ist das noch geplantes Handeln und nach unserem Verständnis das Gegenteil von Zufall. Deshalb gehe ich auch nicht so weit wie Roland Loy mit seiner Aussage.

Von Pep Guardiola heißt es, dass er nach Perfektion im Spiel strebe. Schließen sich Perfektion und Zufall nicht gegenseitig aus?

So ist es! Mich interessiert sehr, wie klar den Entscheidungsträgern im Fußball dieser Punkt tatsächlich ist. Natürlich sollen die taktischen Pläne möglichst perfekt sein und auch auf alternative Spielverläufe gut vorbereiten, aber die entscheidenden Spielsituationen sind letztlich vom Zufall bestimmt. Ob ein Tor fällt oder nicht, liegt häufig nicht in der Kontrolle der Spieler. Die naheliegende Reaktion ist, sich so viele Torchancen wie möglich zu erarbeiten, um darauf zu hoffen, dass die eine oder andere Chance zum Torerfolg führt. Spieler und Trainer versuchen in ihrem Selbstverständnis, Kontrolle herzustellen. Nur lässt sich empirisch nicht belegen, dass eine vermehrte Kontrolle auch zu einer höheren Erfolgswahrscheinlichkeit führt.

Es stimmt also nicht, dass mehr Torchancen gleich mehr Tore bedeuten?

Dahinter lässt sich zumindest ein Fragezeichen setzen. Wir konnten bei unserer Analyse nur einen sehr schwachen Zusammenhang feststellen. Einige Mannschaften erzielten mit einer Fülle von Torchancen nur wenige Treffer, umgekehrt waren andere Teams trotz weniger Möglichkeiten oft erfolgreich. Die Menge der Tore ist aus der Anzahl der Torschüsse nicht prognostizierbar, genauso wenig das Ergebnis einer einzelnen Torchance. Das ist auch eine alltägliche Beobachtung, die zur Dramatik und Faszination von Fußball beiträgt, dass sich eine Mannschaft trotz nur geringer Spielanteile und Torchancen dennoch gegen einen vermeintlich überlegenen Gegner durchsetzt. Dann wird oft von einer »unverdienten Niederlage« gesprochen, eine Deutung, die genau auf diesen nicht-linearen Zusammenhang zwischen Torchancen und Toren zurückgeht.

Deutet der jahrzehntelange Erfolg von Bayern München nicht darauf hin, dass sich durch hochqualifizierte Spieler der Einfluss des Zufalls im Fußball verringern lässt?

Wenn die Bayern es schaffen, den Gegner durch eine dominante Spielweise komplett vom eigenen Tor wegzuhalten, dann haben sie natürlich viel erreicht und der Zufallsfaktor zumindest bei Gegentoren im Zaum gehalten. Doch selbst bei den auf Ballkontrolle bedachten Bayern lässt sich nicht alles planen. Trotz gleicher Spielweise schießen sie gegen Augsburg vier, gegen Freiburg aber »nur« zwei Tore. Eben auch aufgrund des Zufalls. Der Vorteil der Bayern besteht aber darin, dass sie eine große Flexibilität im taktischen Handeln eingeführt haben, die sie schwer ausrechenbar macht. Dieser Zugewinn hebt sich auch von früheren Erfolgs-Mannschaften des FC Bayern ab. Ein wesentlicher Fortschritt.

Worin sich der Fußball von anderen Sportarten unterscheidet

Unterscheidet sich der Fußball in seinem zufälligen Zustandekommen von Toren von anderen Sportarten?

Ja, in diesem extremen Zuschnitt schon. Das liegt an mehreren Faktoren. Zunächst fallen beim Fußball in der Regel nur sehr wenige Tore, der Schnitt liegt unter drei pro Spiel. Das heißt, der Spielausgang hängt stark von singulären Ereignissen ab. Beim Handball oder Basketball gibt es wesentlich mehr solcher »spielstandsverändernden Ereignisse«, also Tore. Damit geht auch die Erfolgsrate von Spielzügen einher, die im Handball zwischen 40 und 45 Prozent liegt. Das heißt, wenn eine Mannschaft den Ball in ihren Reihen hat, schließt sie bis zu 45 Prozent aller Angriffe erfolgreich ab. Das ist mit dem Fußball nicht vergleichbar, dort liegt die Quote wesentlich niedriger.

Worin liegt ein weiterer Unterschied?

Im Fußball haben wir das Phänomen der geringeren Ballkontrolle. Überspitzt könnte man sagen, dass der Fußballer nie perfekte Ballkontrolle besitzt, sondern den Ball lediglich durch geringere oder stärkere Impulse zu steuern versucht. Im Handball existiert eine ganz andere Form der Ballkontrolle. Der Handballer hat den Ball permanent im Körperkontakt, hält ihn fest in der Hand, während der Fußball durch Impulse mit dem Fuß weitergespielt wird.

Wobei die Bayern auch an der Ballkontrolle arbeiten, indem sie auf Ballbesitzfußball setzen, der zwar keine langen Kontakte vorsieht, aber den Ball für längere Zeit in den eigenen Reihen hält.

Das scheint mir eine sehr erfolgreiche Taktik zu sein. Der FC Barcelona und Spaniens Nationalmannschaft haben vorgemacht, wie es geht. Der Handlungsplan gibt hier eine maximale Ballkontrolle vor, viel mehr, als sonst im Fußball üblich.

Von Matthias Sammer ist der Satz überliefert: »Wir wollen den Zufall im Fußball minimieren.« Ein realistischer Ansatz?

Wir müssen unterscheiden zwischen dem laufenden Spiel, in dem es hin und her geht, und den kritischen Übergängen, die den Spielstand verändern. Diese Zustandsübergänge zeichnen sich durch ganz eigene Charakteristika aus. Beim Verhältnis zwischen Torchancen und erzielten Toren lässt sich der Zufall nach unseren Erkenntnissen nicht beeinflussen – bei der Ballkontrolle hingegen lässt er sich schon minimieren. Schlage ich den Ball einfach nach vorne und hoffe, dass die Stürmer schon irgendwie an den Ball kommen, dann ist das ein zufallsbasierter Spielaufbau. Wird der Ball jedoch durch Kombinationen kontrolliert nach vorne gebracht, lässt sich der Zufall etwas einschränken.

Sie sagten, dass an 40 bis 50 Prozent der Tore der Zufall beteiligt ist. Gilt das nur für die Bundesliga oder auch für andere Ligen?

Für die Saison 2011/12 haben wir die Tore der Bundesliga mit denen aus der englischen Premier League verglichen. Die Bedeutung des Zufalls lag in beiden Ligen bei ungefähr 47 Prozent, mit einer

Abweichung von gerade mal 0,3 Prozent. Bei unseren sechs Zufallsmerkmalen gab nur zwei signifikante Unterschiede: In Deutschland hatte der Torwart häufiger die Finger am Ball, während in England mehr Tore durch Fernschüsse ab der Strafraumgrenze fielen. Diese Punkte stimmen überein mit den Vorstellungen, die man von beiden Ligen hat. Angesichts von etwa 1900 analysierten Toren lässt sich der Einfluss des Zufalls nicht abstreiten, es scheint sich um so etwas wie eine Naturkonstante im Fußball zu handeln.

Überspitzt gefragt: Könnten sich die Trainer ihre Trainingsarbeit nicht sparen, wenn ohnehin die Hälfte der Tore dem Zufall entspringt?

Sicher nicht. Es gibt Leistungsvoraussetzungen, also stabile Eigenschaften des Spielers, die er in den Wettkampf mit einbringt. Dazu gehören die physische und psychische Vorbereitung oder technische Voraussetzungen wie ein genaues Passspiel, mit denen sich taktische Absichten überhaupt erst umsetzen lassen. Hinzu kommt die Qualität der taktischen Vorgaben, sowohl für den einzelnen Spieler als auch für das Kollektiv der gesamten Mannschaft. Diese Vorgaben sind im Kopf der Spieler und werden mit in die Begegnung gebracht. Bildhaft und etwas martialisch gesprochen, bereitet der Trainer seine Mannschaft auf die Partie vor, indem er die Waffen schärft, mit denen die Spieler in den sportlichen Wettkampf ziehen: Eigenschaften wie Ausdauer, Schnelligkeit und Kraft. Dann treffen sie auf die andere Mannschaft, die über ihre eigenen Waffen verfügt.

Natürlich ist eine möglichst gute Vorbereitung sehr wichtig, um die Wahrscheinlichkeit zu erhöhen, als Sieger aus dem Duell hervorzugehen. Ob aber der einzelne Hieb gelingt, ob die erspielten Chancen verwandelt werden, das ist unvorhersehbar. Hier kommt wieder der Zufallscharakter ins Spiel, der den Reiz dieser Kämpfe ausmacht und weshalb Millionen Menschen sie sich immer wieder anschauen. Natürlich müssen Trainer und Spieler ihr Maximum tun, um mit guten Voraussetzungen ins Spiel zu gehen. Doch davon hängt nicht zwangsläufig der Erfolg ab. Das mag eine zuweilen frustrierende Erkenntnis sein.

Neben dem Zufallsaspekt interessieren Sie sich auch sehr für spielanalytische Daten und ihre Aussagekraft. Welche von ihnen sind für Trainer nützlich und welche sind eher für Statistikliebhaber gedacht?

Die überwiegende Zahl der erhobenen Daten bringt keinen Nutzen. Das muss ich leider so deutlich sagen. In dieser Meinung fühle ich mich bestärkt, wenn ich die Arbeit von Pep Guardiola betrachte. Er schaut sich keine Statistiken an, sondern analysiert die Spielweise des Gegners mit einer speziellen Kameraeinstellung. Das entspricht auch unserer Vorgehensweise, wenn wir bewerten wollen, ob ein Spieler zweikampfstark ist. Dabei ist die populäre Statistik »gewonnene Zweikämpfe« nur bedingt eine Hilfe. Erstens habe ich sehr große Zweifel an der Zuverlässigkeit dieser Daten. Vor längerer Zeit gab es mal Aufregung, weil Borussia Dortmunds Verteidiger Neven Subotic in einem Spiel insgesamt nur acht Zweikämpfe geführt und davon lediglich zwei gewonnen haben sollte. Dann haben die Dortmunder Analysten das nachgeprüft und festgestellt, dass diese Erhebung falsch war. Hier ist es nur deshalb aufgefallen, weil die Zahl völlig außerhalb der Norm war. Routinemäßig wird die Überprüfung nicht vorgenommen.

Wider der Oberflächlichkeit

Und zweitens?

Wenn ich wirklich wissen will, wie gut jemand im Zweikampf ist, muss ich mir seine Zweikämpfe im Video gründlich ansehen und eine qualitative Interpretation vornehmen. Wie war die einzelne Situation zu bewerten? Musste er in den Zweikampf gehen? Wollte er den Ball haben oder nur den Gegenspieler blocken? Weshalb bekam er keinen Zugriff? Zweikampf ist nicht gleich Zweikampf. Wenn

Arjen Robben in vollem Lauf ist und einen Haken schlägt, ist es schwieriger, den Zweikampf zu gewinnen, als wenn man ein Zuspiel hätte antizipieren können, aber zu spät kam. Erst wenn Sie diesen Zusammenhang für alle getätigten Zweikämpfe in einem Spiel rekonstruiert haben, bekommen Sie einen Eindruck davon, wie stark der Spieler in Eins-gegen-Eins-Situationen wirklich war. Einfach nur zu festzustellen, er hat lediglich 40 Prozent seiner Zweikämpfe gewonnen, das ist viel zu oberflächlich. Die Daten müssen immer interpretiert und relativiert werden, sonst sind sie nutzlos.

Sie halten die Bedeutung der ermittelten Spieldaten also für überbewertet?

Ja, denn zum Teil werden auch anfängerhafte Fehler gemacht, gerade bei der Positionserfassung von Spielern. Abweichungen von 20 bis 30 Zentimeter sind keine Seltenheit. Es gibt keine einzige Studie, die hinterfragt, was diese Differenzen für die später interpretierten Daten bedeuten, für die Gesamtlaufleistung zum Beispiel. Da gibt es zu meiner Überraschung niemanden, der sich dafür interessiert. Offenbar wird auch im Mannschaftstraining mit diesen Daten gearbeitet. Ihre Zuverlässigkeit scheint viele nicht zu interessieren, vielleicht auch, weil es eine verkopft-wissenschaftliche Fragestellung ist, wie genau sie ermittelt wurden. Dabei müsste schon der gesunde Menschenverstand fragen, ob die Daten alle stimmen können. Sie als gegeben hinzunehmen, finde ich sehr verwunderlich.

Technische Datenerfassung

Viele taktische Analysen basieren auf einer technischen Datengewinnung, wie sie zum Beispiel die beiden Anbieter *Opta Sport Daten AG* und *Hego Trac AB* ermöglichen. Diese beiden erheben seit der Saison 2013/14 die offiziellen Spieldaten der 36 deutschen Profiklubs aus Bundesliga und Zweiter Bundesliga. Opta und Hego Trac erwarben internationales Renommee, indem sie bereits für eine Vielzahl an Verbänden, Ligen und Klubs Daten sammelten und analysetauglich aufbereiteten.

Die Aufgabenteilung zwischen den Partnern ist klar umrissen: Opta analysiert die sogenannten »Spielereignisdaten«, zu denen vor allem Tore, Torvorlagen oder Einwürfe gehören. Hego Trac fügt die, nomen est omen, Trackingdaten hinzu, zu denen unter anderem die Geschwindigkeiten und Laufwege der Spieler zählen. Spiel wie Spieler sind damit gläserner geworden. »Ziel ist es, die Lizenzklubs im Bemühen um die Steigerung der sportlichen Leistungsfähigkeit durch modernste Analyse-Methoden zu unterstützen«, heißt es zum Hintergrund bei *bundesliga.de*.

Die gewonnenen Daten sollen den Klubs gleich auf drei Ebenen helfen: Für ein noch gezielteres Training der eigenen Spieler, zur besseren Vorbereitung auf den nächsten Gegner sowie beim Scouting. Passt der umworbene Spieler mit seinen Stärken und Schwächen zum eigenen Suchprofil? Doch nicht nur die Vereine profitieren: Auch Medienvertreter können über das Datenmaterial verfügen, das ihnen die Spielanalyse erleichtern und neue Erkenntnisse verschaffen soll – die sie gezielt auch an die Fußballfans beispielsweise vor den Bildschirmen weitergeben können. »Gezielt« deshalb, da angesichts von bis zu 2000 Daten, die pro Partie ermittelt werden, die journalistische Kunst darin liegt, aus der Datenflut die wirklich relevanten Fakten herauszufiltern.

Jede Partie wird von drei Mitarbeitern verfolgt, einem Experten pro Mannschaft sowie einem dritten, der die Stimmigkeit der erhobenen Daten untereinander überprüft. Hochsensible Screening-Kameras zeichnen die Spielereignisse auf, eine von Opta eigens entwickelte Software sorgt für eine verwertbare Datenpräsentation. Gearbeitet wird nahezu in Echtzeit – denn nur Sekunden nach einer bestimmten Spielszene sind die zugehörigen Daten bereits für den Kunden abrufbar.

Quellen: *bundesliga.de* und *optasports.de*

Jens Lehmann erzählte, Arsène Wenger habe in der Saison 2003/04 einen Vorteil aus der Interpretation spielanalytischer Daten gezogen. Ist das nicht ein Widerspruch zu Ihrer These, dass die Mehrzahl der Daten nutzlos sei? Und glauben Sie, dass dieser Vorteil heute noch erzielt werden kann, da inzwischen offenbar alle Topklubs ein Analysetool verwenden?

Das ist kein Widerspruch, denn es gibt auch sinnvolle Datenanalysen. Dazu kann ich Ihnen gleich ein konkretes Beispiel geben. Die Tatsache, dass die Daten allen zur Verfügung stehen und alle über die gleichen Software-Tools verfügen können, um sie auszuwerten, bedeutet nicht, dass alle auch den gleichen Nutzen daraus ziehen. Der Nutzen ist umso größer, je tiefer man die taktischen Fragestellungen durchdringt, je bessere Fragen man an die Tools stellt. Mit anderen Worten: Wenn man selbst ein analytischer Taktiker ist, dann profitiert man am meisten davon.

In welcher Form können die Daten denn sinnvoll aufbereitet werden?

Es ist meine feste Überzeugung, dass es nicht auf die technologischen Tools ankommt, die einem zur Verfügung stehen, sondern auf die Qualität der Gedanken, die ich mir mache, und die Qualität der Interpretation von taktischem Verhalten, das im Prinzip alle auf dem Video sehen. Die Technik stellt dabei – im Gegensatz zur Vergangenheit – kein Hindernis mehr dar, sondern kann im Gegenteil neue, bisher nicht mögliche Auswertungen zur Verfügung stellen, die die taktische Analysetiefe vergrößern.

Von der Bedeutung des Schwerpunkts

Sie sprachen eben von einem Beispiel für eine nützliche Erhebung von Spieldaten. Welches ist das?

Wir haben einmal eine Untersuchung durchgeführt, bei der wir anhand der mittleren Positionen der Spieler ihre Bewegungsschwerpunkte auf dem Platz ermittelten. Dazu teilten wir das Spielfeld in ein Koordinatensystem ein und bestimmten über neunzig Minuten die Spielerpositionen sekündlich als x- und y-Koordinaten. Daraus haben wir den Mittelwert berechnet, der uns die mittlere Spielfeldposition der Mannschaft in der jeweiligen Sekunde angegeben hat. Den Torwart haben wir unberücksichtigt gelassen, weil er sich atypisch verhält. Dann haben wir die mittleren Schwerpunkte beider Mannschaften zueinander in Beziehung gesetzt. Wenn sich der eine Mittelpunkt hier befindet, wo ist dann der andere? Wie stark also sind die beiden Schwerpunkte miteinander gekoppelt? In diesem Spiel waren die beiden Schwerpunkte sehr stark gekoppelt.

Und welchen Aussagewert hatte dieses Ergebnis?

Es ist ein Qualitätsmerkmal eines guten Fußballspiels, dass sich die beiden Teams aufeinander bezogen über den Platz bewegen. Wir haben das nicht nur bei kompletten Mannschaften, sondern auch bei Mannschaftsteilen analysiert, zum Beispiel den Mittelfeldreihen. Das geht auch in der Beobachtung zweier Spieler wie Verteidiger und Stürmer gegeneinander oder der beiden Innenverteidiger miteinander. Ebenso lässt sich diese Analyse hinsichtlich der Ballposition durchführen, bei der man fragen kann, wie eng eine Mannschaft zum Ball gekoppelt ist. Mit dem Ergebnis lassen sich Aussagen zur Qualität des taktischen Verhaltens treffen. Verlangt der Trainer ballorientiertes Spiel, muss sich das in einer hohen Kopplung der Mannschaft sowohl untereinander als auch zum Ball äußern. Idealerweise bewegen sich die Spieler gemeinsam wie ein Körper – ein Verhalten, das im modernen Fußball häufig gefordert wird. Und das können wir durch die Positionsdaten empirisch nachweisen.

Und dieses Agieren als ein einziger Körper lässt sich umso besser nachweisen, je höher das Spielniveau ist?

Wir gehen davon aus, dass in unterklassigen Ligen eher eine Entkopplung vorliegt, weil die Abwehrspieler verstärkt hinten bleiben und sich weniger am Ball orientieren, wenn die Offensivspieler den Ball haben. Das haben wir aber aufgrund des fehlenden Videomaterials noch nicht wissenschaftlich untersucht. Jedoch haben wir ein Champions-League-Spiel zwischen Manchester United und Bayern München sowie eine Bundesliga-Partie zwischen Bayern und Borussia Dortmund ausgewertet – noch bevor der BVB unter Jürgen Klopp so gut wurde. Da konnte man feststellen, dass die Kopplung in der Champions League wesentlich enger war.

Ex-Profi Thomas Hitzlsperger sagte, die Laufleistung habe sich seit der Europameisterschaft 2008 auf seiner Mittelfeldposition deutlich gesteigert. Haben Sie Daten erhoben, die diese Einschätzung belegen? Denken Sie im Umkehrschluss, dass die Veröffentlichung der Laufleistung zu einigen »überflüssigen« Läufen führt, damit der Spieler in der Statistik besser dasteht?

Man sagt, dass sich die Laufleistung im Fußball gesteigert hat, mangels stichhaltiger Untersuchungen der Vergangenheit ist dies wohl nicht mehr empirisch prüfbar. Die wenigen Untersuchungen in der Vergangenheit konnten noch nicht auf die phantastischen Methoden zurückgreifen, über die wir heute verfügen. Was den anderen Teil der Frage angeht, so kennt man aus dem Basketball das Phänomen, dass sich Abwehrspieler um einen Brett-Abpraller streiten, obwohl kein Gegner in der Nähe ist: das »playing for the stats« (»für die Statistik spielen«), bei dem ein »defensive rebound« gutgeschrieben wird. Wenn man das nur statistisch auswertet, zählt ein solcher Rebound genauso viel wie ein hart erkämpfter. Möglicherweise wird das im Fußball auch einmal Einzug halten. Gerüchteweise gibt es schon Spielmacher, die von den Kollegen fordern, dass grundsätzlich jeder Angriff über sie zu laufen habe. Das ist schon sehr ähnlich.

Zur Person

Prof. Dr. Martin Lames ist Inhaber des Lehrstuhls für Trainingswissenschaft und Sportinformatik an der Technischen Universität München. Zu seinen Arbeits- und Forschungsschwerpunkten zählen die Sportspielforschung,

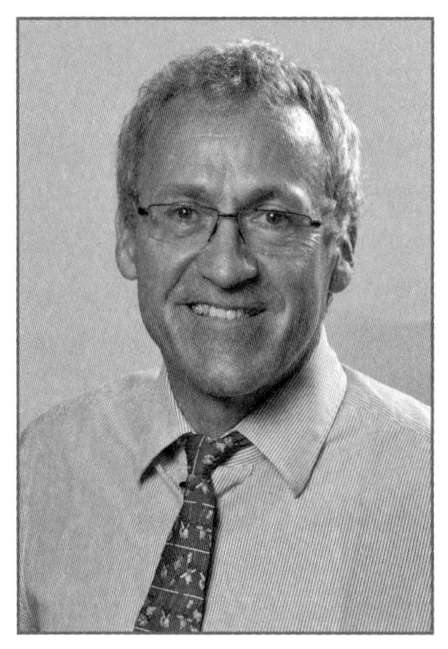

Leistungsdiagnostik, informatische und mathematische Modellbildung im Sport sowie Talentforschung. Lames studierte Sport, Mathematik und Philosophie an der Universität Mainz. Von 1996 bis 2002 war er Professor an der Universität Rostock, ehe er sieben Jahre lang an der Universität Augsburg lehrte wie forschte und dies seit 2009 an der TU München fortsetzt.

Auslöser für Lames' Forschungsinteresse war seine Zeit als wissenschaftlicher Mitarbeiter und Doktorand in Mainz Ende der 1980er Jahre. Lames' Doktorvater Manfred Letzelter, Professor für Trainingswissenschaft, entwickelte die theoretische Leistungsdiagnostik. Sie beschäftigte sich mit der Frage, wie sich der Zusammenhang zwischen Leistungsvoraussetzungen und Wettkampfleistung empirisch überprüfen und messen lässt. Lames erinnert sich: »Als Weltrekordler über 200 Meter indoor war Letzelter selbst ein ausgezeichneter Leichtathlet und hat sich vorwiegend für die Leistungsstruktur in konditionell bestimmten Sportarten interessiert. Er war sehr erfolgreich mit der Leistungsvorhersage. Wenn Sie von einem Sprinter die Reaktionszeit, Beschleunigungsfähigkeit, Maximalgeschwindigkeit und Sprintausdauer kennen, die sich alle in Tests ermitteln lassen, dann können Sie die Laufzeit über 100 Meter sehr präzise vorhersagen. Doktoranden suchen sich gerne neue Betätigungsfelder und so kam ich auf die Idee, diesen Ansatz auf Sportspiele zu übertragen. Dabei stellte sich schnell heraus, dass die klassische Methode aus der Leichtathletik nicht anwendbar ist, weil die Struktur von Ausdauer- und Kraftsportarten eine völlig andere ist. Im Sprint ist die Trainingszeit oft identisch mit der Wettkampfleistung. Das ist bei Sportspielen anders, viel komplexer. Bei ihnen reicht es nicht, die Trainingsleistung umzusetzen, sondern es geht um die Auseinandersetzung mit dem Gegner plus die Bedeutung des Zufalls bei spielrelevanten Ereignissen. Und diese Andersartigkeit der Leistungsstruktur in den Sportspielen reizt mich bis heute.«

Angriff: Bruno Labbadia über Phantasie und Kreativität im Kopf

Die Rückkehr des Gefühls

Ein Januartag, an dem es in Hamburg nicht richtig hell wird. Bruno Labbadia ist am Morgen bei drei Grad schon um die Außenalster gelaufen, jetzt sitzt er in einem Café in St. Georg. Dort entdeckt ihn der Verkäufer der Obdachlosenzeitung *Hinz und Kunzt*, der auf dem Weg nach draußen gerade wieder seine Handschuhe anzieht. Labbadia umarmt den Mann, beide strahlen. Das Stadtviertel direkt neben dem Hamburger Hauptbahnhof ist eines der buntesten der Stadt und dennoch im Grunde ein Dorf geblieben, in dem man sich kennt. Der ehemalige HSV-Trainer wohnt hier mit seiner Familie seit 2009, als er von Leverkusen kommend bei den Rothosen unterschrieb. Nach Stuttgart, seiner nächsten Trainerstation, ist er, so häufig es ging, gependelt. »Wir sind während meiner Karriere genug umgezogen.«

Bruno Labbadia war ein wendiger Stürmer, der in 328 Bundesliga-Spielen für den Hamburger SV, 1. FC Kaiserslautern, Bayern München, 1. FC Köln und Werder Bremen 103 Mal getroffen hat. Als Trainer, der er seit 2003 ist, kann Labbadia den Stürmer nicht verleugnen. »Ich bin ein großer Fan davon, offensive Abläufe zu trainieren«, sagt der Fußballlehrer, während wir in einem Szene-Café frühstücken.

Es gibt Angreifer, die sprechen von Intuition, wenn sie erklären wollen, warum sie Tore schießen. Labbadia spricht von speziellen Übungseinheiten, die man für das richtige Timing im Strafraum braucht. »Ich habe fast täglich Flankentraining gemacht«, sagt er. »Weil ich glaube, dass man immer wieder dieses Gefühl dafür braucht. Ich habe mir das Timing immer wieder geholt. Wenn ich eine Phase hatte, in der ich merkte, mir fehlt das richtige Timing, dann habe ich mir nur ›Mondbälle‹ reinspielen lassen. Einfach nur hohe Flanken, wo ich am höchsten Punkt den Ball per Kopf nehmen musste. Dadurch habe ich das Gefühl zurückbekommen.«

Elf gegen Null

Dazu gehört die Antizipation, das Vorausahnen von Situationen, das man trainieren kann »und fast täglich trainieren muss«, so Labbadia. Um zu verdeutlichen, was er meint, erzählt er eine Anekdote aus dem Spätherbst seiner Karriere als Zweitligaprofi beim Karlsruher SC. Die Badener retteten sich 2003 am letzten Spieltag durch ein Labbadia-Tor gegen Greuther Fürth vor dem Abstieg. »Im letzten Jahr meiner Karriere machte ich wie immer nach dem Training weiter. Ich war 37, ein anderer 37-Jähriger, Bernhard Trares, gab die Flanken. Ein jüngerer Spieler fragte mich, warum ich das mache. Ich war ganz perplex und wusste nicht, was ich sagen sollte. Am nächsten Tag hat mir Trares die Vorlage zu einem entscheidenden 1:0-Treffer gegeben. Ich bin zu dem jungen Spieler hin und habe ihn gefragt: ›Hast du jetzt gesehen, warum?‹«

Labbadia hat nach dieser Episode einige Spieler mit überragendem Talent im Torabschluss gesehen. »Patrick Helmes ist in Leverkusen kalt auf den Trainingsplatz gekommen und hat das Ding aus 50 Metern ins Tor geknallt. Der wollte immer nur schießen. Der brauchte eigentlich kein Schusstraining. Ein begnadeter Abschlussspieler.« Stürmerkollege Ruud van Nistelrooy, den Labbadia beim Hamburger SV erlebte, hat »keinen harten Schuss gehabt, aber die Genauigkeit« im Abschluss.

Selbst in der Bundesliga sind Spieler, die im gegnerischen Strafraum die Ruhe bewahren, knapp und entsprechend begehrt. Labbadia nennt einen Spieler wie Alexander Meier, den er noch nicht trainiert hat. Der Offensivspieler von Eintracht Frankfurt schießt die meisten seiner Tore technisch anspruchsvoll mit dem Innenspann. Diese Direktabnahmen kann man üben, man braucht als Stürmer möglichst viele davon. »Häufig werden diese Dinge nach dem Training simuliert. In der Regel nehme ich mir alle zwei, drei Tage die Offensivspieler vor. Dann gibt es Wettbewerbe. Ich lasse mir Dinge einfallen, bei denen es um Reaktion geht. Der Stürmer steht zwischen Elfmeterpunkt und Sechzehner mit dem Rücken zum Tor. Von links oder rechts kommt ein Ball, unterschiedlich hart oder hoch. Der Stürmer muss sich schnell drehen und schnell darauf reagieren.«

Ist die Antizipationsfähigkeit für einen Angreifer elementar, wird im modernen Fußball, mit seinen sich verknappenden Räumen, mehr verlangt. »Gegen tief stehende Gegner braucht man in der Offensive bestimmte Bewegungsabläufe, um dieses Gefüge auseinanderzunehmen«, sagt Labbadia. »Deshalb trainieren wir die Automatismen, die dafür nötig sind. Mal ohne Gegner, mal mit Gegner.« Die Taktikschulung kann als Grundvoraussetzung zunächst bedeuten, dass Labbadia seine Profis auch im Elf gegen Null die von Thomas Helmer beschriebenen Trockenübungen nach Art von Giovanni Trapattoni üben lässt (vgl. Seite 95). »In Italien«, sagt Labbadia, selbst italienischer Abstammung, »macht man das teilweise zweimal in der Woche eine bis anderthalb Stunden lang. Man merkt, dass es dort von der Jugend an ein Trainingsschwerpunkt ist. Bei uns ist das noch nicht so drin. Die Erfahrung ist, dass wenn man das bei uns mal länger als eine halbe Stunde macht, eine gewisse Langeweile, fast Desinteresse aufkommt. Man muss es deshalb dosiert und immer wieder punktuell ins Training einbringen. Ich bin ein großer Befürworter davon, weil ich glaube, dass es zur wöchentlichen Arbeit dazugehört.«

Laufwege üben, freie Entscheidungen treffen

Entscheidend sei, so Labbadia, den Spielern Lösungsmöglichkeiten mitzugeben. »Es ist definitiv schwieriger, die Offensive als die Defensive zu trainieren, weil zur Offensive viele Aspekte wie Intuition, Phantasie und eine gewisse Flexibilität im Kopf dazugehören. »Ich bin ein großer Fan davon, offensive Abläufe zu trainieren. Wir haben klare Spielzüge vorgegeben. Anschließend ist es wichtig, dass die Spieler das, was wir trainiert haben, ohne weitere Vorgaben anwenden. Die Mannschaft bekommt die Zeit und die Freiheit, ihre Phantasie auszuspielen. Im Spiel müssen die Spieler auch freie und vor allem richtige Entscheidungen treffen.«

Gerade im Offensivspiel lassen sich qualitative Unterschiede zwischen einzelnen Mannschaften erkennen. Es gibt Teams, denen aus der jeweiligen Spielsituation heraus kreative Lösungen einfallen. »Weil sie vom Kopf her und fußballerisch einfach gut sind«, so Labbadia. »Andererseits gibt es Mannschaften, die sich schwer tun, wenn sie im Spiel keine Vorgaben von der Trainerbank bekommen. Dann weiß ich als Trainer, dass meine Mannschaft noch nicht so weit ist und wir für ein gutes Offensivspiel weiter trainieren müssen.« Damit könnte der »taktische IQ« gemeint sein, den Hockey-Bundestrainer Markus Weise als Ergebnis jahrelanger Arbeit beschreibt (siehe Seite 146).

Mit den Kaffeetassen zeigt Labbadia nun, wie ein Stürmer, nicht immer derselbe, in der Offensive einem Abwehrspieler begegnet. Der Verteidiger, Labbadia verschiebt einen Zuckerstreuer, hat entweder die Möglichkeit mitzugehen, oder abzukippen. Der andere Stürmer geht in die Tiefe. Es entsteht eine Lücke. Der ständig ackernde Stürmer Labbadia hat sie einst für seine Tore genutzt, meistens jedenfalls.

Häufig setzen Trainer auf die Verbindung zweier verschiedener Stürmertypen. Die bevorzugte Kombination ist der große, athletische, kopfballstarke Angreifer an der Seite eines kleinen, wendigen Dribblers, der den Ball behaupten und Fouls provozieren kann. Aber es gibt auch ungewöhnliche Sturmpaare, die sich gegenseitig ergänzen. Labbadia lacht, als er an einen Sturmpartner denkt, der bereits von Thomas Helmer gewürdigt wurde. »Ich habe mal gemeinsam mit Toni Polster in Köln gespielt«, sagt Labbadia. »Eine Kombination, bei der man sagt, das geht eigentlich gar nicht. Aber wir waren das erfolgreichste Sturm-Duo in jenem Jahr. Das lag daran, dass ich im Spiel ein Stück weit für ihn mitgearbeitet habe, sodass Polster seine Stärken einbringen konnte. Das hat funktioniert, weil ich körperlich auf einem hohen Niveau war.«

Als Trainer des Hamburger SV ließ Labbadia meist Paulo Guerrero und Mladen Petric zusammenspielen. »Zwei teilweise ähnliche Spielertypen, die gut miteinander harmoniert haben. Wir hatten in Hamburg ein spielstarkes Mittelfeld und auch auf den Außenpositionen spielstarke Spieler, es war dadurch überhaupt kein Problem, mit zwei Spitzen zu spielen.« Dahinter standen mit David Jarolim und Zé Roberto zwei Sechser, die ihre Stärken auch in der Offensive hatten.

»Idealerweise«, so Labbadia, »hat man zwei Spielertypen, die auch zusammenspielen können. Aber manchmal gibt es die Situation, dass ich zwei mit ähnlichen Qualitäten habe, dann muss man sich überlegen, wie man sie einsetzt.« In Stuttgart holte Labbadia 2012 mit Vedad Ibisevic einen typischen Stoßstürmer. Der Brasilianer Cacau wäre mit seiner Wendigkeit die ideale Alternative gewesen, fiel aber verletzungsbedingt häufig aus. Hinzu kam: »Uns fehlte im Mittelfeld die Spielstärke, um mit zwei Stürmern zu spielen. Wir hatten auf den Außenpositionen Beinahe-Stürmer. Martin Harnik auf der rechten Seite ist ein gelernter Stürmer, der jetzt auch wieder vorne drinsteht. Auf der linken Seite galt für Julian Schieber dasselbe. Dann spielst du eigentlich mit drei Spitzen. Es nützt nichts, wenn ich dann noch einen vierten Stürmer aufstelle. Stürmer sind auf Zuspieler angewiesen. Aber wenn ich keine Zuspieler mehr habe, geht es nicht.«

Als Labbadia im Dezember 2010 den VfB Stuttgart übernahm, steckte der Verein mit nur zwölf Punkten aus der Hinrunde mitten im Abstiegskampf. »Nach einigen Wochen hatte ich das Gefühl, dass sich die Mannschaft schwer tut, hinten raus zu spielen«, erinnert er sich. »Weil die Sicherheit nicht da war. Die Spieler wussten aber, dass ich das permanent mit ihnen trainiere. Ich habe das Gespräch mit dem Mannschaftsrat gesucht, der bestätigte, dass sie sich nicht sicher fühlen. Dann ist es egal, was ich persönlich will. Es kommt dann im Abstiegskampf nicht mehr auf das gepflegte Aufbauspiel an. Wir haben daher geübt, uns die zweiten Bälle zu holen. Für mich war das eine wichtige Erfahrung als Trainer. Ich hatte zuvor immer nur

Mannschaften betreut, die im oberen Tabellendrittel lagen. Es ist mir gelungen, mich darauf einzustellen, was im Abstiegskampf gefragt war.« Der Realitätssinn, mit dem Labbadia die Dinge in Stuttgart angegangen war, sorge für die nötige Stabilität. In der Rückrunde holte der VfB 30 Punkte, am Ende belegte das Team einen sicheren Rang zwölf mit einigem Abstand zu den Abstiegsrängen.

Realismus statt Powerfußball

Im Jahr darauf machte die Mannschaft einen fußballerischen Entwicklungsschritt nach vorne. In der Abschlusstabelle kam sie auf Platz sechs, was gleichbedeutend mit der Qualifikation für die Europa League war. Ihr Trainer sah sich durch die spielerische Verbesserung und das Engagement der Spieler in seiner Arbeit bestätigt. »Wir haben es geschafft, meinen Fußball zu spielen. Die Mannschaft war Feuer und Flamme für diese Spielweise.«

Die folgende Spielzeit gestaltete sich schwieriger, obwohl sich das Erreichte durchaus sehen lassen konnte: Im DFB-Pokal kam Stuttgart bis ins Endspiel, das mit 2:3 gegen den FC Bayern verloren ging, in der Europa League erreichte der VfB das Achtelfinale, wo die Schwaben an Lazio Rom scheiterten. »Der Knackpunkt war für mich, dass wir es dann versäumt haben, die Mannschaft personell zu verstärken. Das Team war auf dem aufsteigenden Ast, hatte verinnerlicht, was wir für einen Fußball spielen können. Aber wir spielten in drei Wettbewerben. Die Mannschaft war personell schwächer geworden, als zu dem Zeitpunkt, zu dem ich sie übernommen hatte. Wir hatten Millionenverkäufe in diesen zwei Jahren. Dann musst du dich fragen: ›Kann ich jetzt diesen Powerfußball spielen, habe ich Möglichkeiten, einzuwechseln oder muss ich fast immer mit denselben 13, 14 Spielern auskommen?‹ Dazu waren wir gezwungen. Die Breite des Kaders war nicht gegeben. Zwischendurch musste ich immer wieder zurückrudern: Weil ich gemerkt hatte, dass wir in den Abstiegskampf kommen, wenn ich sie weiter so spielen lasse. Dann ist es besser, einen

Gang zurückzuschalten. Wir hatten nicht diese Frische, die man braucht, um die Art Fußball zu spielen, die ich wollte. Die Mannschaft habe ich bei diesen Entscheidungen mit ins Boot geholt.«

In die Abstiegsränge geriet Labbadias Mannschaft, die am Ende Rang zwölf belegte, in dieser Saison nicht. »Für mich als Trainer war es ein bisschen schade, weil ich die Art von Fußball, die mir vorschwebte, gerne gesehen hätte«, so Labbadia. »Das ist aber nicht immer machbar. Es gehört zum Trainerberuf auch dazu, in einem solchen Fall die richtigen Entscheidungen zu treffen.«

Labbadia betont im Gespräch mehrmals, dass er ein Freund davon ist, Elemente wie Standardsituationen bereits in der Saisonvorbereitung zu trainieren. Dazu gehören auch eher ungewöhnliche Übungsformen wie Life Kinetik, die beispielsweise auch von Jürgen Klopp in Dortmund eingesetzt wird. Dabei wird das Gehirn durch ungewohnte Bewegungsabläufe und Bewegungskombinationen in Verbindung mit kognitiven Aufgaben gefordert, wobei neue Synapsen zwischen den Gehirnarealen gebildet werden. »Es ist ein gutes Training für den Kopf. Ich habe selbst versucht, bei den Übungen mitzumachen. Man glaubt nicht, was es für einen Stress im Gehirn erzeugt, wenn man einfach mal verschiedene Bälle anders fangen muss. Die Spieler werden dadurch ein Stück weit stressresistenter. In der Phase, in der wir nicht international gespielt haben, war das super. Wir hatten die Zeit dazu. Als wir aber alle drei Tage gespielt und drei Tage in der Woche im Hotel waren, war es schwierig, eine komplette Trainingseinheit auf Life Kinetik zu verwenden, um damit auch effektiv arbeiten zu können.« Labbadia machte nicht öffentlich, was seine Mannschaft praktizierte, obwohl es möglicherweise gut angekommen wäre. Diese Trainingsinhalte gehen nur die Mannschaft und ihn etwas an, findet er. »Ich bin der Meinung, dass es unser Ding ist, was wir da gemacht haben.«

Im Europapokal-Modus, wenn alle drei Tage ein Pflichtspiel auf dem Programm steht, wird nicht nur die Zeit für das Gehirntraining knapp. »Die Spieler müssen sich an den Rhythmus gewöhnen. Wenn sie diesen Rhythmus über Jahre kennen, ist das kein Problem. Es ist vor allem eine Kopfanstrengung. Sie müssen sowohl lernen, zum Wettkampf hochzufahren, als auch nach dem Wettkampf immer wieder runter zu fahren«, so Labbadia. So wie es ihm selbst zu seiner Profizeit gelungen war.

Zur Person

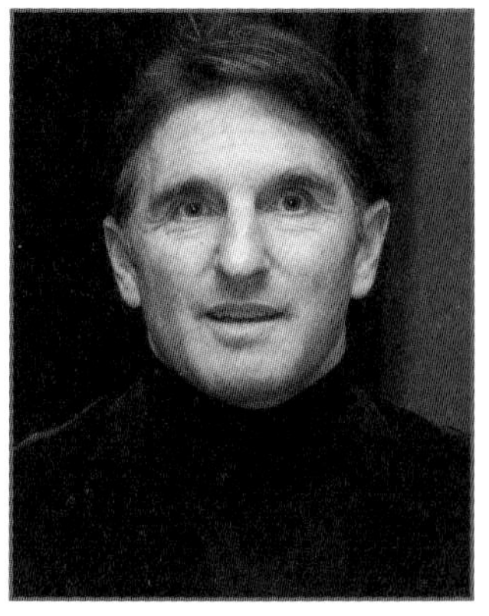

Bruno Labbadia, Jahrgang 1966, begann im Mai 2003 nur wenige Tage, nachdem er als Profi beim Karlsruher SC aufgehört hatte, als Trainer zu arbeiten. Er bekam eine Anfrage seines Heimatvereins Darmstadt 98, der damals in der Oberliga spielte. Labbadia blieb drei Jahre in seiner Geburtsstadt und stieg mit den »Lilien« in die Regionalliga auf. 2006 absolvierte er erfolgreich die Ausbildung zum Fußballlehrer. Von 2007 bis 2008 trainierte er den Zweitligisten Greuther Fürth, mit dem er den Aufstieg in die Erste Liga zwar verpasste, aber attraktiven Offensivfußball spielen ließ. Anschließend arbeitete Labbadia für vier Erstligisten: Bayer Leverkusen (2008/09), den Hamburger SV (2009 bis 2010 sowie 2015 bis 2016), den VfB Stuttgart (2010 bis 2013) und den VfL Wolfsburg (2018 bis 2019). Mit dem Hamburger SV schaffte er 2015 in der Relegation in letzter Minute den Klassenerhalt, ehe er 2016 entlassen wurde. Den VfL Wolfsburg übernahm er ebenso wie den HSV in akuter Abstiegsgefahr, um ihn anschließend zum Klassenerhalt zu führen. Mit Leverkusen und Stuttgart erreichte er das Finale des DFB-Pokals.

Labbadias Profikarriere dauerte von 1984 bis 2003. Er schoss zuverlässig Tore für Darmstadt 98, den Hamburger SV, 1. FC Kaiserslautern, Bayern München 1. FC Köln, Werder Bremen, Arminia Bielefeld und den Karlsruher SC: 103 Tore waren es in der Bundesliga, mit 101 Treffern fast ebenso viele in der zweiten Liga. Hinzu kamen zwei Länderspiele im DFB-Dress.

»Revoluzzer« Erik Meijer: die Lehren von Ajax und die Kultur des Hinterfragens

Der Einhundertprozentige

Nicht weniger leidenschaftlich als Bruno Labbadia ging einst auch sein niederländischer Sturmkollege Erik Meijer auf Torejagd. Zwar nicht im selben Verein, aber zur gleichen Zeit in der Bundesliga der 1990er Jahre. Als Spieler auf das gegnerische Tor fokussiert, hat Meijer als heutiger »Fußball-Erklärer« im TV einen umfassenden Blick auf das Spiel entwickelt. Warum traut sich heute kaum ein Trainer mehr, mit zwei echten Stürmern anzugreifen? Und warum gelingt es den Niederlanden als vergleichsweise kleinem Land immer wieder, Topspieler von internationalem Format zu entwickeln? Erik Meijer weiß darauf Antworten.

100 Prozent Meijer. Das ist nicht nur das Motto seiner Taktik-Rubrik beim Pay-TV-Sender Sky, sondern persönliche Überzeugung. Meijer verstellt sich nicht, ist auf dem Bildschirm so authentisch wie im persönlichen Gespräch. Ein positiver Typ, der es noch immer schafft zu irritieren. Früher die Abwehrspieler, heute seine Mitmenschen – aber auf humorvolle Art: »Ist der auch mit viel Liebe gemacht?«, fragt er die Kassiererin erwartungsvoll, als er seinen Kaffee erhält. Die Dame bestätigt es mit einem herzhaften Lachen und hat noch die nächsten Minuten ihre helle Freude an der Frage. »Es ist so einfach, freundlich zu anderen zu sein«, erklärt ein gutgelaunter Erik Meijer und schnell wird klar: Dieser Mann ist wirklich so, wie er einst als Fußballprofi spielte und wie er heute in seiner Rolle als Taktikanalytiker zu sehen ist: geradlinig, direkt, offen, ehrlich, immer mit klarer Kante. Einer, der Zeitspiel und Schwalben stets verabscheute. Der sich auch deshalb in der englischen Premier League besonders wohl fühlte, wo beides nicht als Zeichen von Cleverness, sondern von respektloser Unsportlichkeit gilt.

Zum Ortstermin in einem Café am Flughafen Düsseldorf ist Meijer gerade aus München von seinen jüngsten Sky-Auftritten zurückgekehrt. Er nimmt sich reichlich Zeit und vermittelt nie das Gefühl, ungeduldig auf das Gesprächsende zu warten, um endlich weiter in die Heimat nach Maastricht fahren zu können. Apropos Heimat, da sind wir bereits schnell beim Thema. Meijer ist noch immer begeistert von Ajax Amsterdam, das in der Saison 2018/19 mit furiosem Fußball bis ins Halbfinale der Champions League stürmte und das Endspiel nur um Sekunden verpasste. Auf dem Weg dorthin brachte Ajax den FC Bayern in der Gruppenphase mit zwei Unentschieden mächtig ins Schwitzen, ließ die Bayern in München geradezu schwerfällig aussehen und schaltete in der K.-o.-Phase die großen Favoriten Real Madrid und Juventus Turin aus. Wie war das diesem Überraschungsteam möglich, das vor der Saison kaum jemand auf dem Zettel hatte?

Beeindruckt von ten Hags Mut

Für Meijer war es neben allem fußballerischen Einzelkönnen der Spieler vor allem eine Frage des Konzepts: »Heute bekommst du immer öfter Mannschaften als Gegner, die zwar nicht nur Topspieler haben, die aber taktisch bestens geschult sind und sich dank dessen auch gegen vermeintlich stärkere Mannschaften durchsetzen können. Ajax in der Saison 2018/19 war dafür das beste Beispiel. Der Klub verfügt nicht über das größte Kapital im Wettbewerb, auch die individuelle Klasse war bei Gegnern wie Real Madrid oder Juventus besser. Aber die Spieler wussten genau, wie sie im ›System Ajax‹ zu spielen hatten: mit hervorragender Raumaufteilung, im schnellen Kombinationsspiel auf die technischen Fähigkeiten vertrauend, und überfallartig im Konter.«

Meijer beeindruckt vor allem der Mut, den Ajax-Coach Erik ten Hag bewies, der 2013/14 als Trainer der zweiten Mannschaft von Bayern München von der Denk- und Arbeitsweise des damaligen Cheftrainers der Profis, Pep Guardiola, inspiriert wurde. »Wie ten

Hag auch in Madrid den Ajax-Stil durchzog oder auch die Bayern in ihrem eigenen Stadion immer wieder unter Druck setzte, das fand ich schon bemerkenswert cool«, schwärmt Meijer. Im Estadio Santiago Bernabéu überrannte Amsterdam Titelverteidiger Madrid mit 4:1 (nach einer 1:2-Hinspielniederlage); in München hatte der FC Bayern Glück, dass es angesichts der großen Gästechancen zu einer Punkteteilung langte (1:1). Ten Hag passte sich nicht dem Gegner an, sondern ließ seine Mannschaft die eigene Spielidee nahe an der Perfektion umsetzen. »Das ist Strategie, da siehst du die Handschrift eines Trainers.«

Meijers gemischte Gefühle bei José Mourinho

So eine klare, konsequent umgesetzte und obendrein auch identitätsstiftende Strategie besitzen nicht viele Klubs. Inter Mailand konnte trotz stetiger Millioneninvestitionen in den Kader erst dann wieder auf europäischer Ebene reüssieren, als unter José Mourinho ein klares Konzept verfolgt wurde. Der Portugiese implementierte eine Defensivstrategie mit Konterfußball und bescherte Inter damit 2010 das Triple aus Champions League, italienischer Meisterschaft und nationalem Pokal. Mourinho vertritt eine pragmatische Auffassung vom Fußball, die nicht jedermanns Sache ist: »Mourinho Spielstil und seine Provokationen gefallen mir nicht. Aber er hat einen ganz konkreten Plan, wie er spielen lassen will. Der Taktiker ist für mich sehr interessant«, beschreibt Meijer seinen Zwiespalt in der Betrachtung von »the special one«. Mourinho sieht den Fußball rein ergebnisorientiert, der Zweck des Gewinnens heiligt die Mittel eines nüchternen bis destruktiven Fußballs. Für das Klagen der Ästheten hat er kein Verständnis und verweist achselzuckend auf seine lange Titelsammlung. Recht im Fußball hat, wer gewinnt. Oder etwa nicht?

So begeistert wie Erik Meijer von seinen Landsleuten in der Saison 2018/19 war – was genau war es, was Ajax Amsterdam taktisch besser machte als andere Teams? Meijer geht ins Detail: »Die beiden Innenverteidiger Daley Blind und Matthijs de Ligt haben zusammen mit dem defensiven Mittelfeldspieler Frenkie de Jong für den Spielaufbau gesorgt. Wobei de Jong meistens nicht klassisch in der Mitte, sondern auf einer der beiden Seiten agiert hat, also halblinks oder halbrechts im Raum. Die Außenverteidiger sind etwas aufgerückt, um im Mittelfeld Überzahl zu erzeugen – wie gegen Juventus Turin, das dort in Hin- und Rückspiel drei Mann positioniert hatte.«

Beeindruckend waren auch die schnellen Passfolgen in Dreiecken, die Amsterdam spielte. Schnörkellos, zielgerichtet. »Kommen sie nicht durch, gehen sie eben hintenrum und suchen sich die Dreiecke über die andere Seite. Dabei zeigen sie immer wieder das, was heute ›zocken‹ heißt: auf relativ kleinem Raum viele Spieler, viel Positionsspiel, enorme Kontrolle über den Ball. Eine, vielleicht zwei Ballberührungen, um dann überraschend mit einem steilen Pass zu ›stechen‹. Und das haben sie nahezu in Perfektion umgesetzt. Mit einem Stoßstürmer Dusan Tadic, der in der Form seines Lebens war, und wieselflinken Außenspielern wie Hakim Ziyech um sich herum. So stelle ich mir Fußball vor!« Meijers Augen glänzen, er spricht schneller und lauter, die Arme gestikulieren, als er die Bewegungsabläufe nachstellt. 100 Prozent Meijer gibt es nicht nur im TV-Studio.

Einmal in Fahrt, ist er nicht zu bremsen: »Um diese Ballsicherheit auf engstem Raum zu erreichen, werden sie im Training reichlich fünf gegen zwei geübt haben – und natürlich Positionsspiel, bei dem es darum geht, die Kontrolle über das Spiel zu erlangen, nicht den vorschnellen Torabschluss zu suchen, sondern den Ball zu halten, bis sich die Gelegenheit ergibt. Um in die gefährliche Zone vor dem gegnerischen Tor zu kommen, wird bevorzugt der Pass ausgewählt, nicht das Dribbling, auch wenn die individuelle Klasse dafür vorhanden wäre. Sie spielen es aus, wollen den Gegner müde spielen.«

Stopp, Einspruch! Besteht hier nicht eine fließende Grenze zu Guardiolas Tiki-Taka, das Meijer irgendwann als einschläferndes Ballgeschiebe empfand? So leicht lässt sich der niederländische Fuchs nicht packen. »Ajax spielt zielorientierter, immer mit dem Fokus auf den Torabschluss, quasi ›Guardiola 2.0‹. Vergleichbar damit, wie F-Jugend-Kids denken. Das ist nicht despektierlich gemeint.« Ein gutes Beispiel für diese Denkweise war das turbulente Spiel in der Gruppenphase der Champions League 2019/20 beim FC Chelsea, einem 4:4 nach 4:1-Führung von Ajax. »Nach knapp siebzig Minuten werden zwei Leute von Ajax vom Platz gestellt und trotzdem spielen sie weiter nach vorne, trotzdem schaltet sich der zentrale Verteidiger noch mit in die Offensive ein, und sie bekommen sogar noch eine große Torchance, um das Spiel zu gewinnen. Diese Wahnsinnigen! Das meine ich mit F-Jugend-Gefühl: ›Ah ja, wir haben den Ball, dann müssen wir auch nach vorne!‹ Ganz egal, ob mit elf oder neun Spielern. Sie kennen es ja nicht anders.« Eine Mischung aus Bewunderung, seinem Stil treu zu bleiben, und Bedauern über den Funken fehlende Cleverness schwingt in Meijers Worten mit. Zum Zeitpunkt der beiden Platzverweise hatte Amsterdam noch mit zwei Toren vorne gelegen. Womöglich wäre es mit einer defensiveren Einstellung geglückt, den Sieg noch über die letzten gut zwanzig Minuten zu retten. Spekulation.

Die schwierige Suche nach der richtigen Balance

Auch im Halbfinalrückspiel 2018/19 brachte sich Ajax gegen Tottenham Hotspur um den verdienten Lohn, wenn auch bei ganz anderem Spielverlauf und ohne personelle Dezimierung. Als die Niederländer nach einem 1:0-Sieg bei Tottenham und einer 2:0-Pausenführung im Rückspiel gegen bis dahin harmlose Engländer in die Kabinen gingen, schien das Finalticket bereits gebucht. Doch in der zweiten Halbzeit kassierte Ajax, an seiner Spielfreude selbst berauscht, noch drei Gegentreffer, den entscheidenden letzten in der sechsten Minute der Nachspielzeit, und schied aufgrund der Auswärtstorregelung so kurz vor dem Zieleinlauf noch mit 2:3 aus. Ein Zeichen von Nachlässigkeit, gar Überheblichkeit? Meijer ist zwiegespalten. »Es war Pech, da ein Ajax-Verteidiger vor dem dritten

Gegentor wegrutscht und die Torvorlage somit erleichtert. Für mich war es aber auch ein Fehler, beim Stand von 2:2 mit Daley Sinkgraven einen Defensivspieler für den offensiven Kasper Dolberg zu bringen, anstatt positionsgerecht zu tauschen. Da hatte ich das Gefühl, Trainer ten Hag will ausnahmsweise mal verwalten. Um das große Ziel Champions-League-Finale zu erreichen, hat er hier entgegen seiner sonstigen Gewohnheit gehandelt. Das ist leider schiefgegangen.«

Aber ist es nicht ein Widerspruch, einerseits mehr Cleverness in kritischen Spielsituationen einzufordern, nicht aus sturem Dogma nur auf eine Spielauffassung zu setzen, und andererseits genau diese kurzfristige Abkehr dann zu monieren? Ist es bereits eine Selbstverleugnung, den Spielstil kurz anzupassen, wenn dies die Aussicht auf den Einzug in ein großes Finale erhöhen könnte? Siehe das Spiel gegen Tottenham. Und war Ajax paradoxerweise nicht eben noch ein Beispiel für Naivität? Siehe das Spiel gegen Chelsea. Guardiola 2.0 versus jugendlichem Leichtsinn? Nur bedingt. Die Abläufe der Partien gegen Tottenham und Chelsea waren nicht vergleichbar. Mit neun Mann und eigener Führung wäre es gegen Chelsea vermutlich klüger gewesen, »die Schotten dicht zu machen«.

Doch gegen Tottenham war Ajax vollzählig, spielte zudem zuhause, hätte in der zweiten Halbzeit mehr auf seine Stärken vertrauen und sich angesichts des klaren Vorsprungs nicht in trügerischer Sicherheit wiegen sollen, ehe es dann im Schlussspurt mit untypischer Ajax-Spielweise Tottenham zum entscheidenden Treffer verhalf. So sehr er sich in Ajax‘ Fußballkultur verguckt hat, so bitter empfand Meijer dann auch das späte und überflüssige Ausscheiden. »Als ob du mit deiner Freundin verabredet bist und sie dich sitzen lässt. Schlimmer noch: Sie meldet sich und sagt, dass sie kein Interesse mehr an dir hat.«

Meijer zieht aus den Partien seine persönliche Quintessenz: »Durch dieses Berauschen am eigenen Spielstil haben sie gegen Real Madrid gewonnen, sind aber gegen Tottenham ausgeschieden. Die Kunst liegt darin, die richtige Balance zu finden, den Spielstil im richtigen Moment anzupassen, ohne ihn zu verleugnen. Das ist auch das

Schwierigste für einen Coach: den Jungs Freiheit zu geben, aber mit Grenzen – bis hierhin und nicht weiter. Einem Schönspieler auch mal zu sagen: ›Toll, was du alles machst. Hacke, Spitze, eins, zwei drei, das sieht toll aus. Aber in dein Spiel muss noch mehr Effektivität kommen. Da ist noch Luft nach oben. Erst dann bist du ein europäischer Topspieler.‹«

Darin liegt also die Kunst: Die richtige Balance zu finden, um seinem Stil treu zu bleiben, situationsbedingt vielleicht etwas variabler zu agieren. Was José Mourinho bei einer klaren Führung gemacht hätte? Na klar, nicht erst gegen Spielende, sondern von vornherein den Laden dicht gemacht und auf jeden Schönheitspreis gepfiffen. Doch das entspricht eben nicht der Ajax-DNA. Wie schnell der Ruhm im Fußball verblassen kann, musste Amsterdam bereits in der Folgesaison 2019/20 feststellen. Geschwächt durch Abgänge wie von Matthijs de Ligt (zu Juventus Turin) und Frenkie de Jong (FC Barcelona) schied Ajax bereits in der Gruppenphase aus, knapp und auch wegen der verspielten Führung beim FC Chelsea.

»Das konnte er fantastisch, der Christoph Daum.«

Zeitsprung. Gut zwanzig Jahre zurück. Die Bundesliga Ende der 1990er Jahre. Damals erlebte Erik Meijer die taktisch intensivste Zeit seiner Spielerkarriere, bei Bayer Leverkusen und Christoph Daum. »Ja, der Christoph Daum …«, stöhnt Meijer angesichts der vor allem mental anstrengenden Einheiten leicht auf und erinnert sich an stundenlanges taktisches »Trockentraining«. So strapaziös und ungewohnt die neuen Trainingsformen für ihn auch waren, es schwingt viel Anerkennung in Meijers Worten mit. »Ich bin 1996 von Uerdingen nach Leverkusen gekommen, wo nach dem Beinahe-Abstieg in der Vorsaison eine neue Mannschaft aufgebaut wurde.« Spätere Leverkusener Säulen wie Jens Nowotny, die Kovac-Brüder Robert und Niko, Jan Heintze oder eben Erik Meijer kamen zu Bayer 04. Dazu ein neues Trainerteam um Daum und seinen Assistenten Roland Koch.

»In der Vorbereitung hatten wir sieben Wochen Zeit, um ein Team zu werden. Und ein Team zu entwickeln, das konnte er fantastisch, der Christoph Daum. Wir haben taktisch sehr viel trainiert, mit drei Einheiten am Tag, darunter auch Theorietraining am Tisch.« Die Videoanalyse spezieller Spielsituationen stand noch nicht im Vordergrund. Vielmehr ging es um die Vermittlung der grundsätzlichen Spielphilosophie, die Daum seinen Spielern vom ersten Tag an einimpfte. »Im Trainingslager saß der Trainer mit uns Stürmern zusammen und hat uns genau erklärt, was er von uns erwartet: dass wir Druck auf die gegnerischen Außenverteidiger ausüben und sie weiter zur Seite drängen sollen. Wir sollten sie ›jagen‹, um vorne den Ball zu erobern, wodurch der Weg zum Tor kürzer wurde. Das haben wir dann bis zum Gehtnichtmehr im Training praktiziert.« Wichtig für Daums Konzept war auch, dass die Außenspieler-Pärchen auf der linken und rechten Seite miteinander harmonierten: Ging der eine nach vorne, musste der andere abschirmen. »Das war logisch und ging fließend auf uns über.« Solche Besprechungen wurden für alle Mannschaftsteile durchgeführt.

Im Angriff spielte Meijer zusammen mit Leverkusens »König« Ulf Kirsten, der in dreizehn Jahren für die Werkself 181 Bundesligatore erzielte. Vom Underdog KFC Uerdingen gekommen, einst als Bayer Uerdingen der »kleine Bruder« des großen Bayer Leverkusen, musste sich Meijer zunächst anpassen. Denn das Spiel war auf Torgarant Kirsten zugeschnitten. »Doch Ulf und ich haben uns dann irgendwie gefunden«, berichtet Meijer. »Ging der eine zum Ball, ist der andere quergelaufen. Ist Ulf zum ersten Pfosten gelaufen, habe ich mich automatisch Richtung zweiter Pfosten orientiert. Uns zeichneten viele Kreuzbewegungen aus, die wir tagtäglich trainiert haben.«

Daum bevorzugte ein klares 4-4-2, mit zwei Stürmern und Außenverteidigern, die sich wie Jan Heintze offensiv einbrachten. Dazu zwei offensive Mittelfeldspieler (links Zé Roberto, rechts Hans-Peter Lehnhoff), mit Carsten Ramelow als zentral-defensiver Absicherung im Mittelfeld und Paulo Sergio als hängender Spitze und Partner für die Stürmer Kirsten und Meijer. In der Abwehr räumten Jens

Nowotny, Christian Wörns und Markus Happe die meisten Angriffe ab, dahinter war Dirk Heinen ein sicherer Rückhalt. Für Meijer war dies »schon eine ganz ordentliche Mannschaft«, die es 1996/97 bis zur Vizemeisterschaft schaffte – nur zwei Punkte (nach alter Zwei-Punkte-Regelung für einen Sieg) hinter Meister Bayern München. Nach Platz 14 im Vorjahr eine beachtliche Steigerung.

Champions wie PSV und Liverpool lebten von ihren Einzelkönnern

Denkt Erik Meijer an seine Anfänge als Profi in den Niederlanden zurück, ist er noch heute beeindruckt von den Spielerpersönlichkeiten bei der PSV Eindhoven, 1988 Sieger im Europapokal der Landesmeister. Von 1993 bis 1995 spielte Meijer für Eindhoven, lernte von »Haudegen« wie den niederländischen Europameistern Hans van Breukelen, Berry van Aerle, Adri van Tiggelen, Erwin Koeman, Jan Wouters oder Wim Kieft. Schon damals Meijers Teamkollege: Jan Heintze. Taktisch habe ihn seine Zeit in Eindhoven jedoch nicht geprägt, so Meijer, trotz oder vielleicht gerade wegen der überragenden Einzelkönner auf dem Platz: »Die Jungs haben damals einfach gespielt. Ich hatte nicht den Eindruck, dass Trainer Aad de Mos viel Wert auf Taktik gelegt hat. Er hat jene elf Akteure auf den Platz geschickt, die durch ihr Spielverständnis am besten miteinander harmonierten. PSV war damals noch ein Beispiel für ein Team, das sich dank der besten Einzelspieler durchsetzte, nicht wegen einer überlegenen Spielidee.«

Aber seine Saison 1999/2000 beim FC Liverpool unter dem französischen Trainer Gérard Houllier ist Meijer doch sicher auch wegen taktischer Besonderheiten in Erinnerung, oder? Schließlich war Houllier als technischer Direktor und vorheriger Jugendtrainer der U18 und U20 am Weltmeistertitel Frankreichs mit beteiligt. Meijer wird ungewohnt schweigsam, überlegt lange, greift zur Kaffeetasse. »Nein, tut mir leid«, sagt er irgendwann. »Da wir einen Franzosen als Coach hatten, war es nicht das einst typische englische Kick-and-rush-Training, das weiß ich noch. Es gab den Head Coach Houllier, der den Plan entwarf und die Verantwortung trug, sowie einen Field Coach, der die Arbeit auf dem Platz machte. Ich kann mich aber nicht erinnern, dass wir so tief in die Taktik eingestiegen wären.« Zumindest die Stürmer, große Namen wie Michael Owen, Emile Heskey und Robbie Fowler, mussten sich laut Meijer nicht an feste Absprachen halten. »Die galten eher fürs Mittelfeld oder die Abwehr. Wir vorne konnten auf unsere Kreativität setzen.«

Zeiten des Sturmduos passé?

Kirsten und Meijer waren in Leverkusen noch das klassische Stürmerpaar einer »Neun« und einer »Elf«, im heutigen europäischen Spitzenfußball fast schon ein Anachronismus. Gespielt wird bevorzugt mit nur noch einer Sturmspitze, vielleicht noch mit einem hängenden Angreifer. Was sind die Gründe für diese Entwicklung? Meijer sieht die »Schuld« dafür auch bei der deutschen Nationalmannschaft und ihrem Weltmeistertitel 2014: »Mit dieser Ausrichtung hat Deutschland in Brasilien beeindruckend gespielt, mit Miroslav Klose vorne und viel Bewegung um ihn herum.« Unvergessen ist das schon heute legendäre 7:1 im Halbfinale gegen den überforderten Gastgeber, als die DFB-Elf mit überfallartig nachrückenden Mittelfeldspielern bewies, dass ein Offensivfeuerwerk nicht unbedingt mit der Anzahl der Stürmer zusammenhängen muss. »Sicher war dieses Konzept auch von Pep Guardiola und seinem ›Tiki-Taka‹ abgeguckt, aber es hat mit Klose gut funktioniert, da er ein Teamplayer war.«

Meijer sieht eine Ursache für das »Aussterben« des zweiten Mittelstürmers in einer veränderten Ausbildung, in der die Jugendabteilungen verstärkt auf Formationen mit nur einem Stoßstürmer übergehen wie beispielsweise im 4-3-3. »Dann muss dieser eine es schaffen, von der Jugend- bis in den Profibereich zu kommen. In meiner Zeit waren es zwei Strafraumstürmer, da war natürlich die statistische Wahrscheinlichkeit doppelt hoch, dass einer von beiden den Sprung schafft.« So wurde der klassische Mittelstürmer nicht nur in Deutschland, sondern international zu einer Rarität. »Das spricht für eine unzureichende Ausbildung, die zu viele schablonenhafte, stromlinienförmige Typen produziert und nicht genug Raum für eigenwillige Charaktere lässt, die vielleicht ein paar Schwächen haben, aber dank ihrer Individualität eine Mannschaft verbessern. Jetzt sehe ich sehr viele ähnliche Stürmertypen: technisch sehr gut, konditionell top, auf aktuellem wissenschaftlichem Standard, aber das gewisse Etwas fehlt ihnen.« Dem Charakterkopf Meijer fehlt es im heutigen Fußball an Persönlichkeit. Er ist ihm zu klinisch geworden.

Ein weiterer Kritikpunkt: Die in Meijers Augen zuweilen übertriebene Vorsicht mancher Trainer, daher auch das Extralob für Ajax-Trainer Erik ten Hag und sein – fast immer – konsequentes Festhalten am Ajax-Stil, unabhängig von Gegner und Spielort. »Die Trainer sind mit dem gestiegenen Druck vorsichtiger geworden und haben einen Stürmer zugunsten der Defensive geopfert. Vielleicht hat auch der Erfolg von José Mourinhos Defensivkonzept damit zu tun. Pep Guardiola lässt zwar auch nur mit einem echten Stürmer spielen, ist aber grundsätzlich offensiv ausgerichtet.«

Zu viel Tiki-Taka ist auch nicht gut

Wobei Meijer dessen Tiki-Taka mit seinen endlosen Ballstafetten irgendwann auch überdrüssig war. Er nimmt den Gedanken vom Beginn des Gesprächs nochmal auf: »Es war nicht effektiv genug, sondern Selbstzweck: Hauptsache, der Gegner bekommt nicht den Ball, denn dann, logisch, kann er kein Tor erzielen. Aber die eigenen Torabschlüsse fehlten. Der Ball wurde ins Tor getragen. Ich komme noch aus einer Generation, in der man den Ball nach vorne gespielt hat, wenn der Stürmer loslief und in den Strafraum geflankt hat, wenn sich die Möglichkeit zum Kopfball bot. Oder man bei guter Gelegenheit einen Fernschuss abgegeben hat. Das beinhaltet natürlich immer das Risiko, den Ball zu verlieren, da es, wenn überhaupt, höchstens eine fünfzigprozentige Chance gibt, dass die Aktion erfolgreich wird.«

Diese Unberechenbarkeit fehlt in Guardiolas Philosophie. Aber lebt der Fußball nicht gerade von diesem Mut zum Risiko, vom Spektakel, von überraschenden Aktionen? Für Trainer ist die Planbarkeit des Spiels ein Wunschtraum, für den Zuschauer bedeutet sie Langeweile. »Die Ungeduld der Öffentlichkeit hat zugenommen, das Resultat ist heiliger geworden. Eine Binsenweisheit: Holst du die erforderlichen Ergebnisse, hast du als Trainer ein etwas längeres Leben. Es ist also letztlich eine wirtschaftliche Lösung, mit nur einem Stürmer zu spielen.« Einem früheren Vollblutstürmer wie Meijer blutet das Herz, wenn er die heutigen Einzelkämpfer sieht. Doch nicht nur das, er sieht auch ein fachliches Gegenargument zur Einzellösung: »Wenn du zwei Mittelstürmer gegen zwei Innenverteidiger auflaufen lässt, dann bedeutet das schon zweimal eins gegen eins und bringt so viel Unruhe beim Gegner. Wenn dann noch ein Spieler aus dem Mittelfeld Richtung Strafraum zieht, umso mehr. Die Abwehrspieler sind es gar nicht mehr gewohnt, die gesamte Spieldauer im Duell eins gegen eins zu stehen und bekommen deshalb Probleme – zumal sie heutzutage nicht mehr so gut im Zweikampf geschult sind, da der Fokus mehr auf die Spieleröffnung gelegt wird. Deshalb verstehe ich nicht, warum die Trainer die Waffe mit zwei echten Spitzen außen vorlassen.«

Eine der wenigen Ausnahmen in der Champions-League-Saison 2019/20 war Italiens Renommierklub Inter Mailand, der mit Lautaro Martínez und Romelu Lukaku auf ein Duo setzte. Ausgerechnet Inter, das unter dem gestrengen argentinisch-französischen Trainer Helenio Herrera, dem Erfinder des berüchtigten Abwehrriegels Catenaccio, in den 1960er Jahren große Erfolge feierte: darunter je zweimal den Weltpokal und den Europapokal der Landesmeister sowie drei italienische Meisterschaften. Nun stehen die Nerazurri für einen

Hoffnungsschimmer, dass es eines Tages zur Renaissance des Sturmduos kommen könnte. »Ich freue mich ja bereits, dass hin und wieder mal auf einen kräftigeren, robusteren Stürmertypen à la Edin Dzeko oder Mario Mandzukic zurückgegriffen wird, der als ›Bockspieler‹ gebraucht wird, um Bewegungen der Mitspieler um ihn herum zu erzeugen – und nicht mehr nur auf rein spielerische Typen wie die ›falsche Neun‹«.

Die Kraft von Ajax

Dass die Jugendteams eines Klubs flächendeckend dasselbe System spielen wie die Profimannschaft, gehört zu den Ausnahmen. Bei der überwiegenden Mehrzahl der Klubs entscheidet der Jugendtrainer selbst, wie er spielen lässt. Ajax Amsterdam ist die bekannteste Ausnahme einer durchgängigen Philosophie. »Nach vier Monaten kann zwar ein neuer Trainer kommen, der Nuancen verändert, aber das System ist geeicht«, erklärt Meijer. Wenngleich auch Ajax sich vorübergehend und notgedrungen der Zeit anpasste und statt mit dem traditionell bevorzugten 4-3-3 (mit einem Mittel- und zwei Außenstürmern) plötzlich nur noch mit zwei Angreifern spielte, als es nicht mehr genügend gute Links- und Rechtsaußen gab. Doch dann besann sich der Klub wieder auf seine Identität: »Sportdirektor Marc Overmars und Geschäftsführer Edwin van der Saar haben sich gefragt, worin eigentlich die Kraft von Ajax besteht. Die klare Antwort: Spieler selbst auszubilden.« Also wurde im Zweifelsfall eher der 17-jährige talentierte Nachwuchsspieler aus der eigenen Jugend gefördert, als auf einen externen Neuzugang zu setzen.

Meijer ist von diesem Ansatz begeistert: »Das finde ich genau richtig, nach dem Motto: ›Wir müssen die eigenen Jungs wieder in die erste Mannschaft bekommen und ihnen reichlich Spielpraxis geben. Werden sie zu gut, fliegen sie aus und wechseln ins Ausland. Aber wir sorgen dafür, dass wieder neue Jugendspieler nachrücken.‹« Auch der FC Barcelona verfolgt dieses Konzept mit seiner Ausbildungsakademie La

Masia, die zahlreiche spätere Klub-Ikonen wie Pep Guardiola, Lionel Messi, Xavi, Andrés Iniesta oder Sergio Busquets hervorbrachte. Allerdings kamen in den letzten Jahren nicht mehr allzu viele Talente nach, Barcelona kaufte vermehrt hinzu. Ob mehr Transfers getätigt wurden, weil es an Toptalenten fehlte oder die Nachwuchsspieler sich nicht wie erhofft entwickeln konnten, weil ihnen teure Neuverpflichtungen vor die Nase gesetzt wurden, bleibt offen.

Die veränderte Rolle des Stürmers

Da Stürmer heute meist Einzelkämpfer sind, haben sich im Vergleich zur aktiven Zeit von Erik Meijer auch ihre Spielweise und Aufgaben verändert. Sie müssen geduldiger sein, die Spielposition viel länger halten. »Ich konnte mich auch ins Mittelfeld fallen lassen, dort den Ball holen und einen Innenverteidiger des Gegners mit rausziehen. Ich wusste dann, Ulf Kristen ist vorne drin und geht ins Eins-gegen-Eins. Das ist heute nicht mehr so.« Stattdessen versucht der Stürmer das Spielfeld möglichst groß zu halten. Und wenn er den Ball erhält, laufen die aus dem Mittelfeld nachrückenden Spieler an ihm vorbei nach vorne. Der Stürmer ist also nicht mehr zwangsläufig der Endpunkt eines Angriffs. In der Art und Weise, wie Stürmer jetzt eingesetzt werden, könnte ich nicht mehr spielen, weil meine technischen Fähigkeiten dafür nicht gut genug waren.« Erik Meijer schüttelt sich leicht und stößt ein verächtliches »Bah« aus, ganz so, als hätte ihn die Erkenntnis gerade erreicht. »Ich bin froh, zu einer Zeit gespielt zu haben, in der es zwischen den Toren direkter zuging und ich auf meine Stärken setzen konnte: auf Kraft, Durchsetzungsvermögen und ein gutes Auge.«

Den Stürmern des modernen Fußballs wird eine hohe Frustrationstoleranz abverlangt: Sie erhalten weniger Bälle und haben mehr Verteidiger gegen sich. Daher ist Meijers Respekt vor Bayern Münchens Robert Lewandowski umso größer: »Er spielt in einer Mannschaft mit lauter Egos und ist vorne ständiger Einzelkämpfer gegen mehrere Verteidiger. Und dennoch hat er in den letzten Jahren in der Bundesliga am Fließband getroffen.« Aber was genau zeichnet Lewandowski aus, den Anfang 2020 drittbesten Torjäger der Bundesliga-Geschichte? »Lewandowski ist technisch deutlich stärker als die meisten seiner Kollegen. Er steht auf engstem Raum zwischen mehreren Verteidigern und muss schnell die richtige Entscheidung treffen. Deshalb sucht er rasch den Abschluss – oder er spielt sie dank seiner technischen Raffinesse aus.«

Defensiv-taktisch verhält sich ein Stürmer heute ähnlich wie vor zwanzig Jahren und muss bei der »Jagd« im Pressing mitmachen. Allerdings fällt diese Aufgabe noch laufintensiver aus, muss er doch als vorderster Spieler einen größeren Raum alleine abdecken. Alternativ rennt er bei gegnerischem Ballbesitz nicht zwischen den beiden Innenverteidigern hin und her, sondern bekommt den Auftrag, den bei der Spieleröffnung stärkeren Innenverteidiger zu decken, um dessen lange Bälle zur Spieleröffnung zu vermeiden. Währenddessen er bei dem zweiten Innenverteidiger, der vielleicht eher ins Dribbling geht, von hinten Druck macht, um ihm spätestens im Mittelfeld Probleme zu bereiten. »Aber das war bei uns eigentlich nicht viel anders«, zieht Meijer einen Vergleich.

Das offene Geheimnis

Keinen Vergleich scheuen müssen auch die Niederlande, die sich als relativ kleines Land weiterhin im Spitzenfußball behaupten können – sowohl mit ihrer Nationalmannschaft als auch immer mal wieder im Klubfußball. »Anscheinend machen wir etwas sehr gut, sehr konsequent«, grinst Meijer. Doch was genau ist das Erfolgsrezept der niederländischen Fußballschule, die regelmäßig technisch wie taktisch hochbegabte Fußballer hervorbringt? »Jeder zweite Schritt muss ein Kontakt mit dem Ball sein. Von klein auf lautet die Ausbildung ›Ball, Ball, Ball, Ball‹. Erst musst du die Kontrolle über den Ball gewinnen, er muss dein Freund sein, das ist das Allerwichtigste.

Damit startet alles. Dann geht die Entwicklung weiter und du übst mit einem Kollegen das genaue Passen. Immer wieder, bis es sitzt. Das ist kein großes Geheimnis, aber wir setzen es konsequent um.«

Auch in der niederländischen Mentalität sieht Meijer einen wichtigen Aspekt, der sich auf den Fußball überträgt: »Wir haben eine Kultur des Mitdenkens, des stetigen Hinterfragens, des ›Ja, aber … ‹. Auch schon als Kind. Das ist manchmal anstrengend, aber förderlich. ›Trainer, wieso machen wir das so?‹, ist eine häufige Frage. Da ist auch etwas Eigensinniges drin. Viele von uns strahlen Selbstvertrauen aus und wollen unbedingt mitdiskutieren, um das Endprodukt besser zu machen.« Meijer empfindet seine Landsleute als sehr mündig, die Hierarchien seien nicht so stark ausgeprägt wie in anderen Kulturen. »In Leverkusen habe ich bei einer Trainingsform gefragt: ›Trainer, warum müssen wir links um die Hütchen herumlaufen?‹, während Carsten Ramelow einfach kommentarlos losgelaufen ist.«

Meijer will nicht werten, welche Mentalität die bessere ist. »Wir sind einfach so erzogen worden. Ich durfte schon als Kind mitentscheiden, wie wir zum Beispiel das Wochenende gestalten. Vielleicht liegt es an dieser Erziehung, die uns früh in Entscheidungsprozesse einbindet, dass wir offener und freier sind – aber auch gerne etwas von anderen annehmen. Wir sind dann nicht irritiert. Wenn du mit einer besseren Idee kommst, über die ich noch nicht nachgedacht habe, dann können wir die gerne mal ausprobieren.« Mit dieser Denkweise seiner Spieler wird auch der Trainer stets herausgefordert, da er sie zunächst von seinen Ideen überzeugen muss, ehe sie ihm wirklich folgen.

»Würde man den niederländischen Freigeist an die deutsche Disziplin koppeln, hätte man die ideale Mannschaft«, ist Meijer überzeugt, dass die Wahrheit wie so häufig in der Mitte liegt. »Obwohl wir geografisch nebeneinander liegen, liegt in unserem Verständnis vom Fußball ein sehr großer Unterschied.« Allerdings hegt er den Verdacht, dass die Deutschen in den letzten Jahren etwas genauer zu ihrem Nachbarn herübergeschaut haben: »Der Spielstil sieht unserem doch mittlerweile verdammt ähnlich, wenn ich allein an die hochstehenden Außenverteidiger denke. Aber zugegeben, bei der WM 2014 haben wir mit einem weinenden Auge beobachtet, wie gut ihr das gemacht habt und uns gefragt, warum wir das nicht so hinbekommen haben.«

Eine Spielerei

Zweimal war Erik Meijer als Assistenztrainer tätig, direkt nach Beendigung seiner Profikarriere bei Alemannia Aachen sowie in seiner Heimat bei MVV Maastricht. In Maastricht hat er bis vor Kurzem ehrenamtlich zwei- bis dreimal in der Woche die Stürmer trainiert, bis es sich mit seinem TV-Job nicht mehr vereinbaren ließ. Das verleitet zu einer kleinen Spielerei mit dem Trainer Meijer: Wie sähe sie aus, die Elf der taktisch versiertesten Kicker aus seiner aktiven Zeit? Und in welcher Grundformation würde sie agieren? Meijer muss nicht lange überlegen. »Das Wichtigste ist, das System auf die vorhandenen Spieler auszurichten, so wie es Ronald Koeman als Trainer der niederländischen Nationalelf gemacht hat. Es geht nicht darum, die elf besten Einzelspieler aufzustellen, sondern die, die sich am besten ergänzen. Koeman hatte zu Beginn seiner Tätigkeit 2018 keine richtigen Außenverteidiger und strukturierte das Spiel der Elftal daher etwas anders als gewohnt. Er stellte Ryan Babel und Memphis Depay nach vorne, weil er nicht nach Position, sondern nach Formstärke entschied, um die Spieler danach in ein geeignetes System zu bringen. Und das hat funktioniert.«

Dank der klugen Grundsteinlegung von Koeman bildete sich nach den verpassten Endrunden der EM 2016 und der WM 2018 peu à peu wieder ein schlagkräftiges Oranje-Team. »Frenkie de Jong entwickelte sich zu einer spielbestimmenden Figur, Virgil van Dijk wurde zum Leader. An seiner Seite steigerte sich auch Matthijs de Ligt nach einem ganz schwachen Debüt im Nationalteam immer mehr und agiert inzwischen souverän.«

Im Gegensatz zum niederländischen Ideal eines 4-3-3 favorisiert Meijer dennoch weiterhin eine Aufstellung mit zwei Mittelstürmern. »Ich sehe immer noch viel zu viele Flanken, die in den Strafraum fliegen und bei denen sich der eine zentrale Stürmer entscheiden muss, ob er auf den ersten oder zweiten Pfosten geht, und sich kein weiteren Angreifer im Sechzehner befindet. Das ist eine viel zu dünne Besetzung des Strafraums«, ereifert sich Meijer und fragt rhetorisch: »Denn wo fallen in der Regel die Tore?«

In seine Wunschformation eines 4-4-2 mit Raute gehören daher zwei Mittelstürmer und ein »Zehner« als klassischer Spielmacher, als Vorlagengeber. »Meine Auswahl treffe ich stark nach Charakteren. So muss der Torwart ein sehr mündiger Typ sein, der den Respekt der Mannschaft hat. Es muss nicht der allerbeste Torwart sein. Ich bin noch in einer Zeit aufgewachsen, als der Keeper noch nicht mitspielen musste. Da war Eindhovens Hans van Breukelen der beste Torwart: wie er dirigierte, wie er die Mitspieler auf ihre Positionen stellte, welchen Trainingsfleiß er zeigte und wie er in der Kabine den Ton angab. Er war sicher kein guter Fußballer. Aber er hat die Abwehr durch seine präzisen Kommandos sehr gut gestellt, sodass er selbst im Spiel gar nicht so häufig eingreifen musste. Auf dem Platz übernahm er die Traineraufgabe – so einen Mann möchte ich unbedingt in meiner Spielerachse haben.«

Die linke Außenbahn besetzt Erik Meijer defensiv mit seinem langjährigen Teamkollegen Jan Heintze. »Nicht der Schnellste, aber taktisch mit einem enorm guten Auge. Immer rechtzeitig an der richtigen Stelle auf dem Feld. Ein Teamplayer mit einem guten Gefühl für das Verhalten seines Mitspielers vor ihm im Mittelfeld, als den ich den ballsicheren Zé Roberto auswähle. Die zwei würden sich prima ergänzen: Wenn Heintze mal nach vorne geht, nimmt Zé Roberto seine Position ein. Und Jan wüsste, dass er nicht viel nach vorne gehen muss, wenn er Zé Roberto die richtigen Bälle zuspielt.«

Der Verteidiger ist zum Verteidigen da

Kommen wir zu Innenverteidigung. Hier liegt Meijer etwas Grundsätzliches auf dem Herzen: »Mir ist in den letzten Jahren aufgefallen, und das sage ich als früherer Offensivmann, dass wir viel zu wenig Wert darauf legen, ob ein Verteidiger verteidigen kann. Stattdessen bewerten wir nur, ob er ein gutes Passspiel, eine gute Spieleröffnung hat. Oder auch beim Torwart, bei dem kaum noch geschaut wird, wie gut er gegnerische Tore verhindern kann, sondern wie überzeugend er fußballerisch ist. Es wird nur noch geschaut, welche spielerischen Lösungen du findest, und weniger, wie sicher du in deiner Kernkompetenz bist. Die Ausbildung hat das forciert, auch weil die mediale Beurteilung von außen so stark geworden ist. Es gibt jede Menge Kameras, jeder beurteilt, jeder gibt eine Note ab. Zu meiner Zeit gab es fast nur das kicker sportmagazin als Notengeber. Und jetzt hast du einen Videocoach, der dich nach jedem Training beurteilt und dir sagt, dass du zu viele Bälle quer gespielt hast.«

Einmal in Rage, kann sich Meijer regelrecht ereifern: »Ich habe das Gefühl, dass echte Defensivarbeit, also das, was dich als Verteidiger eigentlich gut macht, nicht mehr so viel zählt. Für einen Spezialisten sollten bestimmte Anforderungen gelten, die er zu erfüllen hat: Der Stürmer muss Tore machen, der Abwehrspieler verteidigen, das steckt schon in seiner Bezeichnung. Doch inzwischen ist es für die Leistungsbeurteilung wichtiger, dass du 46 Sprints machst, 11,3 Kilometer gelaufen bist oder einen Diagonalpass über 40 Meter spielst. Ich glaube, dass Lionel Messi im letzten Spiel nur sieben Kilometer gelaufen ist. Aber er hat die entscheidenden Läufe gemacht, darauf kommt es an. Die Kompetenzen haben sich verschoben. Die Abwehrspieler sind verstärkt am Spielaufbau beteiligt und die Stürmer müssen mehr verteidigen.«

Folgerichtig besteht Meijers Innenverteidigung aus zwei »klassischen«, körperlich robusten und auf ihre Kernaufgabe konzentrierten Innenverteidigern: »Der beste Innenverteidiger, mit dem ich zusammengespielt habe, war Sami Hyypiä. In Liverpool wie später in Leverkusen war er ein Fels in der Brandung, der eine enorme Aura ausstrahlte, vor allem Ruhe. Ein starker Kopfballspieler, mit jeder Menge Power und taktisch sehr stark. Ein sehr stiller Junge, der defensiv wie offensiv ein Manndecker im Wortsinne war. Neben ihn stelle ich Jens Nowotny: gutes taktisches Auge, physisch präsent im Zweikampf, mit gesunder Schnelligkeit und als Kapitän auch ein Leader auf dem Platz.«

Der dienende Spieler

»Ein gutes taktisches Auge haben«, »das Spiel gut lesen können« – häufig gebrauchte Formulierungen. Doch was genau bedeuten sie? Meijer gibt zwei Beispiele: »Der Mittelfeldspieler sucht in der gegnerischen Hälfte mich als Stürmer und ich ahne bereits, wohin der Pass kommt und laufe dorthin. Oder ich sehe, dass die Mittelfeldspieler zu viel Raum vor sich haben, um den Ball hinter die Abwehrkette zu spielen. Dann gehe ich zwei Meter zurück, um den Ball abzufangen, wenn er über die Verteidiger gespielt wird. Dann agiere ich nicht mehr am Rande der Abseitslinie, weil das Risiko zu groß ist, tatsächlich ins Abseits zu laufen.« Vereinfacht gesagt, bedeutet also ein taktisch gutes Auge zu haben, die richtigen Entscheidungen zu treffen. »Soll ich zwei Meter nach vorne, nach hinten oder zur Seite gehen? Solche Situationen auf dem Platz musst du selbst entscheiden, das kann nicht alles der Trainer vorgeben. Der Trainer gibt zum Beispiel grundsätzlich vor, weit aufzurücken. In den Niederlanden würden wir dann erstmal diskutieren, warum wir hoch stehen sollen …«

Zurück zur Wunschelf, Position rechter Außenverteidiger: »Auch hier brauche ich jemanden, der gerne mit nach vorne geht. Ich treffe eine vielleicht überraschende Wahl: Aachens Legende Willi Landgraf! Weil er ein absoluter Teamplayer war.« Meijer glaubt nicht, dass es auf den spezialisierten Positionen elfmal den jeweils besten Spieler braucht, sondern vor allem bodenständige, zuverlässige Charaktere, die nicht darauf aus sind, dass ihnen die Schlagzeilen gehören. »Spieler, die froh sind, dass sie in dieser Mannschaft eine dienende Rolle einnehmen. Ich habe das Gefühl, dass es im modernen Fußball nicht mehr viele dienende Spieler gibt. Zu meiner Zeit bestand eine Mannschaft zu 90 Prozent aus diesen Spielertypen. Und dann gab es die wenigen Mario Baslers oder Ailtons, die den Unterschied ausgemacht haben. Bei der heutigen ›Instagram-Generation‹ geht es um Selbstdarstellung, daher gibt es nicht mehr so viele ›Brot-Fußballer‹.«

Zentrales Mittelfeld: »Keine Frage, Liverpools Steven Gerrard. Warum? Weil er auf seiner Position der Allerbeste war. Seine Führungspersönlichkeit, sein Passspiel, sein Gefühl für Tiefe auf dem Platz, sein Coaching nach vorne (›Mach den Platz kleiner‹) oder zu den Verteidigern (›Jungs, wir müssen kompakter stehen‹) waren Gold wert. Sein offensives Passspiel, kurz wie lang, sein Vermögen, zur richtigen Zeit in den Sechzehner vorzurücken, seine Distanzschüsse. Er hatte das ganze Paket, neben dem Feuer und der Liebe zum Spiel und zum Verein.«

Rechtes Mittelfeld: »Dort brauche ich jemanden, der die beiden Stürmer gut bedient, hervorragend flanken kann. Und die besten Flanken, die ich bekommen habe, waren die von Hans-Peter Lehnhoff in Leverkusen.« Spielmacher? »Auf der Zehn im offensiven Mittelfeld spielt Sergej Barbarez, mit dem ich in Hamburg gekickt habe. Gut an ihm fand ich, dass er als gelernter Stürmer mit in den Sechzehner reingegangen ist. Und eben habe ich ja beschrieben, wie wichtig ich es finde, dass der gegnerische Strafraum bei eigenen Angriffen ausreichend besetzt ist.«

Und im Sturm? »Da spiele ich natürlich selbst«, sagt Meijer und strahlt verschmitzt. Ein Spielertrainer? So war das aber eigentlich nicht gemeint ... »Na gut, dann eben Ronaldo, der Brasilianer, nicht Cristiano. Mit Ronaldo habe ich einst in Eindhoven gespielt. War ja auch kein ganz Schlechter ... Und neben ihm Liverpools Michael Owen. Ebenfalls eine Granate.«

Meijers Traumelf sieht also so aus: van Breukelen – Heintze, Hyypiä, Nowotny, Landgraf – Gerrard, Zé Roberto, Lehnhoff – Barbarez – Ronaldo, Owen

Zum Abschluss des Gesprächs erzählt Erik Meijer eine Anekdote aus seiner Spielerzeit bei Alemannia Aachen – gleichzeitig ein Beispiel dafür, wie die Taktik durch die Eigenschaften der Spieler bestimmt wird. Trainer der Alemannia war der 2010 verstorbene Jörg Berger. »In der Saison 2003/04 spielten wir zuhause auf dem Tivoli, an den Gegner erinnere ich mich nicht mehr. Es war kurz nach unserem 1:7-Debakel bei der Spielvereinigung Greuther Fürth (Anmerkung: Meijer erzielte das Ehrentor). Ich stürmte mit Emmanuel Krontiris, Spielgestalter war Karl-Heinz Pflipsen und dahinter sicherte Ivica Grlic ab. Der Trainer sagte uns bei der Taktikbesprechung vor der Partie: ›Wir lassen uns bis zur Mittellinie zurückfallen und fangen den Gegner dort auf.‹ Während der Sitzung hat niemand widersprochen. Doch anschließend bin ich zu Pflipsen gegangen und habe ihm gesagt: ›Kalla, du bist 33 und ich 34, und wir beide müssen uns ins Mittelfeld fallen lassen und dann auf Konter spielen – da werden wir verdammt schlecht aussehen! Grlic hinter uns ist auch nicht der Laufstärkste. Lass und lieber vorne drauf gehen. Wenn wir dort den Ball erobern, ist es nicht mehr so weit bis zum Tor.‹ Darauf Pflipsen: ›Aber der Trainer hat doch gerade …‹ Doch ich entgegnete: ›Lass es uns versuchen.‹

Meijer & Kollegen setzten den Plan entgegen den Vorgaben von Trainer Berger tatsächlich um – und gewannen die Partie zu ihrem Glück deutlich. Beeindruckt ist Meijer noch heute, wie äußerlich gelassen ihr Trainer mit der Situation umging: »Jörg Berger hat unsere Spielweise in der anschließenden Pressekonferenz ganz souverän als seine Marschroute verkauft: ›Ich habe den Jungs gesagt, dass sie heute mal vorne drauf gehen und Druck machen sollen.‹ In der Kabine haben wir die Pressekonferenz auf einem Bildschirm verfolgt und uns ziemlich erstaunt angeguckt.«

Etwas angespannt erwarteten die »Revoluzzer« die Teambesprechung am Tag nach der Partie. Doch auch dort zeigte Berger Größe, wie Meijer erzählt: »›Glückwunsch zum Sieg, gut gemacht. Aber wenn ihr taktisch etwas ändern wollt, dann kommt zu mir in die Kabine und macht es nicht alleine. Ich verstehe, dass ihr das Gefühl hattet, dass die ursprüngliche Idee vielleicht nicht die richtige war. Ich habe auch darüber nachgedacht, ob ich so spielen lasse. Aber ihr könnt nicht einfach ohne Rücksprache anders entscheiden. Es kann nicht sein, dass ich draußen auf der Bank sitze und mich wundere, was ihr da macht.‹ Ich fand es sehr cool, wie Berger reagiert hat, es nach außen so zu präsentieren, als wäre alles ganz planmäßig gelaufen, und uns nach innen klar die Meinung zu sagen.«

Nicht minder bemerkenswert findet Meijer, dass Berger das Spielsystem in der Halbzeit nicht wieder änderte, nachdem er die veränderte Ausrichtung bemerkt hatte. ›Es hat ja funktioniert. Und wer bin ich, es dann während des Spiels zu ändern?‹, erinnert sich Meijer an Bergers (ausgebliebene) Reaktion. »Wir waren anschließend ziemlich kleinlaut. Uns hatte vorher der Respekt und der Mut gefehlt, den Änderungswunsch mit dem Trainer zu diskutieren. Nach diesem Gespräch sind wir öfter zu ihm gegangen und haben uns ausgetauscht. Der Trainer hat uns auch mehr mit eingebunden, bei der Gestaltung von Trainingsspielen zum Beispiel.« Mit einem Schuss Selbstironie ergänzt Meijer: »Wir haben uns jedenfalls mit dem geänderten System viel besser gefühlt. Bei allem Taktikquatsch, den auch ich bei meinen TV-Auftritten an die Wand schmettere, ist es leider so, dass es manchmal verloren geht, auf sein Gefühl zu hören.«

Bedeutung von Taktik überhöht?

Wird die Bedeutung von Taktik also manchmal überhöht? Erik Meijer ist davon überzeugt und nennt als Beispiel den Trainerwechsel beim FC Bayern im Herbst 2019: »Nachdem Hans-Dieter Flick von Niko Kovac übernommen hat, gab es abgesehen vom früheren Anlaufen bei gegnerischem Ballbesitz keine großen taktischen Veränderungen, aber ein völlig anderes Auftreten. Oft ist es eine Stimmungsfrage. Oder nehmen wir Real Madrid, das seit dem Wechsel von Cristiano Ronaldo zu Juventus 2018 eine andere Mannschaft ist. Hier geht es nicht um Taktik, sondern um Ronaldos Bedeutung als Spielentscheider.«

Ohnehin hält sich Meijer trotz der wöchentlichen Beschäftigung mit diesen und ähnlichen Fragen nicht für den »Über-Über-Taktikfuchs«. »Ich interessiere mich dafür, aber ich stehe damit nicht auf und gehe damit nicht schlafen. Ein Trainer muss die Überzeugung haben, dass die Taktik die Entscheidung bringt und sie seinen Spielern vermitteln. Guardiola oder Thomas Tuchel haben genau diese Überzeugung.« Und bei aller Kritik an den langen Ballstafetten in Guardiolas System, will Meijer nicht missverstanden werden: »Ob Pep Guardiola, Jürgen Klopp oder Thomas Tuchel – das sind die absoluten Top-Trainer, bei denen du in der Kabine sitzt und sagst: ›Komm, gib mir mehr Futter, ich will noch mehr wissen! Wie sollen wir spielen?‹ Sie fehlen der Bundesliga, denn solche Vorbilder triggern andere Trainer, die ihnen nacheifern wollen und in eine ähnliche Richtung denken.«

Es bleibt die Erkenntnis vom Beginn des Gespräches, dass vor allem kleinere Mannschaften durch die taktische Schwerpunktlegung des Trainings besser geworden sind. »Durch Taktik kannst du einen Underdog besser machen, das bleibt.« So wie einst den SSV Ulm in den 1990er Jahren, als Ralf Rangnick mit großem Erfolg anstelle von klassischer Manndeckung mit Libero die Viererkette und Raumdeckung einführte. »Auch auf allerhöchstem Niveau ist Taktikschulung ein wesentliches Element«, ergänzt Meijer. Es gibt immer noch zwei, drei Spieler, die mit ihrer individuellen Klasse den Unterschied ausmachen, die Spielentscheider. Einen Ronaldo, einen Messi. Aber keine Frage, über die Dauer einer Saison gesehen, kann auch die richtige Taktik ein Entscheider sein.«

Zur Person

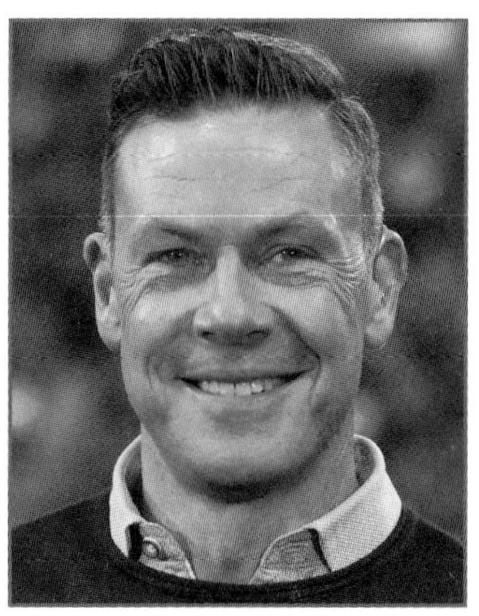

Erik Meijer kam 1995 aus seiner niederländischen Heimat von der PSV Eindhoven nach Deutschland und lief zunächst eine Saison lang für den KFC Uerdingen 05 auf. Dort überzeugte der wuchtige Angreifer mit elf Toren in 32 Bundesliga-Spielen, sodass sich Bayer Leverkusen seine Dienste sicherte. Nach drei Jahren und zwei Vizemeisterschaften mit der Werkself rief ihn im fortgeschrittenen Fußballeralter von 29 Jahren der große FC Liverpool auf die Insel. Bei seinem Lieblingsverein blieb er zwar in der Premier League torlos, genoss es aber, neben Stars wie Steven Gerrard, Michael Owen und Robbie Fowler zu spielen. Nach einer kurzen Ausleihe an Preston North End zog es ihn Ende 2000 zurück in die Bundesliga zum Hamburger SV, ehe Zweitligist Alemannia Aachen von 2003 bis 2006 seine letzte Profistation war.

Nach zwei Spielzeiten, in denen die Alemannia nur knapp am großen Ziel gescheitert war, gelang Aachen in Meijers letztem Profijahr nach 36-jähriger Wartezeit endlich der ersehnte Bundesligaaufstieg. »So ein Erfolg zum Abschied ist nicht jedem vergönnt«, zeigt er sich dankbar.

Nach der aktiven Karriere blieb Meijer der Alemannia zunächst verbunden. Erst für knapp ein Jahr als Co-Trainer, dann abseits des Spielfeldes als Vermarktungsmotor für das neue Tivoli-Stadion sowie ab Ende 2009 als Geschäftsführer Sport. Diesen Posten bekleidete er bis zum Ablauf der Saison 2011/12, nach der für die Alemannia der bittere Abstieg in die Drittklassigkeit feststand.

Heute ist Erik Meijer dem deutschen TV-Publikum als eloquenter, gleichermaßen kritischer wie begeisterungsfähiger Taktikexperte beim Pay-TV-Sender *Sky* bekannt. Dort analysiert er seit 2012 regelmäßig die Spiele der Champions League und seit der Saison 2018/19 auch der englischen Premier League. Entscheidende Spielszenen werden zusammen mit Manuel Baum (der in diesem Buch ab Seite 69 zu Wort kommt) in ihre Einzelteile zerlegt und dann von Meijer sehr launig und unterhaltsam präsentiert. »Das ist schließlich auch Entertainment«, sagt er selbst. Manchmal fällt es schwer, es bei der Analyse nicht zu überziehen.« Selbstkritisch gibt Meijer zu: »Woran ich mich störe, und da bin ich manchmal selbst mit dabei, ist, dass häufiger geschaut wird, was ein Spieler nicht kann, als seine Stärken hervorzuheben.«

Als ausgebildeter Fleischer, die Eltern betrieben eine Metzgerei, verfügt Meijer bis heute über eine zupackende Art. Geradlinigkeit ist ihm wichtig, ebenso Respekt vor seinem Gegenüber – egal, ob es sich dabei um einen frischgekürten Weltmeister oder die Bedienung im Café handelt.

Danksagung

Bei folgenden Gesprächspartnern und Kontaktvermittlern möchten wir uns in alphabetischer Reihenfolge für ihre großartige Unterstützung herzlich bedanken, denn ohne ihre Hilfe und Auskunftsfreude wäre die Umsetzung der Buchidee in dieser Form nicht möglich gewesen:

Felix Ahns (Medienberater von Trainer Thomas Tuchel)

Manuel Baum (ehemals Bundesliga-Coach des FC Augsburg, heute Bundestrainer der U20-Nationalmannschaft)

Giovanni Deriu (freier Journalist und Diplom-Sozialpädagoge)

Thomas Helmer (Europameister 1996, spielte unter anderem für Bayern München und Borussia Dortmund, heutiger Sportmoderator)

Thomas Hitzlsperger (ehemaliger Nationalspieler, spielte überwiegend für den VfB Stuttgart sowie einige Jahre in England, vor allem bei Aston Villa, heute Vorstandsvorsitzender des VfB Stuttgart)

Bruno Labbadia (früherer Nationalspieler und heutiger Trainer, zuletzt beim VfL Wolfsburg)

Martin Lames (Professor für Trainingswissenschaft und Sportinformatik an der Technischen Universität München)

Jens Lehmann (ehemaliger Nationaltorwart, Stationen unter anderem Schalke 04, Borussia Dortmund, AC Mailand und FC Arsenal)

Paul Linz (Fußballlehrer, unter anderem tätig bei FSV Salmrohr, Eintracht Trier und LR Ahlen)

Erik Meijer (langjähriger Bundesligaprofi, unter anderem bei Bayer Leverkusen, inzwischen Taktik-Experte im TV)

Arno Michels (Co-Trainer von Thomas Tuchel beim FSV Mainz 05, Borussia Dortmund und Paris St. Germain)

Werner Mickler (Sportpsychologischer Leiter der Fußballlehrer-Ausbildung beim Deutschen Fußball-Bund)

Daniel Niedzkowski (Leiter der Fußballlehrer-Ausbildung beim Deutschen Fußball-Bund)

Mark Nowak (Geschäftsführender Gesellschafter der Agentur Nowak Communications GmbH)

Christoph Plass (Mit-Inhaber Deutsche Hockey Agentur)

Samira Samii (einzige Spielerberaterin Deutschlands)

Agata Stefanek (Mitarbeiterin der Nowak Communications GmbH)

Markus Weise (Leiter des Hockey-Bundesstützpunkts Hamburg)

Jonathan Wilson (englischer Sportjournalist und Buchautor)

Frank Wormuth (ehemaliger U20-Nationaltrainer und Leiter der Fußballlehrer-Ausbildung beim Deutschen Fußball-Bund, danach Trainer bei Heracles Almelo in der niederländischen Ehrendivision)

Ronny Zimmermann (Kommunikationsmanager für Nationalmannschaften und DFB-Akademie beim Deutschen Fußball-Bund)